基督教文化研究丛书

主编 何光沪 高师宁

五编 第 **9** 册

中国基督宗教音乐史(1949 年前)(下)

翟风俭 著

花木兰文化事业有限公司

国家图书馆出版品预行编目资料

中国基督宗教音乐史（1949年前）（下）／翟风俭 著 -- 初版
-- 新北市：花木兰文化事业有限公司，2019〔民108〕
目 2+204 面；19×26 公分
（基督教文化研究丛书　五编　第9册）
ISBN 978-986-485-808-8（精装）
1. 宗教音乐 2. 音乐史 3. 中国
240.8　　　　　　　　　　　　　　　　　　108011506

ISBN-978-986-485-808-8

9 789864 858088

基督教文化研究丛书
五编　第九册　　　　　　ISBN：978-986-485-808-8

中国基督宗教音乐史（1949年前）（下）

作　　者 翟风俭
主　　编 何光沪 高师宁
执行主编 张　欣
企　　划 北京师范大学基督教文艺研究中心
总 编 辑 杜洁祥
副总编辑 杨嘉乐
编　　辑 许郁翎、王筑、张雅淋　美术编辑 陈逸婷
出　　版 花木兰文化事业有限公司
社　　长 高小娟
联络地址 台湾235 新北市中和区中安街七二号十三楼
　　　　　电话：02-2923-1455 ／传真：02-2923-1452
网　　址 http://www.huamulan.tw 信箱 hml 810518@gmail.com
印　　刷 普罗文化出版广告事业
初　　版 2019年9月
全书字数 329412 字
定　　价 五编9册（精装）台币 20,000 元　　版权所有 请勿翻印

中国基督宗教音乐史(1949 年前)(下)

翟风俭 著

目 次

第五章　二十世纪上半叶中国新教圣诗的繁荣（上）

第一节　20世纪上半叶中国基督宗教的平稳发展[1]

一、20世纪上半叶中国基督宗教发展概况

　　义和团运动以后，由于教会传教策略的改变和中国国内社会环境的重大变化，使得遭受重创的基督宗教能得以迅速恢复并平稳发展。就中国自身的政治环境而言，第一，义和团运动失败后，在外国势力的强大压力下，清政府被迫对基督教采取了一些保护性措施，多次申令各地保护传教士及教堂；而且数额巨大的庚子赔款也使得在义和团运动中被烧毁、损坏的教堂能够得以重建，并有许多新建教堂。第二，其时基督宗教在华开办教育已有数十年，教会学校培养了一批具有西方思想的基督教徒社会精英，他们在政治、教育、文化等领域已经有了一定的话语权，希望通过基督宗教来改变中国社会。第三，辛亥革命后，中华民国政府颁布《临时约法》，首次从法理上肯定中国公

1　本节参考顾伟民著：《中国天主教编年史》（上海书店出版社 2003 年版）；王治心著：《中国基督教史纲》（上海古籍出版社 2007 年版）；姚民权、罗伟虹著：《中国基督教简史》（宗教文化出版社 2000 年版）；宴可佳著：《中国天主教》（五洲传播出版社 2004 年版）；王美秀著：《中国基督教史话》（社会科学文献出版社 2011 年版）；于可主编：《当代基督新教》（东方出版社 1993 年版）；段琪著：《奋进的历程——中国基督教的本色化》（商务印书馆 2004 年版）等。

民有信教的自由，并实行政教分离。孙中山先生本人就是虔诚的基督教徒，而且他的追随者及国会议员中也有很多是基督教徒，他们接受西方资本主义文化，实行比较开明的宗教政策，孙中山本人就非常重视宗教对国家政治及社会道德风尚的作用。第四，1919 年五四新文化运动提出"打倒孔家店"的口号，猛烈抨击封建礼教，以儒学为核心的传统文化体系崩溃，基督宗教在中国传播的思想障碍得以清除，同时由传统文化断层所造成的社会精神空白也为基督宗教的传播提供了机会。第五，一些有识之士通过对义和团运动的反思，逐步认识到一味盲目排斥基督宗教并不能阻止帝国主义的侵略，也不能改变中国贫穷落后的面貌，要想自立自强，必须以开放的心态接纳世界各种文化，实现自我革新。于是开始改变对基督宗教的态度，由完全排斥转为慢慢接纳。

义和团运动也使西方教会开始警醒，他们开始改变盲目排斥中国文化的作法，对传教士参与政治、热衷于地方教民诉讼的行为进行限制。早在 19 世纪 80 年代，罗马教廷就曾对在华传教士包揽讼词的作法提出反对意见，但受到西方各国的反对，收效甚微。1908 年，教廷重申禁令：若非涉及到有宗教迫害的案件，禁止传教士不分是非曲直，随意介入中国教徒的争讼；禁止教会和传教士介入政治与外交活动，并不得包庇纵容不轨教徒等。各个国家都对此进行限制，如英国政府禁止各地传教士直接到官府为教徒诉讼等事出面干涉，避免再引起教案，如有必须去找官府时，须由各地领事负责与中国官府交涉；德国政府也要求传教士不得从事宣传基督教和知识以外的工作，违者予以处罚和驱逐。这样一来，20 世纪以后各地因传教士干预地方民教纠纷而引发教案的情况大为减少。同时，他们还认识到，要消除中国人对外国人和传教士的仇恨和排斥情绪，必须改变原有的传教方法。在 19 世纪，绝大多数传教士采取传统的"直接布道"的方式传教，以宣讲教义、巡回布道、散发福音单张等手段，吸引民众入教。20 世纪以后，一些传教士认识到光靠直接布道不能达到预期的效果，他们主张通过兴办教育、出版等事业，开启民智，从而改造中国文化并引导中国人皈依上帝，这样更容易被中国人尤其是知识分子所接受。一些传教士在义和团运动过后，建议本国政府利用庚子赔款在中国开办学校，如著名的清华大学就是美国退还了部分庚子赔款建立的，山西大学也是李提摩太利用庚子赔款创办的。与此同时，英美的传教机构加紧派遣传教士来华办学校、医院及慈善事业。一些在教会大学中读书的青年逐渐接受了基督教，有的即使没有入教，但对基督教也会产生好感。这些都客观上促进了基督教在中国的传播与发展。

1907 年，是基督教新教第一个传教士马礼逊来华 100 周年，在华各宗派各差会在上海召开第三届传教士大会——百年大会（前两届分别于 1877、1890 年召开）。这次大会总结了基督教新教在华传教事业的经验教训，并顺应社会发展的潮流及时调整了传教的方向和策略，为基督新教的进一步发展打下了基础。

20 世纪上半叶，不但中国的基督教徒数量迅猛增长，外国来华传教士数量也有很大增长，同时，他们在华从事教育、医疗卫生、慈善、出版、翻译等事业也有较大发展。1901 年，中国有天主教徒 72 万人，1912 年翻了一番，达到 14.3 万，1920 年则升至 197 万，而到了 1940 年，又上升至 318.3 万。在华的天主教修会由 20 世纪初的十余个到 1930 年增至 122 个。新教方面，1900 年时中国有新教教徒 8 万人，1906 年增至 17 万，1920 年达 36 万，到了 1949 年又升至 84 万，一直呈几何速度增长。1918 年，中国的教会学校比 1900 年增加四倍，共达一万三千所，相当于当时中国官方学校的五分之一；学生总人数 55 万，相当于中国官方学校人数的六分之一。当时中国著名大学多数都是教会学校，如燕京大学、辅仁大学、震旦大学、圣约翰大学、天津商学院、齐鲁大学、金陵大学等，它们是中国最早的一批高等学府。而且，教徒中有相当一部分是教会学校的学生和老师，这使基督徒的素质有了较大提高，当时全国平均每 75 人中仅有 1 人入学，而基督教团体中平均每 3 人就有 1 人入学，能识字读经的教徒大有人在，尤其在苏、粤、鲁、直四省，教会学校学生最多，教徒增长速度极快。此外，基督徒的社会地位也随着教育水平的提高而大幅度提升，很多人成功进入主流社会。清末以后，教会学校的毕业生就业机会大为增加，收入也大幅增长。各行各业中基督徒的数量很多，尤其集中在政府、工商业、金融业以及邮政、交通等高收入行业。

20 世纪以后，天主教和新教教会都非常注重培养本地神职人员，在各地开办许多神学院和圣经学院，中国教会的上层领袖大部分都毕业于大学水平的神学院校。1907 年新教传教士百年大会时，经教会选派的 500 名代表中，没有一个中国人；但到了 1913 年基督教全国大会时，115 名代表中中国人占了三分之一；到 1919 年中华归主会议时，中国代表已占半数，中国教会领袖已成熟壮大起来，成为中国基督教事业的中坚力量。

1900 年义和团运动中，东正教"北馆"被烧毁，222 名中国东正教徒被杀，其中包括首位华人东正教神父米特罗樊神父。俄国传教团的成员事先躲到了东交民巷俄国使馆而免受此难。义和团运动过后，传教团利用庚子赔款重建"北馆"，东正教在中国的发展势力有一定恢复。但 1905 年的日俄战争又使东正教在东北的传播受到抑制。至清末，在华东正教徒约 3 万人，其中中国人只有 700 多人。1917 年之前，俄罗斯正教北京教团在华设教堂 37 所，传教点 40 余个，神学院 1 所，男女学校 20 所，气象台 1 座，企事业机构 46 家，拥有财产价值 150 万卢布。俄国十月革命后，大批沙俄贵族、军官流亡中国，中国东正教教徒人数骤增，大部分集中在东北地区。北京、哈尔滨、上海、天津、新疆等地的东正教传教团都对俄国苏维埃政权采取敌对态度，1918 年苏联政府在国内"政教分离""教会与学校分离"等措施，引起了在华东正教徒的极大不满，1922 年，驻北京传教士团更名为中国东正教会北京总会，并断绝同莫斯科正教会的关系，转归流亡在塞尔维亚卡尔洛瓦茨的"俄罗斯正教国外临时主教公会"管辖，并相继在哈尔滨、上海、天津、新疆等地设立 4 个主教区。1923 年东北各地有教堂 38 座，仅哈尔滨主教区就有信徒约 30 万人，几乎都是沙俄流亡者。中国抗日战争爆发后，东北教区的俄国人纷纷南下，1938 年在东北各地有教堂、修道院和祈祷所共 67 座，信徒急剧下降至 2.5 万人（其中哈尔滨市有 1 万人），神职人员为 155 人。1945 年抗日战争胜利后，中国东正教会北京总会和哈尔滨主教区、新疆教区同设立在慕尼黑的"俄罗斯正教国外临时主教公会"断绝关系，归属莫斯科牧首区，但遭上海教区主教伊凡和天津教区主教奥西波夫的反对。莫斯科牧首区指示中国正教会全力发展中国及教徒，但收效甚微，哈尔滨教区 1946 年至 1949 年四年间，总共才发展中国教徒 15 人。中国东正教仍主要是俄罗斯侨民的宗教。

二、中国基督宗教的本色化发展

尽管基督教自传入中国之日起，就一直在为实现中国基督教的本地化而努力，但在 20 世纪之前，这一进展非常缓慢。20 世纪以前，基督宗教在中国的传教遵循着传统的传教方式，即"欧美各教会之传教机构派遣传教士到中国，主要运用传教机构在其国内募集的经费，从事宣教和教会教育、医疗等事业，吸收信徒，扩大影响。在此过程中，他们往往雇佣本地信徒作为开展各项事业的助手。勿庸置疑，在这种传教模式中，传教士处于基督教事业的中心位置，是教会的灵魂人物"[2]。随着时间的推移，这种传教模式越来越受到质疑，一些教界人士——不仅包括传教士，而且还包括中国的教会领袖——认为，中国基督宗教的发展，"应该从以传教士为中心的时代，走向以本土教会为中心的时代；中国教会应当从依赖传教士走向自养、自治、自传；基督教应当脱离由洋教士输入、发展、控制的状态，成为融入中国社会，在中国本地的文化背景中得到表达的宗教"[3]。20 世纪上半叶，在中国传教的基督宗教三大派别除东正教仍基本限于在俄罗斯侨民中间发展之外，天主教和新教都加快了本地化发展的步伐。尤其是中华民国成立以后，内忧外患促使了中华民族的觉醒，国内自上而下都迫切希望摆脱殖民主义的统治，实现国家和民族独立。20 世纪 20 年代，以知识分子和青年学生为主体掀起了一场声势浩大的非基督教运动，中国教会人士为了应对这种运动，"本色化"应运而生，本色化（Indigenization）原意为"土生土长"，"乃外来文化与本土文化接触后所产生的文化变迁的过程。"[4]基督教本色化则主要是从传统文化的角度，去回应基督教福音。[5]

天主教方面，天主教内一些爱国人士如英敛之、马相伯等则积极支持中国天主教的本土化，推动培养本国教士，并投身到爱国运动当中。1912 年，英敛之针对当时控制中国的法国天主教传教士素质低劣的问题，曾上书罗马，主张培养中国籍传教士。1917 年，甘肃王志远、山西成栖等神父发起成立了"中华公教进行会"。

与此同时，罗马教廷也在努力推动中国神职人员的本地化。1919 年 11 月 31 日，教皇本笃十五世（Benedict XV，原名 Giacomo della Chiesa，1855-1922，1914-1922 在位）发布《夫至大至圣之任务》的通谕，要求宗教远离政治，教会应培养本地神职人员，坚持由本地人作主教的原则。1922 年，教皇任命刚

2　吴义雄:《自立与本色化——19 世纪末 20 世纪初基督教对华传教战略之转变》,《中山大学学报（社会科学版）》2004 年第 6 期。

3　吴义雄:《自立与本色化——19 世纪末 20 世纪初基督教对华传教战略之转变》,《中山大学学报（社会科学版）》2004 年第 6 期。

4　林治平:《基督教在中国本色化之必要性与可行性——从中国教会历史发展观点检讨之》,载林治平编著:《基督教在中国本色化（论文集）》,今日中国出版社 1998 年版，第 1-2 页。

5　许高勇:《刘廷芳中国教会本色化思想及实践研究》,硕士学位论文，暨南大学，2014 年，第 5 页。

恒毅（Celso Benigno Luigi Cardinal Costantini，1876-1958）为首任宗座驻华代表，他来华后积极推动实现中国神职人员的本地化，他说："传教纯粹是超性工作。耶稣建立了一个至公的教会。在法国时是属于法国人的，在美国则属于美国人的，在中国就应当是属于中国人的。"1923 年，他任命两名中国神父成和德和孙德桢为监牧，负责管理本教区的事务。在传教方式上，他主张要考虑到中国传统哲学对中国人的影响，不要使中国文化欧洲化，而要使之基督化。1924 年，在他的主持下，中国天主教在上海召开了第一次主教会议，并通过决议："本地神职人员只要有资格，决不可拒绝他们担任任何职务。大会且有更高大的希望，并期望其尽可能早日实现，即由本国神父内选任主教。"会议还决定将全国原有的五大传教区增改为 17 大教区。1926 年，成立了蒲圻、蠡县、宣化、汾阳、台州、海门等六个代牧区，其主教全部为中国籍神父，同年 9 月，刚恒毅还亲自带领六名中国籍主教——朱开敏、胡若山、赵怀义、孙德祯、陈国砥、成和德——到罗马，由教皇庇护十一世（Pope PiusXI，原名 Ambrogio Damiano Achille Ratti，1857-1939，1922-1939 在位）为他们举行祝圣大典。这是自 1685 年中国罗文藻被祝圣为主教之后第二次有中国神职人员被祝圣成为主教。此后，又有多名中国籍神父被祝圣为主教。但尽管如此，中国籍主教的所占比例还是很少的，据 1934 年的资料，当时中国各教区共有112 名主教，其中只有 19 名是中国人。1946 年教皇颁布"成立中国教会圣统体制诏书"，中国天主教会仍属于传信部管辖。在中国划分 20 个教省，每个教省设一名总主教，20 名总主教中有 17 位是外国人，中国籍的仅有 3 位。尽管 20 世纪上半叶中国天主教本地化运动取得了重大进展，但中国天主教会并没有彻底摆脱外国势力的影响，中国教会的统治权仍掌控在外籍传教士手中。

　　新教方面，早在 19 世纪 70 年代，就出现了"教会自立自传运动"，主要是一些本土成长起来的爱国基督徒，力图摆脱外国差会的束缚与控制，实现独立，自办教会。比较早的自立教会是 1862 年于厦门成立的"闽南大会"，这是在外国传教士的极力倡导下成立的。1864 年，继梁发之后的第二位华人牧师何进善在广东佛山成立自立教会，并于 1870 年建立了第一座"三自"教堂，完全由中国教徒捐款、捐工建造。1873 年，基督徒陈梦南在广东肇庆建立了独立的"粤东广肇华人宣道会"。后来，俞国桢于 1906 年在上海创建了"中国耶稣教自立会"（Chinese Jesus Independent Church），主张"废除保护教会的不平等条约……觉醒了的各地区教会和具有崇高理想的基督徒，即将建立一个自治、自传、自养的教会。……坚决反对外国教会的控制"[6]。这是我国基督教历史上首次提出爱国与爱教的"三自"思想，成为中华人民共和国成立后"三自爱国运动"的先导。自立会成立后，全国很多地方先后建立了自立教会，其中名气较大的有张灵生、魏保罗等人建立的真耶稣教会（1917），敬奠瀛建立的耶稣家庭（1921），王载、倪柝声建立的基督徒聚会处和王明道建立的基督徒会堂，它们都是"自立、自养、自传"的中国教会，与西方差会没有任何组织上、行政上和经济上的关系。1927 年大革命前夕，各地有自立教会 600 余处。但 1927 年大革命失败后，各地的自立教会遭受很大挫折，多数未能维持下去，到 1935 年只剩下 200 多所。

除中国基督徒的自立运动之外，外国传教士控制的教会自义和团运动以后也一直在推行本地化运动以扩大传教。1907 年，第三次传教大会在上海召开，其首要议题是"本土教会的自养、自治和自传"，大会最后做出决议："差会应批准他们的传教士认可，中国教会有权利按照他们自己对真理和责任的认识去组织独立的教会，传教士在教会管理上可以做出适当的安排，直到中国教会完全承担起自养和自治的责任。"[7]1910 年，世界宣教会议在英国爱丁堡举行，来自欧美的 120 个差会和教会出席了会议，史称爱丁堡大会。这次会议吹起了世界新教现代普世运动的号角，被认为是现代普世运动的"新纪元"。会议意识到由"各差会单独活动而能够完成宣教使命的时代已经过去"，应开始重视世界各传教地区教会的作用，推行本色教会运动。基督教青年会世界协会负责人穆德（John R.Mott，1865-1955）1922 年 5 月在上海主持召开全国基督教大会，成立了"中华基督教（新）协进会"，选举中国籍教士诚静怡为总干事，并提出了"中国本色的教会"的主张。本色教会在具体贯彻中体现在以下几个方面：一、中国教徒在教会中应占主导地位，管理教会、传教以及经费筹措、使用等都应由中国人负责，外国传教士应退居辅助地位，以逐渐减少对外国的依赖，实现"自治""自养""自传"，但仍接受西方差会的经济援助；二、在教义上提倡与中国固有文化相结合，"使教会与中国文化结婚，洗涮西洋的色彩"。在礼仪中吸收我国的风俗习惯，如礼拜时点

---

6 于可主编：《当代基督新教》，东方出版社 1993 年版，第 294 页。

7 John C. Gibson：The Chinese Church, in China Centenary Missionary Conference Records Shanghai1907, p.5.转引自许高勇：《刘廷芳中国教会本色化思想及实践研究》，硕士学位论文，暨南大学，2014 年，第 35 页。

燃香烛，吟唱中国曲调的赞美诗等等。各地教会据此进行了大量基督教中国化的工作，用群众喜闻乐见的方式宣传基督教教义，取得了很好的效果，一定程度上缓和了民众与教会的对立情绪。尽管如此，在当时的历史条件下，由于中国教会在经济上仍主要依赖于西方差会，再加上有许多外国传教士反对本色化运动，所以中国教会仍无法从根本上摆脱外国教会的控制。

教会的本色化运动也促使了一批中国基督徒领袖的成长与崛起，如赵紫宸、谢扶雅、吴雷川、吴耀宗、徐宝谦、刘廷芳、诚静怡、王治心、韦卓民、王正廷、贾玉铭等都是其中翘楚，回顾这些人的成长史，可以发现，他们普遍都接受了中国传统文化的熏陶，而且多数出生在基督徒家庭，幼小就在教会学校读书，接受基督教文化教育，成年后又出国留学，可以说是学贯中西、博古通今的社会精英。他们或侍奉于中国教会，或在大学任职，目睹自己国家及本国教会受制于外国势力的现状，他们深感忧虑，希望建立本国人自己管理的本色教会。为此，他们纷纷提出本色教会的理论并付诸实践，圣乐本色化就是其中一个重要方面。

第二节　中国新教圣乐本色化的开端

18 世纪至 20 世纪西方教会在复兴运动过程中，出现了赞美诗和赞美诗集的"大繁荣"，期间涌现出许多优秀的圣诗人，如被誉为"诗中之圣"的查理·卫斯理以及被称为英语"圣诗之父"的以撒华兹等，他们都写了大量圣诗，并且许多都在世界各地教会流传很广，我国教会中选用了很多他们的诗作，有不少迄今仍在教徒中传唱不衰。在这一过程中，19 世纪末 20 世纪初，中国国内的反洋教运动以及中国教会的自立运动蓬勃发展，因此也带动了中国本土圣诗的繁荣。进入 20 世纪以后，中国教会的圣诗编纂及出版有了一些转变，虽然由外国传教士编译的圣诗集还在各地教会中占据着重要地位，但是由国人参与编辑出版的圣诗集越来越多，并且中国人逐渐取代传教士成为圣诗编纂的主力军，有不少影响很大的诗集都是由中国人独立编译及创作的。"中国圣诗作者在音乐语言层面除了采用传统的五声调式，使圣乐曲调与和声赋具民族神韵，而且也借鉴西方音乐的和声功能、音阶结构、大小调调式和节奏节拍等音乐语言来创作圣诗。"[8]中国基督新教圣诗的本色化历程自此正式提上日程。

8　翁翠琴：《宇宙基督的赞歌——从圣乐与中国文化的对话看圣乐是如何促进福音文化与本土文化的融入》，《金陵神学志》2009 年第 2 期。

一、第一本由中国教徒独立编纂的圣诗集——《青年诗歌》

中国的基督教圣诗，如果按照其来源来分，可以分为两种：一种是翻译自西方的圣诗，20 世纪上半叶之前这是中文圣诗的最主要的来源，不仅是歌词，而且还包括曲调都是如此。据估计，截至 1917 年译成中文的赞美诗汇集起来共有 3000 余首。[9]另外一种则是中国人自己创作的圣诗，20 世纪上半叶之前，这种圣诗在中国教徒所使用的赞美诗中只占很少一部分，20 世纪之前这种情况尤甚，虽然有中国人创作过一些基督教圣诗，但是为数并不多，这些诗歌一般都收集在传教士所编纂的诗集中。如福州美华书局于 1897 年活板印制的《救世教诗歌》中，一共收诗 239 首，其中 180 首译自外国圣诗，还有 60 余首乃是由 "粗识音字" 的华人教徒所作。

第一本由中国教徒独自编纂的赞美诗集来自于中华基督教青年会。中华基督教青年会是由美国人来会理博士（Dr.D.Willard Lyon，1870-1949）创立的。来会理出生在浙江余姚，其父母是美国基督教长老会的传教士，10 岁时他随父母回美国接受教育。1895 年，来会理受美国基督教青年会和北美协会派遣，携夫人来华组织开展青年会活动。他在天津创办了中国第一个基督教青年会组织[10]——天津中华基督教青年会，后又赴上海、北京等地组织基督教青年会。来会理曾编辑过一本《青年诗歌》，选有诗歌 47 首，原来只是供 "青年会大会及联会" 使用，共刊印了四版。随着各地基督教青年会的迅速兴起，原来的诗歌已经不能满足需求，1908 年，时任青年会机关刊物《青年》副主编的谢洪赉[11]对此诗集进行增补，他自己创作并翻译了 30 余首诗歌，并从《颂主诗歌》《江南赞美诗》中又选取 50 首，将其由 47 首扩充为 130 首，仍旧命名

9　[美]何凯立著，陈建明、王再兴译：《基督教在华出版事业（1912-1949）》，四川大学出版社 2004 年版，第 174 页。

10　基督教青年会于 19 世纪 70 年代就传入中国，1876 年上海成立了第一个青年会组织，但其主要是为在沪的外国人服务的组织；1885 年福州英华书院和通州潞河书院先后也成立了 "学校青年会" 组织，但它们都设立在公理会的教会学校中，仅在少数学生中开展工作，并不是青年会的全国性组织。因此，真正意义上的中国基督教青年会，一般是以天津青年会成立为起始，最初名 "学塾幼徒会"，1902 年，在上海召开的基督教青年会第四次全国大会上更名为 "基督教青年会"。

11　谢洪赉（1873-1916），字邑侯，别号寄尘，晚年自署庐隐，清末民初知名的中国基督徒翻译家、著述家。

为《青年诗歌》[12]，有人认为这是最早由中国基督教徒独立编译的圣诗集，"开创了基督教圣诗音乐歌词本色化的开端"[13]。严格地说，这本诗集乃是谢洪赉对来会理版《青年诗歌》的增补本，不过在此过程中，谢洪赉的贡献已经远远超出了来会理，正是由于谢洪赉的增补工作，使得此诗集在社会上的影响力大大增加。仅两年时间，该诗集就印刷至第五版，此后又多次再版，1925年增订至第十二版，还出版了带乐谱的《附谱青年诗歌》，期间谢扶雅也参与过此诗集的编修工作。1928 年顾子仁将该诗集加以修订扩增后出版为《最新青年诗歌》，内有圣诗 192 首，附录"赓歌集"，包含有爱国诗歌及团体诗歌 47 首。"赓歌"原意为"酬唱和诗"，这里是借用别的诗歌的曲调又赋新词。基督教女青年会也曾于 1919 年在上海出版了一本《中华基督教女青年诗歌》。[14]

二、国人集体编纂的圣诗集——华北长老会的《重订赞神圣诗》（1914）

与其他差会一样，为了布道的需要，基督教长老会也积极编撰供本会使用的圣诗集。其中最有名、使用最多的是在山东传教的美国北长老会传教士倪维思（John Livingstone Nevius，1829-1893）和狄考文二人合作翻译编纂的圣诗集《赞神圣诗》，这本诗集初版是在 1871 年，当时狄考文正好被任命为上海美华书馆的负责人。狄考文的中文非常好，他去世以后，他的同事这样评价："（狄考文）不仅成了在中国的外国人中唯一的官话演说王子，而且从根本上掌握了中文，这使他得以在未来的一些年间利用中文作了最完美的工作，写出了所有说中文的学生普遍使用的教科书。"[15]在中国传教士大会上，他被推举为圣经官话修订委员会主席，成为修订官话圣经工作的领袖人物。狄考文不仅翻译圣经，同时也翻译了很多圣诗。在《一位在山东 45 年的传教士——狄考文》一书中，费丹尼写道："他与倪维思博士一起编写出版了中国

---

12 谢洪赉：《青年诗歌》序言，载《青年诗歌》，中华基督教青年协会书报部刊行 1918 年版。

13 王鑫：《基督教（新教）圣诗音乐中国本色化探研》，硕士学位论文，南京艺术学院，2006 年，第 9 页。陈伟也认为《青年诗歌》乃谢洪赉主编（陈伟：《中国基督教圣乐发展概况》，《中央音乐学院学报》2003 年第 3 期）。

14 参考本书附录 1：《1949 年前编纂出版的中文新教赞美诗集及乐理著作》。

15 [美]费丹尼著，郭大松、崔华杰译：《一位在中国山东传教 45 年的传教士——狄考文》，中国文史出版社 2009 年版，第 115 页。

人使用的圣诗集；直到晚年，尤其是在安息日不布道的时候，总是不时地补充中文圣诗集。事实上，无论什么时候，只要听到一首新圣诗，特别是令他感动的圣诗，就想译成中文，以便进一步丰富当地的圣诗集。当地中国人特别喜欢的一首赞美诗是狄考文翻译的胡格诺教派的歌曲'主和我'."[16]他夫人狄就烈所写的《圣诗谱（内附乐法启蒙）》一书，狄考文也"做了大量工作，尤其是在创制适当的术语方面，尽管他从未说他参与了这本书的写作"[17]。

《赞神圣诗》的版本有很多，除了 1871 年的版本外，还有 1877 年上海美华书院的重印本和 1911 年山东大学堂书局排印的版本等。1911 年，华北公理会在济南召开会议，决定重新修订《赞神圣诗》，研究重新修订圣诗内容、增加圣诗数目及如何套用美国教会圣诗的曲谱等。会议选出了七位委员组成委办，于志圣[18]列首位，成员则包括赫士（Watson Mcmillen Hayes，1857-? ）、周书训[19]、张松溪[20]、王元德[21]、袁景奎[22]、袁德沾[23]等人，这七人中除了赫士外，其余六人全是中国人，他们都毕业于登州文会馆或者是其后的广文学堂，这也开启了国人集体编辑圣诗集的先河。此诗集以美国长老会的圣诗为蓝本，汉译方面除了用倪维思、狄考文二人原来翻译的诗作外，又从《颂主诗歌》《颂主诗集》《赞主灵歌》《信徒圣诗》《复兴诗歌》等当时较为流行的圣诗集中选出 200 余首，[24]委员们极为认真，不管是新诗还是旧诗，他们都逐字逐句地对歌词和曲调进行仔细推敲，既要符合汉语的韵脚，又要符合曲谱的歌唱，经

16 [美]费丹尼著，郭大松、崔华杰译：《一位在中国山东传教 45 年的传教士——狄考文》，中国文史出版社 2009 年版，第 170 页。

17 [美]费丹尼著，郭大松、崔华杰译：《一位在中国山东传教 45 年的传教士——狄考文》，中国文史出版社 2009 年版，第 170 页。

18 于志圣，毕业于登州文会馆，后被聘为文会馆的教员，曾任烟台基督教长老会主任，并创办了烟台基督教青年会。

19 周书训，字铭九，山东青州府安丘县（现安丘市）逢王庄人，是我国第一首学堂乐歌《赏花》（作于 1888 年）的作者，毕业于登州文会馆，创办安丘市第一所女子教会学校，是青岛礼贤书院的首任校长。

20 张松溪，字子清，青州府临朐县黄塚坡人，毕业于登州文会馆，曾任青岛淑范女中（礼贤书院女生部）校长，数学家。

21 王元德，字宣忱，青州府昌乐县邓家庄人，毕业于广文学堂（成立于 1904 年，由登州文会馆与青州的广德书院合并而成）。

22 袁景奎，字文星，莱州府平度州宋戈庄人，毕业于登州文会馆。

23 袁德沾，字润甫，青州府安丘县人，毕业于登州文会馆。

24 《重订赞神圣诗》序，载《重订赞神圣诗》，烟台仁德印书馆 1931 年版，第 2 页。

过 4 年不懈努力，终于在 1914 年编纂完成，在山东出版文字本，名为《重订赞神圣诗》，扉页有"华北大会重订"的字样，由烟台仁德印书馆总发行，且有委办长于志圣起草的"重订赞神圣诗序"，后列六位委办成员的名字。此后，华北长老会另选了六个人组成乐谱编委会，这六人分别是于志圣、明美彝、方伟廉、维礼恩惠、邓安立、阿保罗，除于志圣外，其余五人全是外国人。五线谱本于 1917 年由上海长老会印书馆出版，每页的上半部为线谱，下半部分为文字，线谱与歌词分开排。全书有诗歌 390 首，分为 55 类，附有《颂神赞》（即三一颂）8 颂、七叠阿们、圣咏及教会婚丧礼仪式等。同时，此版本还用中英文分别注明乐谱的名称，书前除原有的"重订赞神圣诗序"外，又增"重订赞神圣诗谱序"，介绍此谱本编纂的缘由、成员及诗谱来源等内容。此外，1927 年，由上海美印书馆也印了一版，有 312 页。1938 年上海广协书局也有翻印。[25]

　　自立教会的发展以及教会学校的音乐教育和音乐活动极大地推动了中国本土圣诗的发展。当时，在一些由国人创办的自立教会中，大都使用他们自己编辑的圣诗集。1909 年，我国著名女基督教奋兴（Revivalists）布道家余慈度（YÜ DORA，1873-1931）编纂出版了一本《奋兴布道诗歌选集》，这是中国奋兴教会最早的诗歌。1922 年王载和一批同道在福州仓前山十二间排赁房开堂布道，创办基督徒聚会处，为应对聚会需要，他们也印发了一些诗歌，当时大概有三十余首，后来逐渐增添至 120 首并配以琴谱，于 1923 年在福州出版，名为《复兴布道诗》，出版后在基督徒聚会处内部使用。此诗集差不多有一半译自美国赞美诗作家艾拉·桑基（Ira David Sankey，1840-1908）所编的《圣歌与独唱》（sacred songs and Solos）一书，其余选自别的诗集或者是新创作的。[26]1927 年，基督徒聚会处的倪柝声等又在上海出版了《小群诗歌》，此诗集影响极为广泛。

25　详细内容可参考王神荫：《中国赞美诗发展概述（上）》，《基督教丛刊》1950 年第 26 期，第 49-54 页；孙基亮：《王宣忱的文学修养》，载孙基亮的博客，http://blog.sina.com.cn/s/blog_7578bbd10102xlyk.html

26　王神荫：《中国赞美诗发展概述（上）》，《基督教丛刊》1950 年第 26 期，第 49-54 页。

第六章　二十世纪上半叶中国新教圣诗的繁荣（下）

　　1922 年 4 月，世界基督教学生同盟第 11 届大会在北京清华大学召开。大会筹备期间，一群上海青年学生组织发起《非基督教学生同盟》，发表宣言反对大会在中国召开，并通电全国寻求支持。他们的诉求得到了国共两党 70 多位知名文化人——包括陈独秀、李石曾、李大钊、汪精卫、蔡元培、戴季陶、吴稚晖等人——的支持，这成为“非基督教运动”的导火索，运动很快波及全国，并在 1925 年“五卅惨案”后达到高潮。这场以社会精英为主体的声势浩大的非基督教运动，加速了中国基督教本色化的进展，这也极大地推动了中国基督教圣诗创作的本土化进程。

　　自 20 世纪 20 年代末至 50 年代初这段时间，是中国基督新教圣乐发展的辉煌时期。当时，基督新教在中国经过一百余年的传教历程，已经发展了相当多的教徒。尤其是随着“新文化运动”的发展，国内知识分子对于基督教的态度发生很大改变，很多人，尤其是到西方留学的归国留学生和一些从教会学校毕业的人逐渐由排斥转变为接受，甚至有不少人已经开始信仰基督教，当时的革命党政府以及其后的国民党政府，基督徒大有人在，甚至其领导人中，孙中山、蒋介石等，都是虔诚的基督徒。随着教徒中知识分子阶层人数的增加，必将有利于基督教在中国的传播与发展。在圣乐方面的表现就是文化素质及音乐修养都比较高的中国基督徒不再满足于传教士所编的圣诗集，他们要自己创作和编译圣诗，这种风潮在 20 世纪 20 年代末到 50 年代初最为繁盛，这段时期是中国赞美诗发展的黄金时期，甚至到今天，国内的赞美诗创作仍未达到当时的水平。

当时，各差会都有自己的出版社印刷赞美诗，如早期仅上海印刷赞美诗的机构就有：墨海书馆[1]、同文书会[2]、中华浸会书局、美华书馆[3]、华美书馆[4]、青年协会书局、中国圣教书会、福音书局等。福建则有福州美华印书局[5]、兴化美华书局[6]、红衣教团出版社[7]、闽北圣教书会和闽南圣教书会等。出版事业的活跃也为圣诗集的编纂出版带来了极大的便利，有力地推动了圣诗集的出版。

我们可以从当时一些著名赞美诗集的编纂出版情况了解此时的盛况，王神荫先生在其《中国赞美诗发展概述（上、下）》一文中对当时的一些赞美诗集有比较详细的说明，可以参考。当时比较有名的诗集有中华圣公会的《颂主诗集》（1931），赵紫宸、范天祥编纂的《团契圣诗集》与《民众圣诗集》，贾玉铭的《圣徒心声》，基督教聚会处的《小群诗歌》等，当然最为重要的是六公会所编的《普天颂赞》。

第一节　20 世纪三四十年代中国教徒编撰的赞美诗集

一、杨荫浏与中华圣公会《颂主诗集》（1931）

20 世纪初期，基督新教各派在我国传教事业发展迅猛，每个派别又有很多不同的差会，这些差会遍布全国各地，由于各地差会背景不同，同一教派可能分属于不同的国家，另外我国地域广大，方言众多，各个差会在不同的地方传教遂产生了许多不同的赞美诗集。中华圣公会各差会也面临着这样的

1　1843 年由英国伦敦会传教士麦都思、美魏茶、慕维廉、艾约瑟等在上海创建，1863 年停业。

2　清光绪十三年（1884）由英国伦敦会传教士、苏格兰人韦廉臣（Alexander Williamson，1829-1890）在上海成立，清光绪二十年（1892）改名为广学会，成为 20 世纪上半叶基督教多宗派在华最大的教会出版机构。

3　美国长老会印书馆，前身是 1844 年在澳门开设的花华圣经书房（The Chinese and American Holy Classic Book Establishment），1845 年迁往宁波，1860 年迁至上海，改名美华书馆。

4　由宋耀如（宋查理）所建，初期称华美书坊，1920 年代后称协和书局，1930 年代称广协书局。

5　1859 年成立，1903-1904 年间，书局主体部分迁往上海，成立华美书局。福州美华印书局仍被保留下来，成为华美书局的分局，其出版活动持续至 1915 年盘给一家中国基督徒办的公司为止。

6　1892 年成立，福州美华印书局的分所，由美国卫理公会创办。

7　1889 年成立。

境况，为了改变这种各自为政的局面，中华圣公会于 1928 年开会成立了一个特别委员会，负责为全国圣公会各教区产生一部统一的诗本。各教区选派一到两名委员组成编委会，最初的编委会委员包括皖赣教区的严奇清、鄂湘教区黄馥亭、江苏教区沈子高、南京教区郝路义（Louise Strong Hammond，1887-1945）、华北教区凌贤杨以及福建教区童志柔等，后来又由他们增聘了江苏教区姚贤扬、罗培德，鄂湘教区康丽霞（Miss Cox，美籍，时任武昌华中大学音乐系主任）和杨荫浏。委员中仅有南京教区郝路义女士和鄂湘教区康丽霞女士为美籍，其余几位均为国人，同时这些委员中，除杨荫浏先生外，均有教职，所以特聘没有教职的杨荫浏先生主持日常工作，每日工作半天。

　　杨荫浏（1899-1984），江苏无锡人。他被公认为是中国民族音乐学的奠基者。他对中国民族音乐的研究涉及领域之广、研究之深入，迄今仍无人超越，是当之无愧的一代宗师。他在中国音乐史、音乐图像学、音乐文献学、比较音乐学以及音律、曲体、曲式、调式、音律等方面都有深入研究，而且还能演奏多种乐器：笛子、箫、笙、胡琴、琵琶、二胡、三弦、古琴、钢琴……等无不精通。在宗教音乐研究领域，杨荫浏先生更是当之无愧的开路先锋。他对无锡道教音乐、青城山道教音乐、中国基督教圣乐、北京智化寺音乐、西安鼓乐、五台山寺庙音乐、湖南宗教音乐等都进行过深入的调查研究。[8] 杨荫浏出身于无锡望族，六岁入私塾接受中国传统教育，通习中国文史及诗词，包括十三经、唐诗及《纲鉴易知录》等，十二岁进入无锡县立东林小学读高小，十六岁毕业后再读私塾一年，补读《易经》《诗经》等古籍，读完其父规定的一百六十一本经史诗词。[9] 此后，先后在无锡第三师范学校、无锡辅仁中学、上海圣约翰大学、光华大学等学校就读，在光华大学因"家贫，未能毕业"，但那时他已是二十六岁的青年。纵观他的整个青少年时代，杨荫浏一直受着系统而良好的中西方文化教育，中英文基础都极为坚实。同时杨荫浏又有很深的音乐造诣，他幼年时曾跟随道士学习道教音乐，后又跟随无锡著名曲家吴畹卿先生研习古琴和昆曲，十多岁时由美国圣公会女传教士郝路义女士引领入教，并跟随她学习西方基督教圣乐。他对中西方音乐，尤其是宗教音乐都有很深的领悟，所以才由郝路义女士推荐进入了中华圣公会的圣诗编

8　田青：《杨荫浏与中国宗教音乐》，《音乐研究》2000 年第 1 期；翟风俭：《杨荫浏：中国宗教音乐研究的拓荒者》，《中国宗教》2009 年第 2 期。

9　华蔚芳：《杨荫浏年表》，载《中国音乐学一代宗师——杨荫浏（纪念集）》，（台北）社团法人中国民族音乐学会 1992 年版，第 105 页。

辑委员会，"当其从事修译圣诗之时，曾遍读新旧约全书，兼读注解。修译圣诗初稿，用油印分寄四十友人，征求批评，然后重加修改，其慎重可见"[10]。

中华圣公会圣诗委员会经过三年努力，于 1931 年出版了《颂主诗集》，有圣诗 466 首，分别注明是选录、新译或创作，按周年节令等分为十大类，未附《十戒》和《主祷文》，由江苏无锡协成印刷公司代印。该诗集的编委会在编辑时颇具匠心，使得诗集的很多方面在当时都是领先的。首先在文字上，顺应当时潮流，文言与白话兼用，同时采用了新式标点符号，使得诗歌断句更清楚；其次，标明了诗歌的作者信息。在各首诗下面，都尽可能地注明作者的国籍、姓名与生卒年份等信息，一方面便于考证，一方面可以增加读者的兴趣，这在中国圣诗方面是一种创举；再次，开启了向社会征集圣诗的先例。此诗集一改以往诗集多为编译西方圣诗的惯例，向社会广泛征求创作圣诗，据杨荫浏介绍，"在一九二九年春间征求中文创作圣歌。投稿者一时有数百人，诗数有一千余首"[11]，最后从这一千余首诗中选了 36 首收入诗集中，虽然这在诗集中所占比例仍然很小，但在当时西方圣诗一统天下的情况下，已非常难得。此举也开创了后世圣诗集编纂广泛向社会征集圣诗的先例，具有非常重要的历史意义。[12]

在此诗集的编纂过程中，杨荫浏先生的贡献无疑是巨大的，他的博学与严谨使得该诗集无论从歌词编译还是曲调搭配方面都比以前的诗集有了很大提高，体现出了当时中国圣诗编纂的最高水准。这本诗集可以说是 1936 年版《普天颂赞》的前奏，不仅为后者的编译与出版提供了很多可供参考的经验，而且《颂主诗集》中的一些优秀诗作还直接被吸收到《普天颂赞》中来，杨荫浏先生也由于对此诗集的重要贡献而直接成为《普天颂赞》的最主要编纂者。杨荫浏在基督教音乐方面的巨大成就要归功于一个人，她就是此次《颂主诗集》的编委之———来自美国的圣公会女传教士郝路义女士，郝路义出生于伊利诺伊斯州（Illinois）一个中产阶级家庭，父亲是一位银行家，家中姐弟四人都继承了母亲的艺术天分，全都从事与艺术相关的工作。其姐姐尤妮斯是著名的印象派诗人和作家，妹妹伊丽莎白是出色的大提琴手，弟弟劳伦斯（Laurens Hammand）曾发明了郝氏电风琴（Hammand organ）。郝路义本人

---

10 王神荫：《中国赞美诗发展概述（下）》，《基督教丛刊》1950 年第 27 期。

11 杨荫浏：《圣歌探讨之初步》，《圣歌与圣乐》1934 年第 1 期。

12 王神荫：《中国赞美诗发展概述（下）》，《基督教丛刊》1950 年第 27 期。

于 1913 年来中国以后便喜欢上中国的文学，还能做旧体诗，在无锡传道时见到小小年龄的杨荫浏能吹笛弄萧，便教他英文、钢琴、视唱等，后来又教和声、对位、复调等作曲法，杨荫浏则教她吹笙、昆曲及音韵学，两人互教互学，遂成忘年交，杨荫浏先生自己曾说："她很喜欢我，……我曾称为'干妈'，……她是想把我培养成宗教音乐家。"[13]郝路义的引导和教育为日后杨荫浏在基督教赞美诗编纂及翻译方面的重要成就奠定了扎实的基础。同时，郝路义对中国音乐特别是江南的文人词乐很有研究，对中国基督新教赞美诗也颇有贡献，来中国之初，她就注意到无锡文人吟诗、读书方式与基督教早期的格利高里圣咏（素歌）有很多相似之处，与其将中国的歌词生硬地配上西洋曲调，不如创作出一套适合中国教徒唱诵的"新素歌"（a new plainsong），于是她就开始了这方面的尝试，她与无锡文人裘昌年合作，不仅为无锡教会用的连祷歌都配上了原创的中国曲调，还为圣公会圣餐仪式创作了一整套"圣十字架弥撒"（The Mass of the Holy Cross）的音乐，可以说郝路义"是最早利用中国文人诗歌唱诵音乐进行基督教圣乐本土化的新教传教士"[14]。

郝路义与杨荫浏合作，在探索圣诗民族化道路上所作的努力还有很多，1929 年，他们就合译了一首赞美诗——《巍然乘驴歌》[15]；编纂中华圣公会的《颂主诗集》和六公会的《普天颂赞》时，他们再次合作；1941 年，他们在重庆合作，为冯玉祥所作的五首基督教赞美诗配曲，即《山花诗：民歌圣诗集之一》，包括《山花歌》《欢迎歌》《博爱歌》《荆冠歌》《小兄弟歌》等 5 首圣歌。此外，1941 年 12 月，二人还合作编辑出版了《古调新声》，选取了 42 首赞美诗进行两个声部的对位处理，希望用这种手法来丰富中国赞美诗的表现手法。在该书的前言，作者对四部和声和二部对位进行了说明："四部和声中，只有一个曲调，其余三部，都是附属于这个主调的配音；二部对位中，所有两个曲调，都是主调，分开来可以独立，合拢来可和成一片。在四声部和声中，和声的成份比较丰富，而旋律的韵味，缺比较淡薄；在二部对位中，

---

13 乔建中整理：《最后的课》，载《杨荫浏（纪念集）》，（台北）社团法人中国民族音乐学会 1992 年版，第 60 页。

14 宫宏宇：《杨荫浏及其中外师友》，《云南艺术学院学报》2017 年第 2 期。还可以参考宫宏宇：《杨荫浏的传教士老师——郝路义其人、其事考》,《中国音乐学》2011年第 1 期。

15 英国人亨利·米尔曼（Henry Hart Milman, 1791-1868）作词，约翰·戴克斯（John B.Dykes, 1823-1876）作曲。

和声的力量，比较空疏，而旋律的神趣，缺比较浓厚。这是两种谱法，在性质上有根本不同之处。"[16]尽管这 42 首赞美诗在和声运用上仍然属于传统的大小调和声，还没有做到和声的中国化民族化，但对位化的和声突出了旋律，更接近中国信徒的审美情趣。[17]这些圣诗民族化的有益尝试对今天我国的圣诗创作仍然具有很好的借鉴意义。

此外，杨荫浏还翻译了葛星丽（Stella Marie Graves，1895-1968）[18]、费佩德（Robert Ferris Fitch，1873-1954）选编的诗集《教会周年颂神歌咏》，这是一本关于教会周年的歌集，共有 41 首诗歌。在该诗集的序言中，费佩德写道："杨荫浏先生，他翻译这书全部的文字，我和他曾费了许多物质和精神，在研究和评议文字的立场上，及音韵强弱与音乐的配置上，务使它成为一完善完美的歌本。在这种工作上，杨先生是应受很大的敬仰，他又发明一种预备音乐稿谱和安排音符的新方法，以代替排印。"杨荫浏发明的这种新方法，不仅"在音符上既为真确"，而且"在经济上尤能节省"，深得费佩德欢心。[19]在基督教圣乐方面，杨荫浏还翻译了《基督教的圣歌史略（上、下）》[20]、《圣乐的欣赏》（与费佩德合译）及《素歌》《圣歌故事（一、二）》（与费佩德合译）等文章，以帮助人们了解基督教圣诗的历史。

二、赵紫宸、范天祥与《团契圣歌集》及《民众圣歌集》

在中国基督新教本色化历程中，赵紫宸（Cao Tsu-chen，1888-1979）先生无疑是一座无法逾越的丰碑，他不仅从理论上探讨中国教会的本色化，而且还身体力行，为此做了很多工作。赵紫宸 1888 年出生于浙江省德清县新市镇的一个小商人家庭，1907 年受洗加入基督教监理会。1910 年毕业于上海东吴大学，1917 年在美国田纳西州范德堡大学（Vanderbilt University）毕业获文学硕士和神学学士学位。回国后，先后担任东吴大学教授、教务长、文学院院

---

16 转引自王雪辛：《中国赞美诗旋律民族化探索》，中国基督教两会 2004 年出版，第 6 页。在《杨荫浏全集》中，并未发现这本诗集，同时杨荫浏年谱中对此也没有记载。

17 王雪辛：《中国赞美诗旋律民族化探索》，中国基督教两会 2004 年出版，第 6 页。

18 美国浸信会传教士、金陵女子大学音乐系教师。

19 葛星丽、费佩德选编，杨荫浏译述：《教会周年颂神歌咏》，广学会 1939 年出版，序言。

20 铁逊坚著，费佩德、杨荫浏译，刘廷芳校订，载《圣歌与圣乐》1936 年第 11-12 期。

长，燕京大学宗教学院院长、教授及金陵协和神学院教授等职。1941年受中华圣公会会长圣职。赵紫宸曾多次出席基督教世界性会议，并积极参加普世教会运动。1947年7月，他被美国普林斯顿大学授予荣誉神学博士学位。1948年8月世界基督教协进会成立大会在荷兰阿姆斯特丹召开，赵紫宸当选为该会6名主席之一，也是主席团中唯一的东方人。赵紫宸的著作达170余种，其中神学著作有《基督教哲学》《基督教进讲》《耶稣传》《圣保罗传》《神学四讲》《耶稣的人生哲学》《万方朝圣录》《祈响》等；诗集有《玻璃声》《打鱼宗教诗集》《南冠集》等。他对中国古典文学，尤其是诗词、戏曲及书法艺术的造诣颇深，极其擅长以中国传统的文化形式表达基督教神学。赵紫宸深受自由主义神学和新正统派神学的影响，主张神学要关注社会，切入社会，所以他积极推动中国教会的本色化，1922年他作为基督教全国大会第三股成员之一参与撰写《教会的宣言》，提出中国本色教会不仅要保存基督教和中国传统文化的一切真理，使之结合，而且中国教会要成为一个自身合一、与普世教会合一，自治、自养、自传的教会，要关心国家的命运和建设，使社会秩序基督化。他说："我们讲基督教的思想，讲神学，并不是在真空里讨生活。我们有我们的背景，有我们的环境。我们住在中国，有中国的文化背景，有中国的社会环境作讲解，一方面要与这文化背景发生接触，与这社会发生联系；一方面要说明基督教自身的性质，补充中国文化的亏缺，供给社会的需求。"[21]终其一生，赵紫宸先生都在追求基督教与中国文化的会通，他翻译和创作的诗歌，都蕴含着中华传统文化的精髓，典雅优美。

　　基督教圣乐的本色化是赵紫宸先生关于中国教会本色化的一个重要方面，是他所追求的基督教与中国文化会通的重要实践，他为此做了很多努力，贡献尤其巨大，因此他被尊为"中国圣诗之父"。1926年，他应邀在燕京大学宗教学院任教，翌年又担任了燕京大学基督徒团契崇拜主任。燕大基督徒团契实际上是一个针对燕大师生的教会组织，在赵紫宸的引领下，该团契在赞美诗歌与崇拜形式上都趋向于中国本色化方向发展。应基督徒团契的需求，赵紫宸将自己平时翻译的一些圣诗在团契的崇拜活动中试用，一开始是油印本，由于同学们的需求越来越大，于是他利用寒假功夫，每日"洗盥焚香，努力翻译"，两周时间又集中翻译了60首。并找来当时燕京大学音乐系主任

---

21 赵紫宸：《神学四讲》，载《赵紫宸文集》第二卷，商务印书馆2004年版，第520页。

范天祥（Bliss Wiant，1895-1975）来配曲，1931 年 1 月由赵紫宸译词、范天祥配曲的《团契圣歌集》由燕大基督徒团契出版，计有圣诗 124 首，都是历代教会名歌，主要是面对青年学生用的，此外还有荣耀颂 2 首，三一颂 1 首，应祷歌 3 首，全部共计 130 首。1933 年再版又增译 20 余首，加荣耀颂、应祷歌等共 155 首，除 12 首外，其他全都是由赵紫宸翻译的。赵紫宸先生翻译非常认真，文辞优美，歌词不仅有古体诗——骚体，而且还有绝句、文言白话合参以及纯白话，无论其为何种文体，这些诗歌全部都是押韵的，而且有的是叠韵。王神荫先生称其是"国人编译赞美诗最认真、最负责，而文词又最美致者"[22]。在该圣歌集的序言中，赵紫宸曾记述了翻译圣诗的经验与艰辛："译诗须有相当的训练，译赞美诗更须有相当的训练。第一是心灵的修养。译者若不切心景仰上帝，若不追求宗教上的了解与颖悟，自然就不能透入作者的神韵，宣达诗中的美感。第二是修辞的练习。在这一端上，译者须要注（意）文、意、声、韵四端。文是词藻，意是含义，声是节奏，韵是谐音；四者俱备，方可成歌。歌须是诗，诗须是歌，二者兼至，方可谓是赞美诗。往往原诗愈佳，情愈丰，则移译亦愈难。在我的经验中，每译最上乘的诗，总须涂改数十次，几须呕出心肝来才止。译后自吟，不能满意；不得已，乃搁笔。有一二语差强人意者，读之便忻忻然。明日再读，则又索然矣。再改，改后再吟；甚致数十易而仍归初译之词者。第三是创作的工夫。这是最难得。本集中大约可分四种创作的试验。第一种是用古诗体……骚体……作的……第二种是用绝句体作的……集中亦兼有用律体的句法，骈体的句法，古风长短句的句法，但不纯粹，不足以为第一种体裁。第三种是文言白话合参的，集中最多……第四种是纯粹白话的……"[23]他认为，白话诗入乐谱最难，但无论白话文言，这些诗都必须押韵，原诗是单韵，他就用单韵翻译；原诗用叠韵，他也用叠韵翻译，总之是和原诗的韵相合。这些诗歌翻译完之后，首首都经过范天祥和学生郑少怀按谱弹唱，详评音节，如有不甚合乎音律的地方，赵紫宸再一一修改。诗集出版以后，受到燕大师生的广泛欢迎，范天祥在给友人的信中提到："初版在没有任何广告宣传的条件下，在九个月内便卖出两千五百本。这对我们来说是个很大的惊喜，并且我们计划尽快再版。事实上

---

22 王神荫：《中国赞美诗发展概述（下）》，《基督教丛刊》1950 年第 27 期。

23 赵紫宸译诗，范天祥校乐：《团契圣歌集》序一，载《赵紫宸圣乐专集》，商务印书馆 2013 年版，第 4 页。

已经有几百张订单等候了多个月，可见它多么受欢迎。"[24]

翻译圣诗并不是赵紫宸的目的，他更希望能有中国人自己创作的圣诗。他说："这本圣歌集不是我译著的成功，乃是我开端的试验。我希望……同志们爱作诗歌的都试译试作，不吝赐示，与我切磋琢磨。如此则一二十年内，中国的基督教团契不但可以得有翻译的圣歌集，且亦可以有国人自作诗、自制谱的圣歌集。诗词音乐，是最能感人的艺术，也是最能表著宗教信仰，陶养刚强人格的艺术。初试的，将来不免被淘汰；但五十年之内，若本书能对于信众们作一点微小的贡献，然后再乘进化的洪涛以去，而湮没无存，是则我之初志也。"[25]由此可以看出作者的拳拳初心，最终是要实现基督教圣乐的本色化。因此该诗集被认为是中国基督教圣诗本色化运动中的一个里程碑，在中国基督教圣乐发展史中具有重要的意义。

圣歌翻译为赵紫宸的圣歌创作提供了借鉴并积累了经验，1931年3月他与范天祥合作，还专门针对民众，尤其是农村民众出版了一本《民众圣歌集》，此集共有圣诗54首，歌词完全由赵紫宸先生创作，他采用古诗词如浪淘沙、花月吟、如梦令等词牌结构，有的模仿民谣风格，因此唱起来亲切、上口。曲调由范天祥先生编配，全都选配中国曲调。这两本圣诗集由于使用对象不同，故歌词风格也有很大不同，前者文辞优雅深邃，后者平实易懂。赵紫宸曾经详细说过二者的不同："《团契圣歌集》为学生作的，文字乐谱，都偏于深雅。《民众圣歌集》是为民众——尤其是农村的民众——作的，文字应当极浅显，调子应当极普通。《团契圣歌集》是翻译的诗，乐是西方的乐。《民众圣歌集》的诗歌是创作的诗歌，音乐是中国民间原有的音乐。《团契圣歌集》是积年工作的成绩，有歌一百二十四首。《民众圣歌集》是一月之内完成的工作，只有五十四首赞美诗。"[26]虽然这两本诗集针对的对象不同，风格迥异，但它们都是中国圣乐本色化的非常有意义的尝试。在《民众圣歌集》的序言中，赵紫宸曾介绍了他"作歌的十原则"[27]：

---

24 [美]范燕生著，李骏康译：《颖调致中华：范天祥传：一个美国传教士与中国的生命交流》，香港基督教文艺出版社2010年版。

25 赵紫宸译诗，范天祥校乐：《团契圣歌集》序一，载《赵紫宸圣乐专集》，商务印书馆2013年版，第6页。

26 赵紫宸词，范天祥配曲：《民众圣歌集》序一，载《赵紫宸圣乐专集》，商务印书馆2013年版，第135页。

27 赵紫宸词，范天祥配曲：《民众圣歌集》序一，载《赵紫宸圣乐专集》，商务印书馆2013年版，第135-140页。

（一）民众的圣歌必须是具体的，民众嘴里唱歌，心里应能看见一
　　　副图画。

（二）民歌要简单浅白才好，要做到老少皆宜，雅俗共赏。

（三）不必完全迁就民众，要想法提高民众思想与观感。

（四）民众的歌，应当含带中国民族性中最好、最重要的成分。中
　　　国人的生活与自然是打成一片的。中国人要见上帝，必在人
　　　生里，也必在自然里。所以此诗集的诗歌中常有引人欣赏自
　　　然的句子。

（五）为民众表达深邃的宗教经验。

（六）民众的圣歌应当是赞美诗。

（七）应与民众的日常生活有密切的关系。

（八）应当帮助民众关心社会、国家、世界的生活。

（九）要基于圣经，尤其是圣经故事，能用圣歌使民众学习圣经。

（十）每首歌须是一篇说教的讲章。在唱诗之前，领唱的人可以将
　　　所要唱的诗逐句逐节讲一遍，一方面可以叫信徒群众完全了
　　　解诗的意思，唱起来不至隔膜；一方面也可以使教唱的人有
　　　宣讲的材料和机会。本集的诗歌都应当这样用，先讲后唱是
　　　一个最适宜的办法。

　　他还举了很多例子来说明和解释这十条原则，如第一条圣歌必须是具体
的，他就举例说，像《团契圣歌集》中"在永默中跪觐真神，以爱解悟真契"
这样的句子太抽象、太奥妙了，在《民众圣歌集》中要用这样的句子："请看
小鸟飞上飞下啊，请看田园里那百合花，也不种，也不收，也不会纺纱，天
父尚且养活他，何况咱？"[28]第三条要想法提高民众的思想与观感，他说"我
竭力要用极浅白的文字，含带诗意"，既要让民众明白，又要有美感，让民众
在唱歌的时候享受美。如《天恩歌》中有"他是春风我是草，让他吹"这样
的句子，化用孔子的"君子之德风，小人之德草，草上之风必偃"，用"春风"
比喻天父，用"草"比喻信众，将中国传统经典不露痕迹地植入到圣歌当中，[29]
没有非常深厚的传统文化底蕴是无论如何也不能作出这样的诗歌来的；《四时

28　《天恩歌》，载《赵紫宸圣乐专集》，商务印书馆2013年版，第148页。

29　石衡潭：《赵紫宸论基督教与中国文化之会通及其实践》，《世界宗教文化》2010
　　年第3期。

歌》用板桥道情曲调和格律，"许多白藕如春雪，一片青苗得太阳"，这样的句子民众都能听得明白，同时又极富美感。在他看来，圣诗不仅仅是为了赞美上帝，表达人们的宗教情感，而且通过这些圣诗，还可以教化民众，提高民众审美水平，教导他们热爱自然，关心社会、国家和世界，积极乐观地生活，"戴上凉帽，背上铁锄，到田里去，赞美耶稣"[30]。作为一位伟大的基督教思想家、教育家和宗教学者，赵紫宸学贯中西，他对中国传统文化和基督教教义有极为深刻的理解，他力主基督教本色化，希望建构中国人自己的基督教文化，他的"作歌十原则"则是这种观念的具体实践，可以说是当时国人圣诗创作的最高总结，开创了中国现代文人基督徒创造圣诗的先河，是中国圣诗创作由自发到自觉的里程碑。赵紫宸的"作歌十原则"不仅适用于创作民众圣歌，同时对后世，乃至今日的圣乐创作都有非常积极的指导意义。

《民众圣歌集》第1首《清晨歌》是赵紫宸所写的流传最广的一首圣歌，由燕京大学音乐系学生胡德爱写曲，后由范天祥配和声，收入1936年出版的《普天颂赞》第425首。1946年范天祥夫人范敏德（Mildred Anty Wiant）将其译为英文，在介绍中国创作圣歌和民歌曲调的一本小册子——《塔》内发表，引起广泛注意。1964年被选入美国卫理公会新编圣歌第678首，是美国赞美诗选录的第一首中国人创作的圣歌。[31]

清晨歌

（一）清早起来看，红日出东方，

　　　雄壮像勇士，美好像新郎；

　　　天高飞鸟过，地阔野花香；

　　　促我勤工作，天父有恩光。

（二）恳求圣天父，将我妥保存，

　　　行为能良善，颜色会和温，

　　　虚心教小辈，克己敬年尊，

　　　常常勤服务，表明天父恩。

（三）但愿今天好，时刻靠耶稣，

　　　头上青天在，心中恶念无，

---

30 《种田歌》，选自《民众圣歌集》，载《赵紫宸圣乐专集》，商务印书馆2013年版，第192页。

31 王神荫：《赞美诗（新编）史话》，中国基督教协会出版1994年版，第248页。

乐得布衣暖，不嫌麦饭粗，

千千万万事，样样主帮扶。

这首歌的灵感来自于《诗篇》第 19 章第 5 节："太阳如同新郎出洞房，又如勇士欢然奔路。"[32] "'红日出东方'受到汉乐府'日出东南隅'和唐代常建'初日照高林'的启发，'天高飞鸟过，地阔野花香'从唐代禅僧玄览的'海阔凭鱼跃，天高任鸟飞'和王湾的'潮平两岸阔，风正一帆悬'化出。可以说整首诗有汉代乐府民歌的风味，又有盛唐诗歌的意境，同时又贴切圣经经文，是熔基督教与中国文化于一炉的典范之作。"[33]

上文已经引用的《天恩歌》也流传很广，来源于耶稣在登山宝训上的教导[34]，所用曲调乃中国民歌《锄头歌》："手拿锄头锄野草哇，锄去野草好长苗呀……"范天祥配以四部声。迄今，香港出版的《普天颂赞》（修订本）仍收录了赵紫宸先生的 10 首圣乐作品。而大陆教会所用的《赞美诗（新编）》收录了《民众圣歌集》中的 11 首圣诗，即第 30、31、43、59、101、130、138、148、184、202、204 首。《赞美诗》505 版收录有《尊主歌》（第 214 首）、《信靠羔羊》（第 277 首）和《主爱小孩》（第 395 首）。

《团契圣歌集》与《民众圣歌集》的编纂过程中，范天祥的编曲无疑为诗集的成功起了至关重要的作用。范天祥 1895 年生于美国一个卫理公会的牧师家中，1920 年毕业于俄亥俄州卫斯理大学。那时他已经萌生了到中国传教并编辑中国特色圣诗集的愿望，他于 1922 年写给 Dr.T.A.Hildreth 的信中提道："过去 4 年我一直有一个炽热的心愿，到海外当宣教士……我想献给中国教会一本全部是中国色彩的圣诗集，我想这将是我毕生的志愿。"[35] 于是在 1923 年 8 月，范天祥携新婚妻子阿尔枝小姐（Mildred Kathryn Artz）辗转来到中国，此后一直任职于燕京大学，直到 1951 年离开中国。他一手创建了燕京大学音乐系，并一直负责音乐系的工作。同时，作为一名传教士，范天祥有着极其虔诚的宗教信仰，过着严格的宗教生活。他将自己的音乐特长与基督教信仰

---

32 《旧约·诗篇》19：5，简体和合本修订版。

33 石衡潭：《赵紫宸论基督教与中国文化之会通及其实践》，《世界宗教文化》2010 年第 3 期。

34 《新约·马太福音》6：25-34，简体和合本修订版。

35 转引自邱岳：《范天祥与中国圣乐本土化问题研究》，《艺术教育》2017 年第 6 期。

相结合，不遗余力地传播和推广宗教音乐。[36]他和夫人一起创建了燕京大学学生歌咏团和圣诗班，指导、带领合唱团及唱诗班唱诗一直是范天祥坚持不懈的工作。每到圣诞节期间，他都要指挥 100 多人的唱诗班，先是在燕京大学宁德楼烛光礼拜上清唱赞美诗，晚饭后，用驴车拉着风琴，一路排着队，秉着烛火，齐声吟唱着赞美诗进城到各个教堂或者救济院，歌唱一直到深夜甚至更晚才结束，这一传统一直持续到他 1951 年离开北京。而他指导的燕京大学歌咏团也时常在圣诞节、复活节等时节在教堂或者音乐厅举办各种音乐会，唱诵门德尔松的《颂赞诗》和《以利亚》、海顿的《创世纪》、勃拉姆斯的《德意志安魂曲》、巴赫的康塔塔《赞美吾主》、弗朗克的《A 大调弥撒曲》、柯达伊的《匈牙利诗篇》等经典曲目，1937 年歌咏团还去了南京演出。1950 年 10 月，范天祥在给友人的信中提到："上星期日，我们与歌咏团去了一个在鼓楼西的长老会小教堂，献唱一系列在《普天颂赞》里的中文歌曲。在歌咏团唱过多首诗歌后，席文荫负责带领会众同唱，会众的反应良好。我们之后到了位于繁忙的市中心珠市口的卫理公会，会众来自附近的平民，他们都听得着迷入神，连小孩也都全神贯注地聆听着。一位老人家站起来，并开始摆动双臂鼓励别人一起唱。即使他们不认识那些歌曲和不识字，也都闭上眼睛一起唱。"[37]这样的事情在范天祥二十多年的在华生涯中是经常发生的。正如后人的评价："范天祥将西方的经典神剧引入中国，并以合唱的方式广为传播，增加了当时国人对西方圣乐的了解，为其后中国圣乐的本色化发展打下了坚实的基础。"[38]

上文已经提到，创作中国特色的圣诗也是范天祥的毕生志向之一，在他还未来中国之前就立志要编纂中国特色的圣诗集，"对我来说，最崇高的一件事是编辑一本中文的圣诗集……"[39]他的愿望在他来到中国不久就得以实现。自 1925 年起，赵紫宸就邀请他为自己翻译的圣诗配曲，他们商议共同出一本

---

36 杨奎松：《一位美国传教士在燕京大学的"解放"岁月——围绕范天祥教授的日记和书信而展开》，《华东师范大学学报（哲学社会科学版）》2015 年第 5 期。

37 [美]范燕生著，李骏康译：《颖调致中华：范天祥传：一个美国传教士与中国的生命交流》，香港基督教文艺出版社 2010 年版。

38 邱岳：《范天祥与中国圣乐本土化问题研究》，《艺术教育》2017 年第 6 期。

39 黄永熙：《燕京大学与〈普天颂赞〉——范天祥与范天祥夫人》，http://www.cclc.org.hk/article_music_details.php?id=29

圣歌集，由赵紫宸负责"译诗辑文"，范天祥负责"选谱校乐"，[40]这本歌集就是《团契圣歌集》。

范天祥对中国音乐研究颇深，对中国调式运用自如，他仿照中国音乐曲调创作许多赞美诗新调，极富中国民族音乐风格，很受中国信徒的喜爱。他对中国圣歌曲调贡献非常大。在《团契圣歌集》的编纂过程中，他担任选谱校乐的工作，诗集的诗歌多半由他所选，取材于当时美国的一些圣诗集，如哈佛大学圣歌集、美以美会颂主诗、公理会赞美诗等。在《团契圣歌集》的序言中，赵紫宸写到："他是音乐专家，选谱校乐，谐音协律，悉系精擅，有他至诚殷恳的协助，我的心愿，就更热切了。"[41]《团契圣歌集》的曲调都采用西方音乐的曲调，对此，范天祥在序言中说："也许有人要问，在现代的中国，为中国基督教运动制作圣歌集，何以不采用中国的音乐？对于这个问题，我们有两个答复。第一：本集所收集的乐谱，多系基督教古今名著，是世界所公有的，并不是一国一族所可私占的。且音乐一道，犹之科学、哲学、伦理、宗教，并无国界种界的限制：采古今的名乐，供信徒的取用，原是今日中国基督教运动中应有的一件事。第二：译诗者与我刻正计划将已采集的中国调子，谱入四声，再写新诗，另为一集，以补本集的不足。"[42]首先，基督教的古今名曲是世界共享的，并不是某一国家某一民族的私有财产，《团契圣歌集》采用西方优秀圣诗曲调符合圣诗集编纂的传统；其次，中国的曲子要另编新的诗集，即《民众圣歌集》。

这些曲子的来源也很广泛，皆为基督教历史上最上乘的圣乐。有古代的格列高利圣咏、中世纪的合奏音乐、巴赫创作的德国圣乐、18 世纪古典派音乐、19 世纪浪漫派音乐以及近代作家乃至当时流行的著名圣乐作品，可以说是包含了整个基督教音乐史上的优秀著作。将世界著名圣乐介绍给中国信众，这是他们所要做的第一步工作。

---

40 赵紫宸译诗，范天祥校乐：《团契圣歌集》序一，载《赵紫宸圣乐专集》，商务印书馆 2013 年版，第 3 页。

41 赵紫宸译诗，范天祥校乐：《团契圣歌集》序一，载《赵紫宸圣乐专集》，商务印书馆 2013 年版，第 3 页。

42 赵紫宸译诗，范天祥校乐：《团契圣歌集》序二，载《赵紫宸圣乐专集》，商务印书馆 2013 年版，第 7 页。

而在为《民众圣诗集》编曲时，考虑到一般识字不多的平信徒们，应用他们所能了解的语言和他们所能欣赏的曲谱来崇拜和赞美，因此他全部采用中国传统曲调，"取中国的旧调，制现代的新乐"[43]。范天祥在其书的序言里说："本集所收的调，皆系中国旧调，未经丝毫的修改的。这些调子或出于顾子仁博士的《民间音乐》，或出于王女士的《小白菜》，或出于胡杜两牧师所采集的民歌。我们但取调子，自配四声。……佛教音乐，亦收一二。集中所有民歌，皆系国内所流行的调子，或全国流行的，或一隅流行的。"[44]这些传统曲调包括古诗词曲牌、传统旋律、祭孔音乐、佛教诵歌、中国民歌以及依照中国音乐风格创作的新曲调等，多数都配以四部和声，如《圣灵歌》的曲调为《如梦令》，《晨更歌》的曲调为《八段景》，《谢恩歌》的曲调《宣平调》[45]，《礼拜歌》的曲调《普陀调》[46]，《晚祷歌》的曲调为《紫竹调》，《圣父歌》的曲调为《孟姜女》，《三一歌》的曲调为《锄头歌》等等，这些中国人熟悉的曲调，再配上赵紫宸浅白易懂的歌词，使得普通民众能够很快熟悉并掌握这些歌曲，可见其良苦用心！范天祥认为"他一生最有意义的成就，就是在推广华文圣诗"[47]。

为了更好地教授音乐和传播圣乐，他在几次返美度假期间，还专门到哈佛大学、波士顿大学以及纽约协和神学院圣乐系学习音乐，此外还到皮博迪学院攻读博士学位，并先后完成硕士学位论文《中国曲调复音处理的可能性》和博士学位论文《音乐在中国文化特点与功能》，于 1946 年获博士学位。他擅长弹钢琴，曾在孙中山的家庭基督教葬礼上担任司琴。此外，他还是 1936年版《普天颂赞》的音乐主编。1951 年 4 月回国后，他也一直不遗余力地研究中国音乐，并在美国、东南亚各国介绍和宣传中国化的圣乐。曾出版过《中国乐歌》（1947 年纽约）、《宝塔》《中国音乐的特点与功用》（1966）等著作。1965 年，他将《我有主耶稣歌》（《赞美诗（新编）》第 101 首）译为英文，并

---

43 赵紫宸词，范天祥配曲：《民众圣歌集》序二，载《赵紫宸圣乐专集》，商务印书馆 2013 年版，第 141 页。

44 赵紫宸词，范天祥配曲：《民众圣歌集》序二，载《赵紫宸圣乐专集》，商务印书馆 2013 年版，第 141 页。

45 出自祭孔音乐《大成乐章》。

46 系佛教音乐。

47 [美]范燕生著，李骏康译：《颖调致中华：范天祥传：一个美国传教士与中国的生命交流》，香港基督教文艺出版社 2010 年版，第 202 页。

配上和声曲调，在美国出版。鉴于他对中国圣乐的重大贡献，1975 年，美国圣诗会（Hymn Society of America）评价他为"本色化中国音乐和圣诗的先锋"[48]。

范天祥夫人也是一位非常优秀的音乐家，在华期间，她也一直在燕京大学音乐系任教。她的文学基础很好，翻译了不少中文圣诗，《普天赞颂》中英文对照版中有她翻译的 11 首圣诗。

三、贾玉铭的圣诗集

在民国时期，国人圣诗创作者之中，除了赵紫宸先生，贾玉铭牧师也是非常出色的。贾玉铭（1879-1964），字德新，号惺吾，出生在山东昌乐小岭村一个四代信主的基督教家庭[49]，是中国基督教福音派的著名神学家、神学教育家及解经家。他毕业于狄考文所创办的山东登州文会馆，后来又进入到了美国北长老会所办的神学班学习，毕业以后被按立为牧师，并在山东长老会工作了多年。自 1916 年他起先后在南京金陵神学院、山东滕县华北神学院、南京金陵女子神学院等院校任职，担任过教授、校董以及校长等职务，1936 年他创办了中国基督教灵修院，并任教至 1949 年。

贾玉铭自幼信仰基督新教，养成了冥思灵修的习惯，熟读圣经，他主张应该将知识与灵修相结合。20 世纪 20 年代的"非基督教"运动对他触动很深，他开始思考基督教本色化的问题，并积极倡导教会自立，因此他的神学思想带有浓厚的本色化特征。[50]他一生著作等身，先后出版了《神道学》《圣经要义》《完全救法》《教牧学》《宣道法》《灵修日课》等十余部著作，同时还有66 卷圣经专卷释义，流传甚广。此外，他还主编了基督新教期刊《灵光报》。不仅如此，贾玉铭还是民国时期我国圣诗词作家中作品最多的一位，他一生中创作了五百多首圣诗，出版了四部诗集：《灵交诗歌》（1930）、《得胜诗歌》（1938）、《灵交得胜诗歌》（1941）和《圣徒心声》（1943）。1930 年他在山东滕县华北神学任教时，每日必写一首圣诗，同年便出版了诗集《灵交诗歌》，内有圣诗 234 首，大概有四分之一是修改或采取别人的作品，其余大部分都

48 邱岳：《范天祥与中国圣乐本土化问题研究》，《艺术教育》2017 年第 6 期。

49 关于贾玉铭的生平，可以参考王德龙：《贾玉铭生平考释》，《世界宗教文化》2016 年第 1 期。

50 崔小莉：《贾玉铭神学思想的本色化、处境化与中国化辨析》，《齐鲁师范学院学报》2017 年第 1 期。

是他的创作。[51]他的四部诗集中影响最大的是《圣徒心声》，有诗 572 首，在贾玉铭创作诗歌中篇幅最多，流行较广。

这部诗集中的诗歌有几个来源：一为 1928 年他在华北神学院所写的灵交诗歌；一为 1938 年在重庆旅次所写得胜诗歌；一为 1943 年于灵岩山灵修学院所写灵交得胜诗歌，后来又在重庆南山灵修学院添著百余首，合为 530 首。此外又加了几首别人写的诗歌，几首原来诗歌的一节或一副歌增修而成的诗歌以及 30 余首教会通用诗歌，总共为 572 首。[52]

贾玉铭的诗歌比较注重个人的主观体验以及信徒与神直接交流的感受，是感灵而作的，体现出一个中国基督徒的心路历程，他不太注重格律与音韵平仄，诗歌编排的次序不是按教会传统周年或耶稣生平，而是按信徒灵性生活如颂赞、称谢、重生、称义、成圣、胜、灵交、圣工、教会、末世等排列。[53]他在《圣徒心声》的自序中介绍这本诗歌有三种特色：第一、诗歌中五分之四写于民族抗战期间；第二、诗歌亦生命真理之流露，以此颂主，非但希望"声闻于天"，亦可籍以贯彻真理，发育灵命；第三、诗歌中有 530 首乃中国产物，允合中国信徒崇拜时心灵中所发之颂词，故特称《圣徒心声》，所用曲调多已在教会通用。可以说，他的诗歌体现出民族危难时期一个中国信徒的生命真理流露。如其所作《生命活水歌》是根据"信我的人，就如经上所说'从他腹中要流出活水的江河来'"[54]和"你们必从救恩的泉源欢然取水"[55]两处经文写成的。

生命活水歌

（一）今到救恩泉源欢然汲灵水，解我灵性干渴，心神极快慰。

　　　灵泉自心涌起，永流而不息，一直流到永生里。

（二）我心流出泉源愈流而愈涌，主恩藉我溢出，表显于无穷。

　　　多少困惫心灵，因我而苏醒，同得丰盛之生命。

（三）幸我已就恩主尽量饮活泉，腹中流出江河，灵恩日彰显。

　　　主在我身显大，生命极美满，欣颂主恩乐无边。

---

51 王神荫：《中国赞美诗发展概述（下）》，《基督教丛刑》1950 年第 27 期。

52 贾玉铭：《圣徒心声》自序，南京灵修学院 1948 年版。

53 王神荫：《赞美诗（新编）史话》，中国基督教协会 1994 年出版，第 110 页。

54 《新约·约翰福音》7：38，简体和合本修订版。

55 《旧约·以赛亚书》12：3，简体和合本修订版。

副歌：生命活水永远长流，生命活水自长流；生命活水永远长流，生命活水永远自长流。（阿们）

当时，虽然当时国人在圣诗编纂与创作方面取得了很高的成就，但仍不可否认，在这些圣诗集中，翻译过来的西方圣诗还是远远多于国人自己的创作，国人自己的创作还只是很少一部分，尤其是歌词方面更是如此。因此，贾玉铭先生的创作就更显得弥足珍贵。

四、《小群诗歌》

基督徒聚会处简称聚会处，是中国人自己创立的新教教派组织。1922 年夏，退役海军军官王载（1898-1975）夫妇和圣公会三一学院学生倪柝声（1903-1972）在福州建立聚会点，宣布脱离宗派并开始传播福音，此后又陆续建立多处聚会点。1923 年，他们租用福州仓前山十二间排民房为活动场所，命名为基督徒会堂。随后又迁至仓前山球场，改称基督徒聚会所。后来，由于二人对于传教工作有分歧，1924 年，倪柝声离开福州到上海，并以上海为中心进行传教，1943 年以后又回福州建立中洲聚会处；王载则一直在福州传教。[56]他们将全国分为东北、华南、粤闽、台湾等十三个工作区，各区设"中心教会"，领导全区各教会。在城市和农村广建聚会处，教徒之间以"兄弟姊妹"相称，由教徒选出"长老""执事"等主持内部事务。

聚会处所用诗歌多为翻译西方的传统圣诗，最早集结成册的就是前文已经提到的王载所编的《复兴布道诗》。1927 年上海福音书房出版了《小群诗歌》，供上海及全国其他地方的基督徒聚会处使用。初版时封面印有"诗歌"二字，下端有"小群"二字，并附有"Sings for the little flock"字样，许多人因此称之为《小群诗歌》。而基督徒聚会处也因此被称为"小群教会"。

1932 年 12 月 4 日，倪柝声在上海的一则主日讲道中曾提到此事："有人称我们为'小群'，这是不知道我们的人的说法。'小群'二字，是我们一本暂编诗歌的名称。因 1927 年，我们感觉到诗歌的需要，就先预备了二十首关于赞美的诗，此后或选择，或著作，又陆续加了一百六十四首。我们盼望预备到三百首才正式出版。所以在暂编本序里，有'至于开始预备这诗歌的原因，以及它的命名、释意……等特点，都待正式出版时，再行详细说明'的话。……

---

56 王秀缎：《福州基督教会音乐与诗歌研究——以基督徒聚会处诗歌为个案》，硕士学位论文，福建师范大学，2006 年，第28-29 页。

《小群诗歌》，意即教会聚会时所用的诗歌，此外并没有别的意思了。外人不察，以'小群'称我们，大约就是因这本诗歌的名称而有所误会了……我盼望经过这次的解释以后，不再有人如此的称呼我们了。"[57]这本诗歌里收集了184首圣诗。诗集中申明说这些诗是他们自己做的，自己译的，所以"未得我们的同意就请勿采入尊著"。该歌集中有许多独到的地方，很能适合中国信徒的使用。《小群诗歌》的销路很广，除了在上海出版外，抗战期中还在西安出版简谱本。不过上海版的带标点符号，西安版的不带标点符号。1949年9月上海福音书房又出版了一本《福音诗歌》，选诗100首，附录短歌100首。诗词的节奏，读唱兼顾。诗歌仍附有："若未得我们的同意请勿选印"字样。[58]除了这个《小群诗歌》外，这个"诗歌"暂编本还有很多版本，第一版《诗歌（暂编本）》编于1928年，到1949年出至第27版。1952年，上海福音书房又出版了《诗歌（增订暂编本）》，共有诗歌1052首。以后许多诗歌本，都是源于这本增订暂编本。如1983年12月香港基督徒聚会所出版《诗歌（增选本）》，除其中五首是他们自己写作，三首从别的诗集采入外，其余均选自《诗歌（增订暂编本）》（1052首），诗歌总计482首。其诗歌仍依照增订暂编本的分类，只是编辑了首数的先后。1993年6月，福州聚会处编印的《诗歌（选本）》，也是《诗歌（增订暂编本）》的选本。选本出现后，就较少使用这本增订暂编本了。[59]

五、闽南大会与《闽南圣诗》

　　福建南部的厦门、漳州、泉州属于传统的闽南地区，其语言为闽南语，因此其所用圣经和赞美诗集基本上也都是闽南语版的。闽南方言的赞美诗集中影响最大的就是《闽南圣诗》。其前身可以追溯至1851年英国长老会传教士宾为霖所编的厦门方言诗集《神诗合选》，由于其为文言体，许多文化水平较低的信徒无法唱诵。1854年，由伦敦会传教士杨威廉将其译成厦门白话，

57 倪柝声著，江守道编：《倪柝声著述全集》第33卷《作见证》第一部《生平见证》之《述说往日的事工》，香港：天粮出版社，1991年版，第36页。转引自王秀缎：《福州基督教会音乐与诗歌研究——以基督徒聚会处诗歌为个案》，硕士学位论文，福建师范大学，2006年，第31页。

58 王神荫：《中国赞美诗发展概述（下）》，《基督教丛刊》1950年第27期。

59 王秀缎：《福州基督徒聚会处的诗歌初探》，《萍乡高等专科学校学报》2005年第2期。

名为《养心神诗新编》，有诗 13 首；1857 年，施敦力·亚历山大又将其扩编，仍名《养心神诗新编》；1862 年，宾为霖又以闽南语编译了一本《厦腔神诗》，共有圣诗 20 首。此后数十年间，闽南教会以《养心神诗》为名，多次对闽南方言的诗集进行修订、扩充，不断完善，最后一版以《养心神诗》命名的诗集是 1933 年的版本，是规范的五线谱本，圣诗歌词与五线谱分开记录，上面是四声部的五线谱，注明了曲调名称与韵律，下面是圣诗歌词。

近代以来，在闽南地区传教的基督新教宗派主要是美国归正会、英国长老会、英国伦敦会，被称为"闽南三公会"。1920 年，三教在鼓浪屿召开大会，组成闽南大会，在厦门的三个宗派至此合一。1923 年 3 月 1 日，第三届基督教闽南大会在泉州南街礼拜堂召开。会上，厦门厦港堂杨怀德牧师提议，"大议会应增订赞美诗以资应用"。提议得到闽南大会的批准。大会任命杨怀德、施怜得、陈秋卿、吕约定、王玉如、卢树古、清洁·打马字（打马字牧师大女儿，Katherine Talmage）、倪玛义（Miss M.B.Macgregor）、和安邻、苏为霖等人组成"增订诗歌委办"，负责圣诗修订、增减等工作。1928 年，伦敦会的和安邻姑娘[60]汇编了 106 首赞美诗，1932 年以《培灵诗歌》为名出版发行。此后，闽南大会诗歌委办又将《培灵诗歌》与 1933 版的《养心神诗》合二为一，编成了《中华基督教会闽南大会圣诗》，即《闽南圣诗》，收集圣诗 300 首，于 1934 年由中华基督教会闽南大会出版。这部《闽南圣诗》出版以后，在闽南地区以及台湾、东南亚各大教会流传甚广，多次增改修订，一直沿用至今。[61]

六、王元德与《颂赞诗歌》

王元德（字宣忱，1879-1942）是民国时期青岛著名的实业家和教育家，他曾在狄考文弟弟狄乐播（Rer.R.M.Mateer，1853-1921）所创办的潍县乐道院及后来的"广文大学"[62]学习 9 年，中英文皆佳，毕业后留校任教。同时，他作为狄考文的中文助手参与了圣经和合本的翻译。王元德的夫人孟冰仙毕业于乐道院文美女中。夫妻二人笃信基督教，不仅热心布道，而且还经常组织教会唱诗班。1911 年，华北长老会重新增修《赞神圣诗》时，王元德是七委员之一。

---

60 "姑娘"是对当时未婚女传教士的称谓。

61 《〈闽南圣诗〉小史》，http://blog.sina.com.cn/s/blog_4eccea590102dsv2.html

62 王元德于 1895 年入潍县乐道院上中学，1902 年登州文会馆与青州广德书院合并，在潍县乐道院成立"广文大学"，王元德又在此学习了三年。

　　1930 年，王元德夫妇在青岛上海路兴建一座基督教堂，王元德担任本堂讲道牧师，其夫人孟冰仙则给唱诗班抚琴，这个传统一直传到他们的两个女儿那里。那时，《赞神圣诗》出版已有 20 年之久，随着时代的发展，原来诗集已经不能满足现实需求，王元德决定对其进行再次增修，于是他收集了全国各地教会的圣诗集，仔细选择，准备增加到《赞神圣诗》里，并且排出了新的目录，希望编纂一本较为完善的《赞神圣诗》。在他进行此项工作时，六公会的《普天颂赞》于 1936 年出版，王元德经过仔细研读，发现此圣诗集有 100 多首与原来《赞神圣诗》相同，但已经过重新翻译，与原来大不相同。于是他决定重新编辑《赞神圣诗》，增加内容，并从《普天颂赞》中选择了一些，编辑成新的《颂赞诗歌》草稿。1940 年 9 月，时值山东中华基督教会董事会在青岛开会，《颂赞诗歌》草稿被拿到大会核对审阅，得到董事们的嘉许首肯，定名为《颂赞诗歌》出版。[63]

　　根据王元德的老邻居孙基亮介绍，王元德编修的《颂赞诗歌》，共收录圣诗 633 首，其中经他本人编译有 287 首，几乎占全集的一半。这 287 首圣诗中，他新翻译 138 首，重译 76 首，撰词修辞 73 首。参加编辑的有曲子元牧师、刘滋堂牧师、陈瑞庭牧师、张作新女士等。"每逢礼拜日及教会节日，在上海路教堂大礼拜堂里面演唱。这六百多首圣乐诗歌，对照原来英文歌词翻译成中文后，都是由王宣忱、孟冰仙夫妇，一面抚琴一面逐字逐句，反复试唱，要符合音阶曲谱规律，易于歌唱。可以说这本《颂赞诗歌》是王宣忱夫妇对教会音乐的极大贡献，也是青岛市最早的音乐歌集。"[64]

七、张肖虎、赵紫宸与《圣诞曲——基督降生神乐》

　　张肖虎作曲、赵紫宸作词的《圣诞曲——基督降生神乐》是我国第一部大型宗教清唱剧[65]。包含八个乐章，以民族五声调式为主，结合西洋音调，并运用了复调音乐的技巧。此曲当年在天津基督教青年会首演，张肖虎亲自指挥，引起强烈反响，此后天津青年队合唱团男队将其作为主要曲目进行练习演唱。

63　孙基亮：《王宣忱的音乐世家（上）》，《青岛早报》2016 年 9 月 26 日。

64　孙基亮：《王宣忱的音乐世家（上）》，《青岛早报》2016 年 9 月 26 日。

65　1943 年，旅菲华人青年作曲家黄桢茂用中文创作了大型圣诞长咏曲《以马内利》，并在当年圣诞节期间在菲律宾马尼拉首演。此曲在海外华人教会中广为传唱，但直到 1991 年才首次登陆中国内地，在黄桢茂的故乡——厦门鼓浪屿，有唱诗班在当地教会中演唱。此曲应为最早的大型中文圣乐作品（Cantata）。

《圣诞曲》的曲谱最早是天津基督教青年会于 1944 年油印的，目前能够见到的是中国艺术研究院图书馆所藏版本，1948 年 2 月由作者自行油印，[66]《赵紫宸圣乐专集》所收集的《圣诞曲》即为此版影印。曲本第一页上为吴雷川所写的引言，下为目录，第二页上为"首次公演者"名单，下有附记："本曲经津青年会杨肖彭总干事促成，由赵紫宸博士作词，民三十三年七月廿一日起，七月廿三日止写毕；张肖虎教授作曲，自九月四日起至十一月四日止歌曲部分作完，序曲于十一月廿日当日写完。本曲首次为冬赈济贫公演，于民国三十三年十二月廿五、廿六两日在天津第六区青年会服务部礼堂，由天津基督教青年会主办，青年会神乐班表演。本曲第一版由青年会印刷。（本曲出版权及公演权由作者保留。但为慈善，教育、宗教、音乐事业而公演本曲，可不必先得作者之同意，尽可自由公演之，极为欢迎。）本版为第二版由作者自印于卅七年二月出版。"[67]附记详细记载了《圣诞曲》的创作时间，赵紫宸创作歌词仅用了三天时间，而张肖虎也只用了两个月时间就创作出了这样一首大型的宗教清唱剧。

在引言中，吴雷川写道：

基督传来中国百有余年，根本教育尚多蕴蓄，而耶稣降生之故事则已广播民间，圣诞一词，尊崇同于孔子，而且普及且有过之。斯亦中国各宗教中所独有之盛矣。

夫以不可思议之圣迹，宜有本国文字，著为乐歌颂扬咏叹，顾今尚付阙如，教会于圣诞节所用歌诗，大都译自西文，至若倾动世界之《弥赛亚》曲，有时在中国演奏，则直用原文不加移译，遂使听者或但赏其音节，而忽略其含义。蹈买椟还珠之诮，论者憾焉。

天津基督教青年会，有见于此，乃特请赵紫宸先生创编《圣诞曲》，并请张肖虎先生制谱，将于本年圣诞节演奏。曲词征引宏深，包孕繁富，谱亦具有依永和声之妙，行见新生（声）一出，士女腾欢，必能引起听众之崇高敬仰，或更进而为教义之研究，则此一举也，其有裨于基督教中国化之进展岂浅鲜哉。

---

66 这是张肖虎在解放初期赠予李元庆先生的，封面有张肖虎先生的亲笔题款。李元庆先生是中国艺术研究院音乐研究所的创始人之一，曾任多年所长，他将该曲谱赠予中国艺术研究院音乐研究所收藏。蔡良玉认为这可能是目前国内唯一能看到的一本《圣诞曲》乐谱。参考蔡良玉：《评赵紫宸、张肖虎的清唱剧〈圣诞曲〉》，《中国音乐学》2010 年第 3 期。

67 《赵紫宸圣乐专集》，商务印书馆 2013 年版，第 202 页。

　　《圣诞曲》虽然是应天津基督教青年会的邀请而创作的，但是其思想、风格却完全来自于燕京大学。因为赵紫宸先生是燕京大学宗教学院的院长，而张肖虎虽为清华大学土木工程系毕业生，但他同时又在燕京大学音乐系选修了课程，因此也可以说是燕大的学生，继承了燕大音乐系的传统，引言的作者吴雷川先生是著名的教育家和基督教思想家，他是燕京大学国文系的创始人之一，当时他乃接替司徒雷登担任燕京大学的校长，他和赵紫宸一样，也是中国本色教会的开拓者。引言中也提到此《圣诞曲》"有裨于基督教中国化之进展"，正是创作者的心声。当时，中国正处在抗战胜利前的黑暗时刻，日本人仍在中国横行，赵紫宸先生此前由于与日本不合作而系狱半年，他借助圣经故事来表达民族的灾难，鼓励人们反抗侵略者，实现民族复兴。如第四乐章《行旅传言》描写耶稣诞生前，罗马皇帝查户口，下令其辖内犹太人必须回本地登记户口，歌中唱道：

　　　　登点户籍，罗马肆凶威，
　　　　甚于虎，扑胸膛，
　　　　甚于蛇，缠腰围。
　　　　道路纷纷，尔也归，我也归，
　　　　妻乘驴，夫担簦，
　　　　趱程急急戴月披星辉。

　　这其实是日本蹂躏下中国民众流离失所的真实写照。而张肖虎的配乐也很好地表现了这一主题。他曾说："《圣诞曲》是用以色列被罗马侵略，来象征中国被侵略。"[68]词曲的配合可以说是珠联璧合。

　　第五乐章《牧人朝圣》（甲、乙）的第一首圣歌唱道：

　　　　月暗荒邱，风催败叶，
　　　　虎啸猿啼，群羊缩瑟，
　　　　罗马淫威，何年消灭。
　　　　举世怀谬，滔滔罪孽，
　　　　以色列民，复兴何日？
　　　　伤哉痛哉，群羊！
　　　　呜呼噫嘻，群羊！

---

68 转引自蔡良玉：《评赵紫宸、张肖虎的清唱剧〈圣诞曲〉》，《中国音乐学》2010年第3期。

借着描写罗马治下以色列民众暗无天日的苦难生活，实喻抗战胜利前夕中国处于最黑暗的时刻，控诉了日本侵略者的滔滔罪行，痛心疾首地喊出了中国民众最强烈的呼声——"复兴何日"！

而第八乐章《救法昭彰》（甲）的最后一首圣歌《争战告终颂赞歌》则表达出了抗战必胜的信心：

> 争战告终，奋斗告终，生命之主已建奇功，凯旋歌声遥入云峰。
>
> 哈利路亚！
>
> 死亡之队，山崩水溃，基督已将敌军攻退，攻破敌军一切营垒。
>
> 哈利路亚！
>
> 三日苦战，阵云阴霾，主已透出万死重围，复生之主无限荣辉。
>
> 哈利路亚！

《圣诞曲》是张肖虎创作的唯一一首宗教音乐作品。大学毕业后，张肖虎留在清华大学担任音乐部助教，抗战爆发后，他回到天津继续从事音乐教育和推广活动，培养了不少音乐人才，而且他还指挥合唱团排练《弥赛亚》，他曾指挥过包括天津基督教青年会管弦乐队在内的多个交响乐队，为天津的合唱艺术和交响乐的普及做出了杰出贡献。在《圣诞曲》中，张肖虎采用丰富多样的音乐形式和音乐手法，包括不少中国传统风格的音乐元素，表现出宏大而庄严的主题，同时也表达了强烈的爱国情感和对基督教本色化的努力。

《圣诞曲》在天津首演时阵容庞大，音乐指导为张肖虎、张汉搓、刘畅耀；独唱为王复生（女高音）、严仁萱（女低音）、李洪宾（男高音）、严仁覃（男低音）；钢琴伴奏为张玮琳、李菊红（合唱伴奏）和刘金定（独唱伴奏）；合唱为青年会神乐班成员，有 80 余人；伴奏则为天津工商学院的管弦乐队，包括成员 30 多人。[69]节目一经上演，就获得巨大成功，此后在天津乃至全国多次上演，社会反响甚好。

当然，除了以上提到的这些诗集影响比较大以外，这时期中国基督徒编纂的赞美诗集还有不少，如著名爱国实业家武柏祥是虔诚的基督教徒，同时也很擅长音乐，在哈尔滨他开办的同记工厂里组织有"百练国韵歌咏团"并由他亲自指挥排练，专门为教会服务，每到周末他就带领歌咏团的工人们到礼拜堂去唱圣诗。1926 年，他组织成立了"哈尔滨中华基督教合唱团"，推动

---

69 蔡良玉：《评赵紫宸、张肖虎的清唱剧〈圣诞曲〉》,《中国音乐学》2010 年第 3 期。

了哈尔滨的教会圣乐本色化运动。他采用中国北方的曲调，为圣经诗篇编曲，1935 年，他编印出版了《国韵诗篇百首之单音简本》[70]，收录中国曲调诗篇25 首；20 世纪 40 年代，他又出版了《国韵诗篇百首》和《国韵馥香诗篇百首选》两本赞美诗集，主要是供"百练国韵歌咏团"和"哈尔滨中华基督教合唱团"使用，他亲自带"百练国韵领歌咏团"在"百代公司"录制国韵诗篇的唱片，分发给黑龙江省内外教会。此外，还有孙喜圣编著《奋兴布道诗歌》（1912）、汕头黄廷宾辑《奉主诗歌》（1921）、刘湛恩编《公民诗歌》（1926）、龚斋译述《福音诗歌》（1930）、李抱忱编《普天同唱集》（1932）、王明道著《基督徒诗歌》（1936）、李广业编《救恩新歌》（1941）、赵世光编《灵粮诗歌》（1947）等等。这些中国教徒自己编纂的圣诗集虽然只是当时所编圣诗集中的少数，却也足以展现出当时中国基督徒对于圣诗中国化的努力。

第二节　中文圣乐的集大成者——《普天颂赞》

一、《普天颂赞》的编撰过程

在中国基督新教圣乐史上，编辑质量最高、影响最大的圣诗集毫无疑问当属 1936 年出版的《普天颂赞》，对其的研究也非常多。关于这本圣诗集的编撰及出版过程，可以从其"序言"中得以详细了解：

> 这本普天颂赞，是联合圣歌编辑委员会所编辑；联合圣歌编辑委员会，是下列六公会委派代表组成的：中华基督教会　中华圣公会　美以美会　华北公理会　华东浸礼会　监理会。

> 1931 年 4 月，中华圣公会新编颂主诗集，已经印成了仅有文字的稿本。同时美以美会也正在进行编订一本新圣歌集。中华基督教会遂发起合作之事，提议编订一本联合新圣经集，通函全国多数公会，征求意见，经上述各公会，相继接受。联合圣歌编辑委员会于是成立。各委员的姓名列后（以笔数为序）：

> 文贵珍女士　史襄哉先生　朱文瑞先生　江民志牧师　全绍武先生　沈子高主教　李抱忱先生　李汉铎博士　范天祥先生　胡周淑安女士　郝路义女士　章文新尊人　梅赞文先生　张坊尊人　费

---

70 李松：《武百祥〈国韵诗篇百首〉研究》，硕士学位论文，哈尔滨师范大学，2016年，第 14-15 页。

佩德博士　杨锡珍女士　杨荫浏先生　刘廷芳博士　蒋德恩牧师
鲍哲庆博士　戴苏先生　简美升博士　铁逊坚牧师

1931 年 9 月，编辑委员会第一次集会：议定选择圣歌音调的办法，由相关各公会分别选择。每公会各选圣歌三百首，三百首中，以一百首为必要的圣歌。合六公会必要之圣歌，去其重复，共得二百五十二首。这二百五十二首，其后都经通过，无问题的采纳。其余的圣歌，各就其本身价值，逐一讨论，或选或否，均经公决定夺。

1932 年 7 月，第二次集会：计开会十天。下列关于"理想与目的"之叙述，当经采定："本委员会之目的，为欲产生一足以表现中国全体基督徒教会赞美与最高尚的热诚之诗本。希望藉着属灵的思想，文字之趣致，与音乐之标准，在各教会中，增高中文圣歌之质。故所产生之诗本，务期适于唤起各种基督徒团体礼拜时之虔敬心，务必包含一切时节，与教会生活各方面所需要之诗，所包含之诗，务期使教会之内之男女老幼，不分教育程度，皆能了解，且在可能范围之内，使教会以外之人，亦易于了解。"

下列"广涵的原则"亦经决定：

"本委员会之选择本诗集诸诗，将根据'广涵的原则'。凡合作六团体所选为必要之诗，若不出三百首，应尽纳之。如此办法，所以求最后所出诗集之能真适于各公会之应用。

再者本委员会从各公会之次要与可要诸诗表选择圣诗时，应相互谅解各公会之需要，并明了此番合作之结果，有集思广益之长。

最后所产生之诗集，将广涵各公会之诸特殊方面，与夫各时代，各教会，以及各地方之基督徒圣诗。"

这次集会，选定了许多圣歌及音调；并将继续的工作，委托了文字，音乐，及礼拜乐章支委员会。

1933 年 6 月，第三次集会：对于旧选的圣歌与音调，重经一番考虑，加以增损；同时议定本书将来应有的各种版本，与其应取之格式。

1934 年 4 月，第四次集会：议定征求中国旧有音调及创作音调；并议定将业经修译的文字稿本，印刷成书，分发各公会，由各公会指定小组批评会，进行试唱与批评；另指定音乐支委员会各委员，会同修译人员二人，合组成音乐批评委员会，考虑各处所寄来之批评。同年9月，音乐批评委员会集会十天，将全稿本五百余首圣歌，通体试唱，考虑外方寄来的批评，并随时提出批评。

1935年3月，第五次集会，议定全书目录及各诗的排列顺序。

刘廷芳博士，1932年后编辑委员会主席，兼文字支委员会主席，他与编辑委员会总干事杨荫浏先生，负了大部分修译之责。范天祥先生担任了本书的音乐主编。费佩德博士，编辑委员会1931年主席，1932年副主席，出版委员会执行总干事；有了杨荫浏先生的襄助，他负责本书内容的排列，分配，校阅，以及出版前的广告事宜。

编辑工作，将近完毕之时，相关各公会，另行委派代表，组成出版委员会。此出版委员会将永久存在，注意本书将来的事宜。各委员的姓名列后：

柏乐五尊人　高伯兰博士　章文新尊人　陈宗良先生　费佩德博士　鲍哲庆博士　戴蕃先生　杨荫浏先生

1934年11月，出版委员会集会，与广学会商定条件，将本书交由广学会发行。

从以上序言中可以看出，《普天颂赞》的编撰肇始于中华圣公会版本的《颂主诗集》出版之后，中华基督教会（Church of Christ in China）、中华圣公会（Chung Hwa Sheng Kung Hwei）、美以美会（Methodist Episcopal Church North）、华北公理会（North China Kung Li Hui）、华东浸礼会（East China Baptist Convention）、监理会（Methodist Episcopal Church South）等6个基督教新教公会组成"联合圣歌编辑委员会"，商议在各公会所使用的赞美诗的基础上筛选编订一本联合的赞美诗集，"为欲产生一足以表现中国全体基督徒教会赞美与最高尚的热诚之诗本"。由刘廷芳、范天祥、杨荫浏、沈子高、周淑安、文贵珍、江民志、费佩德、铁逊坚、鲍哲庆等23人组成编委会，刘廷芳担任编委会主席（1932年以后）和文字支委员会主席，杨荫浏担任编委会总干事，他俩负责大部分"修译"工作；范天祥担任音乐主编，费佩德担任编辑委员会副主席（1931年初选为主席，1932年之后改为副主席）及出版委员会执行总干事，在杨荫浏的帮助下负责诗集内容排列、分配、校阅及出版前的广告事宜等。此外，在编辑工作接近尾声时，又成立了一个由8人组成的出版委员会，负责该书的出版及后续工作。《普天颂赞》编委会组织严密，整个编纂过程细致而严谨，从 1931 年启动到 1936 年出版，前后历时近六年，期间召开了五次会议，讨论有关圣诗编纂、出版的各种细节问题；编委会既有文字方面的专家，也有音乐方面的专家，同时还有教会礼仪方面的专家，充分保证了该诗集的质量。另外，为了编纂这个诗集，还专门出版了一本杂志——《圣歌与圣乐》——对编纂过程中所出现的问题进行讨论与总结，这是任何其他圣诗集编纂过程中均未曾有过的事情。

二、《普天颂赞》的特点及影响

历经几年的筹备、搜集、筛选、订正、编撰，新编诗集《普天颂赞》于1934 年 11 月交由上海广学会出版，1936 年全国发行，初版包括五线谱本、数字简谱本和五号文字本三种版本，发行量达 11.4 万本，并且在当年举行的"国际圣经展览会"上获得版式优良奖。《普天颂赞》曾多次出版，各种版本到了1947 年共出版了 57.2 万本[71]，是当时发行量最大、也是影响最为广泛的赞美诗集，《普天颂赞》成为当时国内基督新教赞美诗的集大成者，同时也是历来所编诗集中最具有本色化与统一性的诗集。"《普天颂赞》的问世，无论对于其后几十年中国基督教徒的宗教生活，还是对中国基督教音乐的发展，乃至对世界基餐教音乐的丰富，都有着不可低估的影响。"[72]著名基督教音乐学家杨周怀先生对其的评价更高："应该指出的是，无论是这本用以替代经过'文革'的浩劫后很难找到的《普天颂赞》的《赞美诗新编》，还是以后将在中国出现的更'新'的赞美诗集，只要它是为中国基督徒使用的，它就绝无可能越过《普天颂赞》而另起炉灶。在某种意义上说，《普天颂赞》的工作不但是空前的，也是很难超越的。"[73]

之所以能够达到这样高的水平，是因为早在诗集编辑之初，就设定了这样的目标："本委员会之目的，为欲产生一足以表现中国全体基督徒教会赞美与最高尚的热诚之诗本。希望藉着属灵的思想，文字之趣致，与音乐之标准，在各教会中，增高中文圣歌之质。故所产生之诗本，务期适于唤起各种基督徒团体礼拜时之虔敬心，务必包含一切时节，与教会生活各方面所需之诗，

---

71 林苗：《重识杨荫浏的基督教音乐实践观——对〈圣歌与圣乐〉中杨荫浏 16 篇文论的择评》，《艺术探索》2008 年第 6 期。

72 田青：《杨荫浏与中国宗教音乐》，《音乐研究》2000 年第 1 期。

73 杨周怀：《杨荫浏先生在中国基督教赞美诗的翻译、编曲、作曲及作词方面所作的贡献》，《中国音乐学》1999 年第 4 期。

所包含之诗，务期使教会之内之男女老幼，不分教育程度，皆能了解，且在可能范围之内，使教会以外之人，亦易于了解。"为此，不仅选举出了一个由教界、学界和音乐界的专家名流组成的委员会，而且在编纂过程中也是极其认真细致，虚心接受各方面的批评意见，最终出版的《普天颂赞》"在灵感上，在文字上，在音乐的美致上，这本书自有它特殊的价值。它是多人艰苦工程的产品，是过去中国圣歌的结晶。它一方面具有西方最好圣歌的背景，他方面包含国化创作的因素。被委担任编订此书的委员会，曾比较多少译本，考虑容纳多少批评；在多少严格的原则之下，作增进的努力。"[74]后人评价其在艺术上"比较系统地注意解决汉语字词的平仄声韵与曲调高低节拍强弱的配合问题，提高了赞美诗的艺术性"[75]。

《普天颂赞》全书一共收录 512 首圣诗，其中有两首诗有两个译本，这样算来则为 514 首，其中 62 首是中国人创作的歌词，其余均为译作。包括曲调 548 首，72 首是中国风格的曲调，这些曲调中有 5 首取自古琴《阳关三叠》《极乐吟》及词调《满江红》《如梦令》和吟诗调，有 7 首取自古代流传的曲调，2 首系民间流行的曲调，23 首系外国教士模拟中国音乐风格创作，34 首是中国作者所作。书末另有礼拜乐章数十首，包含颂歌、圣餐乐章、信经、主祷文、阿门颂及其它随时备用之乐章。《普天颂赞》搜集的圣诗从唐代大秦景教时代一直到 20 世纪 30 年代，不仅有 8 世纪大秦景教《三威蒙度赞》、明朝耶稣会神父吴渔山的《仰止歌》、清朝康熙皇帝《十架歌》，还有二十世纪一些译词人、写词人的作品，如赵紫宸、杨荫浏、刘廷芳、刘廷蔚、李抱忱、梁季芳、谢婉莹、田景福、陈梦家、许地山、苏引兰、戴淑明、裴昌年、杨镜秋、沈子高、蒋翼振等都曾或编译，或创作，或改编词曲。

关于《普天颂赞》的特点，杨荫浏也说得明白："本书有三特点：一、大多数圣歌，都是许多教会大团体所熟悉的。二、全书包含十分之一以上最好的中文创作圣歌，八分之一中国调子。三、书末附有颂歌，及崇拜乐章，特别有圣餐乐章。"[76]其中最具特色的当为第二条，收录了十分之一的中国圣诗，之前虽有其他诗集也选有中国圣诗，但是无论数量、质量还是影响都远不及《普天颂赞》，时人评价说："别的中文圣诗歌，固然也有一些中文创作的圣

---

74 《普天颂赞》数字谱本（简谱）序，上海广学会 1936 年版，第 3 页。

75 陶亚兵：《明清间的中西音乐交流》，东方出版社 2001 年版。

76 《普天颂赞》数字谱本（简谱）序，上海广学会 1936 年版，第 3 页。

歌——因为中国教会中，向来有着这样的创作产生，继续着为中国的教会音乐，加添丰富。但是这次《普天颂赞》有许多编订人员，却曾预先立定一个清楚的目标，特别注意这一点，在一方面，他们固然竭力介绍全世界大公教会的圣歌，使中国的教会也能唱到；在另一方面，他们却深思地、自然地在全书圣歌的数目中，为用本国文字写作的中国教会自己的圣歌，保留一个适当的比例。"[77]《普天颂赞》的编纂是在中国教会本色化运动的大背景下进行的，选择中国教徒自己创作的圣诗，选用中国的曲调也是顺应了这种历史潮流，使中国信徒唱诵中国圣歌信心倍增："这些特殊的圣歌，一定会普遍地，更好地受人引用；它们的词句和音调，一定会在本国信徒的脑中心中，盘旋缭绕。""藉了神的帮助这一样特色，将来在中国信徒教会音乐的培养上，所能贡献的必定胜于任何别的方面。"[78]这些话后来得到了印证。目前，《普天颂赞》的影响仍在全世界华人教会中延续，在其出版发行近 50 年以后的 1980年代，中国基督教两会编辑出版了《赞美诗（新编）》，在编排体例和音调方面也都继承了《普天颂赞》的传统。1970 年，香港地区由中华基督教会香港区会、圣公会港澳教区、中华基督教循道公会、卫理公会及潮语浸信会各派出两名代表组成普天颂赞咨询委员会，对 1936 年版《普天颂赞》进行修订，由著名圣诗专家黄永熙博士担任主编。当时的编委会通过了十项原则：

> 一、新编的《普天颂赞》应依照原来诗集的风格和分类。二、修改过于艰深难懂的字句。三、修改与原文字意义相差太远的歌词。四、参考各教会寄回的意见删减一部分现有圣诗。五、增添编辑委员会所提供可能采用的圣诗，惟全书以不超过七百首为限。六、修改一部分中国曲调的和声，必要时应重写。七、出版《普天颂赞》的英文版，以迎合海外华人教会的需要。八、除现有的索引外，另加简谱首句索引及分题索引。九、太高调子应改低，让一般教友，不论男女老幼，都能应用这歌本。十、如有需要，将来另出一本专为青年人用的圣诗集。

其第一项就强调"新编的《普天颂赞》应依照原来诗集的风格和分类"，可见初版的《普天颂赞》其影响力之大！1977 年，《普天颂赞》（修订本）由

---

77 《中文创作诗歌》，《真理与生命》1936 年第 5 期。
78 《中文创作诗歌》，《真理与生命》1936 年第 5 期。

香港基督教文艺出版社出版发行，共有圣诗 680 首，比原来增加 130 首，其中淘汰了原有的诗歌大约 100 首，另加添了约 200 首，还有一些是重新编译和配曲的。1981 年出版英文版，这是中国第一本中英文双语圣诗集。《普天颂赞》修订本是当时收集古今中外圣诗代表作最广的华文圣诗集，被国内教会用作圣诗学的教材。1994 年以后，由中华基督教会香港区会、香港圣公会、循道卫理联合教会派出代表又组成了新修订版编辑委员会，对 1977 年版进行重新修订，已经二次退休的黄永熙博士再次由美返港担任名誉主编，谭静芝博士担任主编，参与编修工作的有来自全球各地不同宗派背景的华人同道近百人，足以证明各宗派的共融与合一。新修订本体现了最近 30 年来世界圣诗与华人圣诗发展的最新成果，"使其能够体现现今世界所出现的生活、社会、伦理课题，特别加入社会公义、环境保护、人性尊严、世界和平，以及专门讲及儿童、妇女、青年和长者的圣诗"。《普天颂赞》新修订版在 2006 年 9 月 30 日面世。新修订本有 916 首诗歌，144 篇诗篇，并在索引上有经文、分题、祷文标题、礼仪、节日、版权所有者等不同索引。新修订版比 1977 年的修订本"增加教会年历中节期的用诗，采纳不同时代、风格、颂唱、重句、启应等方式为诗篇里的诗谱写成曲，增加礼仪用途诗歌和圣颂的数量，加入在 20 世纪后期兴起的赞美短歌：万民颂歌与灵歌。会聚使用本由纯简谱修订成旋律五线谱加配简谱，在诗歌版面加入圣经经文"。[79]新修订的《普天颂赞》其编辑理念与品质能够与西方最优秀圣诗集相媲美，迄今在海内外很多华人教会中广泛使用，并成为华语圣诗集的范本。此外，好几首华人原创圣诗还被翻译成英文并编入西方教会圣诗集中，可以说《普天颂赞》及其后来两种修订版是华语圣诗本色化的最优秀体现，也是华语圣诗对世界圣诗发展的最大贡献。

　　《普天颂赞》的制版印刷质量也非常高，其印刷分为三个步骤："首先排好版子，再将排好的版子，印成极清晰的纸页，请专家用绘图仪器将每一线条，每一符号，修饰一遍。最后，再将修饰过的底稿，摄制排版。这种印刷的新方法既保证了《普天颂赞》音乐格式的整齐完备，也能确保阅读的清晰可见。传统的数字谱印刷，其数字是通常的数字字模，线条及点号是借用通常的线及点，因而容易导致格式的不整齐、不规范。《普天颂赞》在刊印数字谱之前，即先特制成三十余种线点及音乐符号的铜模，由铜模浇成铅字然后

---

79 普天颂赞-百度百科，http://baike.baidu.com/view/2608526.htm

排印，因此在格式和美观上，都胜过以前的数字谱出版物。"[80]由于销售情况非常好，乃至于"《普天颂赞》的出版成为广学会在抗战期间的主要任务。从沿海迁往内地的教会和当地新建立的教会对《普天颂赞》需求量都很大。抗战后期的 1941-1945 年，由于纸张短缺，该诗集出版删节本。抗战结束后的 1946 年，全编本《普天颂赞》的供应又趋紧张"[81]。对此，广学会的编辑曾经描述说：

> 我们今年[82]最大的工作任务就是出版这本赞美诗集。在移居西部和西南地区的那些年里，我们除了印刷删节本诗集无法重印其他任何东西。事实上，当我们今天看到手中这本印刷精美，纸张优良的五线谱赞美诗时，我们常常怀疑自己是否还能印出这么好的书来。从今年年初我们开始重印工作以来，现在手头已经有了 2000 册纯文字本和 800 册五线谱版的《普天颂赞》，以为可以维持几个月的供应。可是才到 3 月，我们就不得不重印纯文字本诗集。估计印数比较高，虽然有些犹豫，我们还是决定加印 2000 册。然而，当这批货还在印刷厂的时候，我们又再次感到有必要将它增加到 3000 册。这些赞美诗一出厂销势就很好，不久，我们感到又要准备重印了。教会已经丢失了大部分书籍，一旦交通恢复，他们就急着获得供应。现在的销售是如此令人鼓舞，我们决定再印 5000 册文字版赞美诗，同时也在考虑重印五线谱版本，因为这种诗集也快售完了。征订数量还没有报上来，但我们已经提前准备了。可刚与印刷厂签下文字版重印合同，印刷厂就传来消息说一些电铸版因过度磨损而不能使用了。继续用电铸版印刷与印刷之前重新排版相比，哪一个的代价更大呢？我们于是立即订了一份另外加印 5000 册的合同，现在我们很高兴地得知，年底前这批赞美诗可以出厂。最近又有消息说，远洋客轮"马利昂—令克"号就要返回中国，上面载有 400 位传教士。他们绝大部分人都需要新的五线谱赞美。[83]

---

80 赵庆文：《圣诗的传唱：〈普天颂赞〉出版述论》，《宗教学研究》2011 年第 1 期。

81 [美]何凯立著，陈建明、王再兴译：《基督教在华出版事业（1912-1949）》，四川大学出版社 2004 年版，第 206 页。

82 指 1946 年。

83 [美]何凯立著，陈建明、王再兴译：《基督教在华出版事业（1912-1949）》，四川大学出版社 2004 年版，第 206-207 页。

由此可以窥见《普天颂赞》在当时的火爆程度。另外，《普天颂赞》在中国新文学史上也有很重要的地位，朱维之认为"民国以来，中国基督教对于中国文学上最大贡献，第一是《和合译本圣经》的出版，第二便是《普天颂赞》（36 版）的出版"[84]。《普天颂赞》与和合本《圣经》，作为中国基督教文学的奠基之作，是基督教对中国新文学的巨大贡献。吴耀宗对其也有过类似的评价："《普天颂赞》的出版其重要性仅次于圣经《和合本》的翻译。第一次，我们有了全中国教会通用的赞美诗集。它的形式、作词和韵律是如此的优美，以致赢得了满堂喝彩。中国教会应该为如此一项伟大的成就而自豪不已。"[85]

三、由各界精英组成的编委会

《普天颂赞》编纂出版时，新教在中国发展已逾百年，各个教会出版的各种各样的圣诗集已有很多，圣诗的翻译、创作与曲调编配都积累了相当的经验。同时，这本诗集是中华基督教六个公会共同协作完成的，可以说是集中了当时中国基督新教界的全部力量，其 23 位编委会成员中的多数成员都学贯中西，乃当时基督教界、文化界或音乐界之翘楚，有很深厚的中西方文化修养和音乐修养，对基督教教义、中国教会和圣乐的领悟非常深刻，可以说《普天颂赞》的编委会是由各界精英组成的顶级编委会，不仅前无古人，而且后世也很难超越。就如杨荫浏先生所言："会员数十人皆教会中一时俊彦：有的对于圣歌的历史背景，有特殊的认识；有的对于圣歌的沿革发展，有清楚的观察；有的对于神学研究，有深刻的参透；有的对于中文诗词，有高深的修养；有的对于现代文学，有相当的地位……许多才能不同的人，在同一的道路上，共同努力，这是难得的事。"[86]所以该诗集出版后，成了前无古人的旷世之作。对于这本圣诗集，贡献最大的当属担任编辑委员会主席和文学支委主席的刘廷芳先生以及担任编委会总干事的杨荫浏先生。

---

84 朱维之：《基督教与文学》（修订版），香港基督教文艺出版社 1981 年版，第 151 页。

85 Y.T.Wu. Christian Literature in China, Reviews and Prospects,1938-46, Christian Literature in Mission Field. Edinburgh：International Mission Council,1946, P.30. 转引自林玉解：《刘廷芳博士与〈普天颂赞〉》，http：//blog.sina.com.cn/s/blog_a089949701016cm4.html

86 杨荫浏：《圣歌探讨之初步.》，《圣歌与圣乐》1934 年第 1 期。

（一）刘廷芳与《普天颂赞》

刘廷芳（1891-1947）是浙江永嘉人，他被认为是 20 世纪中国教会学院派领袖的代表[87]，是中国教会本色化的积极倡导者和践行者，提出了本色教会的八个特征。[88] 在他看来："中国的本色教会乃在中西之间政治、经济、思想和文化的激荡中应运而生，它乃中华民族自知、自觉之意识的真正觉醒。"[89]

刘廷芳出生在一个三代基督教家庭，祖母及母亲连任温州内地会育德女校校长，他自幼在教会里长大，并一直在教会学校读书直到进入上海圣约翰大学，1911 年在司徒雷登的资助下到美国的乔治亚及哥伦比亚大学攻读心理学、教育学并获博士学位，又在耶鲁大学神学院取得神学学士学位。1918 年他在纽约协和神学院（Union Theological Seminary）任教，成为第一位执教于美国神学院的中国人。1920 年回国协助司徒雷登筹建燕京大学，他于 1921 年起开始担任燕京大学神科科长并进行了一系列改革，使其由燕大最弱学科一跃在中国教会大学中名列前茅，同时他还一手筹建了燕京大学心理学系并自认系主任，期间他还受聘为北京师范大学教育学研究院院长。1926 年燕京大学宗教学院成立后他成为首任院长，此时他还兼任燕京大学校长助理，协助校长司徒雷登主持校务工作。1922 年，中国基督教全国大会在上海召开。刘廷芳担任大会宣言起草小组的主席，同时也是大会主要讲员之一。他的名言"我们同意见解相歧，但决心彼此相爱"，表达了消除教会内部宗派门户观念，团结合一的决心，代表了 20 世纪二三十年代中国教会的时代精神。此后不久，刘廷芳被按立为公理会牧师，成为北京米市教堂的荣誉牧师。他自 1920 年至 1924 年任燕京大学神科神学刊物《生命》月刊编辑；1924 年至 1928 年任神学刊物《真理周刊》编辑。1926 年二刊合并，改名《真理与生命》，他仍为编

---

87 许高勇：《刘廷芳中国教会本色化思想及实践研究》，硕士学位论文，暨南大学，2014 年，第 9 页。

88 这八个特征是："1. 中国的基督教会，必须对一切罪恶做无畏的斗争；2. 中国的基督教会，必须把耶稣基督完全的表彰出来；3. 中国的基督教会，必须能宣扬上帝的使命；4. 中国的基督教会，必须能服从圣灵的引导；5. 中国的基督教会，必须适当的教授《圣经》；6. 中国的基督教会，必须能实地服务中华国民；7. 中国的基督教会，必须竭力主张统一；8. 中国的基督教会，必须始终不懈地、实行试验工作的协和。"刘廷芳：《中国的基督教会》，转引自《基督教全国大会报告书》，中华全国基督教协进会 1923 年版，第 161-165 页。

89 卓新平：《当代亚非拉美神学》，上海三联书店 2007 年版，第 97 页。

辑。1930 年他创办了灵修刊物《紫晶》，希望"用文字提倡更庄严的崇拜，用文字辅助更深邃的灵修，用文字寻求更密切的团契"[90]。

1947 年 8 月刘廷芳去世后，朱维之在《天风》上发表悼文时说："近百年来新教所贡献的该是基督教文化底正文了，但新教徒有没有作到这个任务呢？先贤们在五四运动前夕，曾为新文化的先驱者；可惜在五四之后反倒落伍了。只有少数头脑清晰而心里火热的人士不甘落后，力竭声嘶地呼叫着，要基督徒中的知识青年起来迎头赶上去，在中国文化底旧基石上建设崭新的中国基督教文化，以贡献于世界文化。这少数头脑清晰心里火热的人士正是基督教文化的英雄，也是中国新文化的英雄，同时也是世界新文化的英雄。——刘廷芳博士就是这些英雄中的领袖人物之一。"[91]这位"头脑清晰心里火热"的教会领袖，一直身体力行建设"崭新的中国基督教文化"，实现中国教会的本色化，其中一个重要方面就是圣诗的本色化，他在很早就对圣诗的价值进行讨论："基督教圣经诗的价值，不是抱有成见的人，能够领会，也不是少见浅尝的人，能够明白！肯真诚地去研究的人，没有落空的。有的人得着文学上的美趣，有的人得着美学上的观感，有的人再进一步，依文学及美学做导线，得享受灵性上的陶养。"[92]正因为如此，他对圣歌的态度也就相当明了："督教崇拜时所唱之诗歌，是信徒灵性生活中很重要的一样圣物，这是有健全的宗教经验者所公认的。"[93]正是在这样理念的指引下，他积极地翻译和创作圣诗，1932 年他取代费佩德成为《普天颂赞》编辑委员会主席，兼文字支委员会主席，与编辑委员会总干事杨荫浏一道，负责诗集的"大部分修译"工作。他们二人合作，修订翻译圣诗 210 首，刘廷芳自己还创作圣诗 6 首，分别为《复活主团契歌》《颂礼歌》《观圣歌》《中华教会歌》《新天地歌》《进主门墙歌》。朱维之称"刘廷芳与杨荫浏同译圣歌时曾为两字难洽而通宵未眠"[94]。他竭力主张中国教会要自养、自传、自立，从他所写的广为流传的一首诗歌

---

90 《紫晶》卷首语，第六卷第 1 期，1934 年 3 月。

91 朱维之：《中国基督教文化界一大损失——悼刘廷芳博士》，《天风》第 83 期，1947 年 8 月 16 日。

92 刘廷芳：《圣经—诗》，《生命》第一卷第 8 期，1921 年，第 5 页。

93 刘廷芳：《中国信徒与圣歌》，《真理与生命》第一七卷第 2 期，1932 年 11 月，第 11 页。

94 朱维之：《基督教与文学》（修订版），香港基督教文艺出版社 1981 年版，第 152 页。

《擘开生命饼歌》[95] 可以看出：

> 擘开生命的饼，颁赐吾人，如主当初擘饼，加利利滨；
> 我愿洗心涤虑，与主相亲，求主赐我圣粮，饱我心灵。
> 谢主生命的饼，颁赐吾人，谢主所流宝血，救赎众生；
> 为主神圣牺牲，我得自由，与主同结团契，万古千秋。

《中华教会歌》[96] 的表达则更为直接：

> 天父带领我们教会
> 自治　自养　自传
> 焕发主光辉　圣洁坚贞
> 屹立东方　耶稣为元首
> 我永跟随
> 我爱中国基督教会

刘廷芳从中国教徒的信仰体验出发，结合当时中国教会的处境，写出了这样力透纸背的圣诗，时至今日，中国教徒传唱这样的圣诗，仍能感受到巨大的鼓舞力量。

早在 1932 年，刘廷芳就指出了当时中国基督教圣歌集所存在的三大问题："神学太平淡""文辞不典雅""音乐完全西方化"，他心目中理想的圣歌集应从以下方面进行努力：1、从教会千余年诗歌宝藏中重行采集与我国信徒合用的诗歌，采得其精神与诗意。2、从许多西洋乐调中选取最庄重优美而合我国信徒唱的乐调。3、从已译成华文的歌本中，选取其歌词清顺合用，不碍文学的眼光者，保留之，并删去其他。4、根据已通行的旧译稿，重新修改，以求合用。5、选取若干首西国教会名歌，合我国信徒需要而未经详述者，译述之。6、征求我国信徒自己创作之诗歌，并制新乐调，以配合之。7、根据我们自己宗教的经验，创作新的诗歌。8、通行的旧的诗歌，重行译述，以求文辞与精神及乐调都相合。[97] 这些，也都是他编纂《普天颂赞》的指导原则。

刘廷芳对《普天颂赞》的另外一大贡献就是出刊《圣歌与圣乐》及《紫晶》杂志，他利用自己为燕京大学宗教学院期刊《真理与生命》主编的身份，在此开设专栏，讨论《普天颂赞》编纂过程中的各种问题。而他于 1930 年创

95《普天颂赞》第 196 首，《赞美诗（新编）》第 165 首。

96《普天颂赞》第 218 首。

97 刘廷芳：《中国信徒与圣歌》，《真理与生命》1932 年第 2 期。

办的灵修杂志《紫晶》，在《普天颂赞》编纂的过程中，刊登了很多翻译及创作的圣诗，其中大部分是他与杨荫浏合译的，每期大约有十几首，都是《普天颂赞》中的诗歌。

对于刘廷芳对《普天颂赞》的贡献，时人的评价是很高的。赵紫宸先生曾称颂其贡献"颂赞普天宏教旨，发挥真理坐书林"[98]。崔宪详则评价说："刘先生另一项对于中国教会的伟大贡献，便是六公会……组织联合圣歌委员会出版的《普天颂赞》。这部巨制的选歌、制谱、修词、编辑等、确乎非常不易，当时六公会所派委员虽皆一时知名之士，而刘先生于一九三二年后在其中担任编辑委员会主席兼文字支委会主席，运用他的优美文学与音韵天才，贡献独多，参加的成绩特别卓异，为众共仰，有口皆碑。"[99]

（二）杨荫浏先生与《普天颂赞》

杨荫浏先生由于其在编纂中华圣公会的《颂主诗集》时的重要贡献，1931年"联合圣歌委员会"成立之时，被选为委员。[100]1932年7月，编辑委员会第二次会议上，杨荫浏先生被选举编委会总干事，负责编委会的全部事务性工作，他从头至尾全部参加了《普天颂赞》的编纂、出版等工作。"不但所有委员、所有教会对圣歌集的意见、要求都要汇总到杨荫浏这里，而且委员会所选定的所有圣歌从歌词的修饰到音调的审定，绝大部分都要经过杨荫浏的斟酌。"[101]可以说，杨荫浏对《普天颂赞》的编纂起了核心作用，他不仅作曲、编曲，而且还译词，而且在每一方面都卓有成就。

为了编好《普天颂赞》这本诗集，杨荫浏在北平期间还到燕京大学音乐系旁听作曲、西洋音乐史与赏析课。在编纂过程中，他与刘廷芳一起，负责大部分修译工作，在整个诗集中，杨荫浏与刘廷芳合作翻译、修订的圣诗有210首，占整个集子的三分之一还多，这210首中，由杨阴浏先生自己单独译订的竟达150首之多，其中有13首是他自己谱的曲，有10首是自己作的词，很多圣诗曲调具有浓厚的中国传统音乐风格。许地山根据英国国歌的格律填词的《神佑中华歌》，杨荫浏为其重新谱了中国曲调《美地》，使这首爱国圣诗有了新的形式和乐谱，表达了中国信徒的爱国热诚：

---

98 赵紫宸：《吊故友刘先生廷芳》，《天风》第 86 期，1947 年 9 月 6 日。
99 崔宪详：《悼刘廷芳先生》，《天风》第 83 期，1947 年 8 月 16 日。
100 田青：《杨荫浏与中国宗教音乐》，《音乐研究》2000 年第 1 期。
101 田青：《杨荫浏与中国宗教音乐》，《音乐研究》2000 年第 1 期。

神佑中华歌

（一）神明选择赐与，一片荆原棘地，我祖开辟；

　　　子孙继续努力，瘦瘠变成膏腴，使我衣食无亏，生活顺利。

（二）旧邦文化虽有，许多消灭已久，惟我独留；

　　　求神永远庇佑，赐我一切成就，使我永远享受，平等自由。

（三）恳求加意护庇，天灾人患，永离中华美地；

　　　民众乐业安居，到处生产丰裕，信仰、道德、智慧，向上不息。

　　　（阿们）

在《普天颂赞》编委会，杨荫浏的工作是总管式的，文字、音乐、出版及其他一些事务性的工作他都要负责。在编辑工作将近完毕之时，编委会选出了一个由八人组成的出版委员会，负责诗集的出版及后续工作，杨荫浏是委员之一，他协助编辑委员会副主席及出版委员会执行总干事费佩德博士，"负责本书内容的排列，分配，校阅，以及出版前的广告事宜"。此外，他还撰写了《普天颂赞》数字谱（即简谱）"序"。

在编纂《普天颂赞》过程中，杨荫浏还独自或者与刘廷芳、费佩德等人合作，撰写或翻译了一些有关圣歌选择、文字、翻译、音乐、历史等方面的文章，主要是在《真理与生命》杂志上发表；同时，他还协助刘廷芳编辑《紫晶》杂志，《紫晶》上除了刊登了杨荫浏所翻译或创作的圣歌外，还有不少他撰写的基督教灵修方面的文章以及祈祷文。杨荫浏与刘廷芳在神学思想、圣乐理想上的观念高度一致，二人的合作可以说珠联璧合，强强联手诞生了这部天合之作——《普天颂赞》。

（三）范天祥先生与《普天颂赞》

《普天颂赞》的音乐主编是燕京大学音乐系主任范天祥，前文已经介绍，他一生都致力于推动中国圣乐的本土化。《普天颂赞》的音乐编排上，他也依然坚持这种观点，尽可能多采用中国人的原创圣诗和中国曲调，他曾这样讲："在基本的曲目外，我们最终增加了二百六十首歌曲，是根据以下的理由选出的：表现出基督教最高尚的热诚；涵盖教会生活的各个范畴，并与中国社会模式有特定关联；所用的语言文字要切合不同年纪、教育程度，以至于教徒和教外人士；所选的歌曲中最理想的是有百分之十是本色化基督教的创作。为了实现圣乐的本色化，委员会呼吁广大教友给其他有心人士提供原创诗歌

（即歌词）。我们收到了两千份响应这一呼吁的作品。委员会小心地选出了当中的五十首，并将之印制及分发给那些有志于为歌词谱上旋律的人。即后，我们大约收到五百五十首曲调……由音乐编辑将之完成。结果，现存的本色化诗歌从五十首增至六十二首，而其他四百五十二首当中，一百三十四首照他们先前在其他诗集出版的样式再印制，八十一首做了大规模的修改，而二百三十九首则是新翻译的。"这本诗集与当时中国市面上所有其他诗集都不一样，……其当中有百分之十四的诗歌都是为中国人而创作的，这比例几乎高于美国所出版过的任何一本诗集。这本诗集无论是在音乐还是在文学的水平来说都无出其右者。"[102]而且，诗集中采用他改编并配和声曲调的多达 47 首，其中有不少是他自己创作的曲调。[103]《普天颂赞》作为历来最具有本色化与统一性的诗集，它能够世界华语基督教徒中影响深远，范天祥先生功不可没。1970 年代，范天祥先生还亲自到香港协助《普天颂赞》修订本的编订增补工作。

（四）《普天颂赞》的其他编委

除了以上三位对《普天颂赞》做出重要贡献的编委外，编委会的其他成员也都是当时各教派选出的杰出代表。如前文已经介绍过的郝路义女士，在中国圣诗本土化方面做出了很多努力，诗集中收录了她创作的一首圣诗（第423 首）；编委会副主席（1931 年任主席，1932 年后为副主席）兼出版委员会执行总干事费佩德先生是著名的教育家，他是之江大学的创办者和第三任校长，出生于上海一个知名的美国传教士家庭，其父费启鸿是美国北长老会在华东的元老之一，曾担任《教务杂志》的主编和美华书馆的主管。热爱摄影的费佩德还出版了一本畅销书《杭州——浙江游记》，成为当年西方人来杭州的必读书，他在中国从事教育五十余年，为筹建之江大学，曾多次返美募捐。他和杨荫浏合作，在《圣歌与圣乐》上发表了多篇关于圣乐的文章，并一起翻译了《圣乐的赏析》与《圣歌故事》等文章，诗集第 49 首是他所写。

《普天颂赞》的另外一位编委沈子高（1895-1982）主教也是学贯中西的著名神学家，他对中国圣乐本色化也做出了重要贡献。沈子高是上海圣约翰

---

102 [美]范燕生著，李骏康译：《颖调致中华：范天祥传：一个美国传教士与中国的生命交流》，香港基督教文艺出版社 2010 年版，第 325 页。

103 陈伟：《范天祥与中国圣诗》，《天风》2012 年第 6 期。

大学的神学博士，还曾赴英国牛津大学及剑桥大学进修神学。1934 年被中华圣公会任命为陕西传道区主教，乃是第一位担任教区主教的华人。他还在西安创办景风神学院，并担任过中华圣公会总议会主教院书记、中华圣公会中央神学院院长、南京金陵协和神学院教授等职。沈子高在神学上有很高造诣，一生译著甚多。他在基督教音乐和艺术方面亦有很大的成就。他倡导神学本色化，主张基督教与中国文化相结合。早在 1926 年，他在南京创办了圣路加工作室（St. Luke's Studio），旨在鼓励中国信徒进行具有中国特色的艺术创作，用国画及其它具有中国特色的艺术手法描绘基督的圣迹。在担任《普天颂赞》编辑委员时，他亲自翻译、修订了 13 首圣诗。1982 年，他和杨荫浏先生一道被聘为中国基督教圣诗委员会顾问，对推进圣诗中国化提出了很多有益建议。

　　编委会的其他委员中，李抱忱为燕京大学音乐系毕业生，时为北京育英中学音乐教师，他曾带领学生到全国巡演，为抗战将士募捐，1935 年他策划了一个 600 人的大合唱，在故宫太和殿前演唱《弥赛亚》，并特别邀请恩师范天祥担任指挥，[104]第 485 首是他的作品；胡周淑安先后在哈佛大学、新英格兰音乐学校、纽约音乐学院攻读音乐理论、钢琴与声乐等科目，是我国现代第一位专业声乐教育家、第一位合唱女指挥家、第一位女作曲家，诗集中有她三首诗，分别是第 53、211、352 首；李汉铎参与创办了金陵协和神学院并担任首位华人院长；全绍武是北京基督教青年会的领袖，同时还曾担任《中华归主》的汉文翻译主任；铁逊坚（W.R.O.Taylor）为杭州圣经学院的负责人，他曾著有《圣乐的赏析》（上、下）在《圣歌与圣乐》上发表，由费佩德、杨荫浏翻译，刘廷芳校订；鲍哲庆为著名的华人牧师，1922 年当选为美北浸礼会浙沪年议会首任执行干事，任职长达 25 年之久；戴苏（Joseph W.Dyson）为美国传教士，时任东吴大学校长；简美升为美国传教士，曾担任过《中国护士四季报》（中华护理杂志前身）英文编辑，著有《学校青年礼拜秩序》（上海协和书局，1925 年）；蒋德恩为绍兴浸理会牧师；江民志为江西卫理公会牧师；章文新（Franc i s P.Jones）为美国卫理公会传教士，金陵神学院新约教授，同时还是金陵神学院音乐系的创办人，他通晓多国文字，曾主持翻译基督教历代名著集成；梅赞文（S.J.Mills）为金陵大学华语课教授，以收藏中国航空邮票闻名，与美国人施塔合著《中国航空邮鉴》；史襄哉为教育家，著有《中华谚海》《教

---

104 娄雪玢：《燕京大学的音乐教育及其启示（下）》，《艺术评论》2011 年第 2 期。

育卫生学》等著作；朱文瑞为上海圣约翰大学毕业生，曾任圣约翰大学总务处主任，精通音乐，曾在上海创办"雅乐社"；杨锡珍为上海中西女中首任华人校长；张坊为金陵大学附属中学校长；文贵珍为四川成都模范人士[105]。

（五）赵紫宸与《普天颂赞》

虽然联合圣歌编辑委员会集中了当时国内最优秀的圣乐词曲专家，但是，编纂了当时影响很广的《团契圣诗集》和《民众圣诗集》的赵紫宸先生却没有参与，不能不说是一个历史遗憾，或者说是一桩历史"谜案"。赵紫宸先生于 1926 年接替因病请辞的刘廷芳先生担任燕京大学神学院院长及教授职务，1931 年《普天颂赞》编委会成立时，赵紫宸仍旧在燕京大学任职，并在当年的 1 月和 3 月刚刚出版了《团契圣诗集》与《民众圣诗集》两部圣诗集。《普天颂赞》的编订、翻译、撰写、制调等都与燕京大学都有很密切的关系，"在初版的《普天颂赞》里，有多位的歌词作者、译者、修订者、制调者、编曲者都是和燕京大学有关系的人物，如：刘廷芳博士、赵紫宸博士、范天祥博士（Dr.Bliss Wiant）、范天祥夫人（Mrs.Mildred Wiant）、刘廷蔚博士、李抱忱博士、马梁季芳女士、田景福先生、陈梦家教授、许地山教授、苏引兰女士、苏路得教士（Ms. Ruth L.Stahl）、胡德爱"[106]。虽然《普天颂赞》选了赵紫宸翻译及创作的十多首圣诗作品，而且刚刚和赵紫宸合作编辑圣诗集的范天祥先生也在编委会[107]之列，赵紫宸未入《普天颂赞》编委会似乎有点于理不容，由于相关史料比较缺乏，我们现在已经很难知晓当时的情形。据后来主持修订新版《普天颂赞》的香港著名圣诗专家黄永熙博士推测："很可能这是赵紫宸自己的意愿，因为他刚出版了两本圣诗集，尤其是在《团契圣歌集》里，大部分都是西方圣诗中的名著。为了避免委员们选择译词时感到尴尬，所以自己索性避免参与在委员会之内。"[108]是否真的如此，我们不得而知。另外，1932 年夏，赵紫宸到英国牛津大学留学一年，也许此前《普天颂赞》编委会筹备期间，赵紫宸已有休假出国的计划，为不影响诗集的编纂，他就没有参加编委会。尽管如此，《普天颂赞》还是选用了《团契圣歌集》和《民众圣歌

---

105 林苗：《中国新教赞美诗集〈普天颂赞〉之研究》，硕士学位论文，中国艺术研究院，2009 年，第 30 页。

106 黄永熙：《燕京大学与普天颂赞》，香港基督教文艺出版社网站。

107 "联合圣歌委员会"成立于 1931 年 4 月。

108 黄永熙：《燕京大学与普天颂赞》，香港基督教文艺出版社网站。

集》中的 16 首作品[109]，这些作品迄今仍为教会圣乐的经典之作，在海内外华人教会中广为传唱。

表6-1 《普天颂赞》所收录的赵紫宸声乐作品

序号	《普天颂赞》中名称	来源及序号	备　注
1	尊主歌	《团契圣歌集》，47	
2	圣灵歌	《团契圣歌集》，57	
3	宝架歌	《团契圣歌集》，49	
4	恭敬赞美歌	《民众圣歌集》，28	原名《礼拜歌》
5	丧事歌	《民众圣歌集》，54	
6	义勇布道歌	《团契圣歌集》，71	原名《快传福音歌》，译文有改动
7	为国祈祷歌	《团契圣歌集》，102	译文有修改
8	募工歌	《团契圣歌集》，70	
9	灵修歌	《民众圣歌集》，31	
10	团契歌	《团契圣歌集》，110	
11	高唱主名歌	《团契圣歌集》，80	原名《欢乐歌》
12	黄昏膜拜歌	《团契圣歌集》，5	原名《晚歌》
13	谢恩歌	《民众圣歌集》，50	
14	清晨歌	《民众圣歌集》，1	曲调重新编排
15	主爱小孩歌	《民众圣歌集》，53	
16	天恩歌	《民众圣歌集》，6	

四、《圣歌与圣乐》

　　另外，还有专门讨论圣歌与圣乐的刊物出现。为了配合《普天颂赞》的编订工作，1934 年 3 月，燕京大学宗教学院《真理与生命》杂志从第 8 卷第 1 期开始附增刊《圣歌与圣乐》，其副题为"讨论教会圣歌与圣乐的刊物"，算是《真理与生命》的圣乐专栏。主编者为《普天颂赞》的两位最主要编委成员——刘廷芳和杨荫浏。此刊每年 4 期，在 3 月、5 月、10 月、12 月的《真理与生命》中发表，共出刊 14 期，包含 33 篇文章，作者绝大多数是参与《普

---

109 其中有 9 首来自《团契圣歌集》，7 首来自《民众圣歌集》，但部分歌曲有所改变，有 4 首是名字改变，但歌词未变，1 首曲调改变，2 首歌词译文有修改。

天颂赞》编纂的委员，其中由杨荫浏独自或与刘廷芳、费佩德等人合作撰写、翻译的有 16 篇，主要是讨论圣诗的遴选、翻译、和声、词曲编配、来源、发展历史等问题，尤其是对圣乐中国化进行了非常有意义的探讨，其成果都直接体现在 1936 年出版的《普天颂赞》这本诗集中，可以说《圣歌与圣乐》是《普天颂赞》的编辑手记和实践经验总结。

刘廷芳为其撰写了名为《过来人言》的发刊词，他说："中国教会中一百年来翻译圣歌的先哲，他们不知呕了几许心血，赐给我们这许多诗歌，使我们十分感激，然而他们很少将他们的经验记录下来，我们后辈要研究，无从下手；他们大半的诗，不留姓名，也不记载译述年期，我们要知道事实，无从考证；我们要研究他们译述的方法，无从探索。"正因为之前人们不注意记录这些赞美诗的背后信息，这就为后来者留下了很多隐患，许多诗歌，有很多译本，不知孰先孰后，谁是初本，谁是修订本，也不知其译诗年月，无法查证；此外，有些诗歌的翻译是译自不同的西文原本，因为没有记录，不知道是使用哪个版本，也不知道译者为何选择此版本；有些诗歌的翻译用词有些特殊，可能是方言俗语，也可能是其他，因为没有记载，所以也无法查证，如此等等问题，困扰着后来者。因此，他们籍着编辑《普天颂赞》的经验，便编辑出版了这份小刊，"想征集现在人们对于中国圣歌圣乐之工作的经验，而发表之，使后来从事的人，可以不受我们今日所遇的困难"[110]。因此，《圣歌与圣乐》可以说是中国圣诗专家第一次有意识地集中对中国圣诗歌进行理论探讨和经验总结。《圣歌与圣乐》是从 1934 年开始编辑出版的，当时《普天颂赞》的文稿编纂工作已基本完成，等待送交出版社排版。在这个空档，亲自主持圣诗编纂的两位最核心成员——刘廷芳和杨荫浏，他们将几年来编纂圣诗的各种经验体会以及矛盾问题等进行思考，并刊登于世，供后人参考学习，实则大智慧。此外，为了让人们更好地理解圣诗，他们还翻译甚至撰写了一些关于圣歌来源、历史的文章，也发表在《圣歌与圣乐》上。其实，在这之前，《真理与生命》已经刊登了一些有关圣诗的文章，如刘廷芳 1933 年所写《中国圣徒与圣歌》[111]等，只不过没有这么集中。为一本赞美诗集的编纂而单独出版一份期刊，这在中国教会史乃至世界教会史上也是极其罕见的事情，可见当时对于这本诗集的重视程度。

---

110 刘廷芳：《过来人言》,《圣歌与圣乐》1934 年第 1 期。

111 《真理与生命》（第七卷）1933 年第 2 期。

在《圣歌与圣乐》第一期，第二篇文章乃为杨荫浏所写的《圣歌探讨之初步》，该文指出了当时国内圣歌所面临的问题："关于圣歌的问题真多：如何选择，如何译法，用何种文字，配何种音乐，中国音乐，如何采用，如何改协，如何和声……种种问题，均非短时间，少数人所能解决。"所以，编委会广泛吸收各种意见和建议，"联合委员会成立迄今，已将三年，其间同志建议的函札，年有增加，个人讨论的谈话，随时都有，也给与研求圣歌的人，许多思考上的帮助。"[112]针对这些问题，杨荫浏、刘廷芳、费佩德等人撰写了一系列文章进行讨论。

关于文字方面，《中国信徒对于选译圣歌的文字观》这篇文章，针对文字与音乐的关系、白话与文言、押韵、文字的难易等问题列出了十三种不同的观点进行讨论，在文字与音乐的关系上，就有文字宜绝对自由不受音乐支配、文字宜附和音乐、折中论（在文字与音乐绝对不能兼顾的时候，应当估一估轻重，取一个折中办法，牺牲一方面或它方面）等三种观点。文言与白话方面，则有五种观点：全用白话、全用文言、文言白话因宜连用、文言白话每诗宜用定一种、文言白话兼用。押韵方面更加复杂，大的方面，有主张必须用韵和不必严格用韵两种观点，主张押韵的，从所用韵谱上，又有三种观点：平水韵一路沿革下来的试律韵、用宋元以来写乐府诗词应用的词韵和曲韵、依国语韵母分别押韵不拘韵谱。而押韵方法上面，又有两种不同意见：有人主张依西洋的押法，有人主张可以不必拘泥原来的押法。在用字方面，则有力求简易的、不避难字的以及有代替的时候避免难字的运用等三种观点。[113]纵观这些观点，一般都是两种截然不同的观点再加折中观点，每种观点似乎都有自己的理由，作者在此仅将这些观点都罗列出来，并未予以评论取舍。

不过，随后，杨荫浏就在《圣歌的翻译》[114]一文中对此进行了回答。"翻译度唱诗歌，除需包含原诗内容之外，还不得不注意于格律。所注意的格律有两方面：一方面是原诗的西文格律，一方面是译笔的中文格律。我们因为音乐关系，留一些必须的最少限度的格律，在诗歌里面，这也许是公允的。"这其实是回答了文字与音乐的关系问题。接着，他又讲了中西文字与音乐的

112 杨荫浏：《圣歌探讨之初步》，《圣歌与圣乐》1934 年第 1 期。

113 费佩德、杨荫浏：《中国信徒对于选译圣歌的文字观》，《圣歌与圣乐》，1934 年第 1 期。

114 杨荫浏：《圣歌的翻译》，《圣歌与圣乐》1934 年第 5-6 期。

不同关系："西方文字有绝对的强弱性。在形式方面，西方诗词，一般就是由强弱不同的音节，有规则地交互连组而成。最普通的诗格是扬抑格和抑扬格。音节的组成，也本于强弱的律动。歌词的强音节，与音乐的强声乐节，歌词的弱音节，与音乐的弱声乐节，每互相密合。最普通的，音乐的长调，中调，短调，大都配诗词的抑扬格；七七七七调及八七八七调，大都配扬抑格；这差不多是一定的。一般西洋音乐的高低，并不关系于文字的高低性。西洋诗词在音乐上的关系，只有强弱上的一致，没有别的。西歌的用韵，除少数特殊的诗歌外，其用交组韵或对偶韵，不过是韵律本身的变化，是属于诗的成分，与音乐没有多大关系。中国文字有音乐的高低和长短性，这就是四声阴阳。说明，一：高低与强弱，完全是两样东西。二：高低与长短亦完全不同。填词家有句读之分，从这个读上，就发生起音乐快慢的节拍来。说明：句读与强弱不同；它是快慢，不是强弱。快慢起于句读，不是起于平仄。中文诗协韵的方式，最普通的是每逢二句一协，换韵大都在四句或二韵以上。"所以在翻译西方圣诗的时候，要注意"强弱"和"句读"。"在句读方面，我们要考虑两件事：（一）遇到特殊的音调，应随音乐的顿挫，而定句节的分割。（二）通常长调，中调，短调用二二二二及二二二读；七七七七调及八七八七调，用二二二二及二二三读。"最后，关于"协韵"的问题，要注意的有四点："（一）韵是要协的，可是不必照诗那样严格。（二）韵律是要有的。但是不必拘泥地依着西洋诗原来的协法，协交组韵或对偶韵；参酌西诗所用的乐谱，看音调的内容，凡可以用中文诗的协法的，还是用中文诗协法，较为适宜。（三）八字以上的长句，最好逐句连协。（四）西文用阴韵的诗如翻译也必须用阴韵时，可如诗经里面有许多地方的协法，协末二字，或协末尾第二字，而末尾用'兮'字等延长声音的字。行间字句可以不必注意四声阴阳，求一个顺口好了。"杨荫浏的观点，实际上也体现着圣歌编委会的观点。《普天颂赞》的文字版序言中明确指出，该诗集的文字编译遵循着这样的七条原则：1、辞义接近原文；2、文句自然而美丽；3、用字浅显简易；4、句读要合乎音乐的顿挫；5、实字虚字要合于音乐的强弱；6、协韵；7、平仄谐和。[115]

　　音乐方面的情况也是如此，在《中国信徒对于配合圣歌音乐上的主张》一文中，作者从格律、乐调、音乐来源、曲调选择、和声、转调等方面列举了十五种不同的观点：格律方面，有主张有格律、主张无格律两种观点；乐

---

115 《普天颂赞》文字本序，上海广学会 1936 年版，第 5 页。

调上，有全用国化乐调、依因袭的欣赏选择乐调、依大众的音乐程度选择乐调三种观点；音乐来源上，有选取高尚的音乐、兼收民间音乐、拒绝民间歌曲等几种倾向；曲调选择上，有的主张依现代的倾向选择曲调，有的主张选"好听"的音乐；对于中国曲调是否运用和声方面，亦有主张不用和声与主张用和声两种截然不同的观点以及主张用限定和和声这种折中观点；而在中国曲调的和声方面，又有转调与不转调两种相反观点。[116]

关于圣歌的选择，在《中国信徒对于圣歌选择的意见》这篇文章中，刘廷芳和杨荫浏列出了两两对立的四类八种观点：因袭的（旧歌）与进化的（新歌）、客观的与生活的、本色的与多元的、偏重实际的与偏重理想的。[117]这么多不同的观点，充分表明了当时人们对于圣诗要求的多元化，编辑这样一本各教派通用的圣诗集的确是非常困难的差事，既要能够表现中国信徒的宗教经验和宗教感受，又要遵从圣诗的传统，同时在语言文字及音乐标准上，也要达到一定水平，以求符合最大多数教徒的要求。随后，在《普天颂赞集里翻译及创作圣歌的来源》一文中，作者介绍了《普天颂赞》译辞的来源、列名的原则、华人创作的圣歌、音调的来源等几个编辑的核心问题，其实是对上文中国信徒关于"文字""音乐"及"圣歌选择"等问题的回答。

杨荫浏等人提出的一些问题现在看来可能根本就不成问题，如是否用白话，如何平衡中国曲调与西方曲调等，但在当时这些确是他们经过多年实践的宝贵经验总结，就此回看中国圣乐发展史，不禁令人唏嘘感叹！

第三节　民国时期中国教徒编纂圣诗的总体状况

此前的多数观点都认为，民国时期中国圣诗编撰的主导权仍在外国传教士手中，中国教徒无论是在编译还是创作圣诗方面，其数量和影响都远远无法与传教士相比，除了《普天颂赞》影响较大以外，其余影响较大的圣诗集全都是外国传教士所编译的。如何凯立所著《基督教在华出版事业（1912-1949）》一书中，作者在谈到 1912 年至 1927 年期间中国赞美诗发展状况时说："中国教会中传唱的大量赞美诗差不多全是从西方翻译过来的。对此

---

116 费佩德、杨荫浏：《中国信徒对于配合圣歌音乐上的主张》，《圣歌与圣乐》1934 年第 1 期。

117 刘廷芳、杨荫浏：《中国信徒对于圣歌选择的意见》，《圣歌与圣乐》1934 年第 3 期。

现象，有些外国传教士甚至还发出悲叹，认为翻译的赞美诗既没有感染力也无原作的美感可言。据估计，截至1917年译成中文的赞美诗汇集起来共有3000首。"[118]而1928年至1937年期间："赞美诗品种还在不断地增长，绝大部分是以单张或小册子的形式出版。在这一领域内，中国基督徒的创作能力仍然很欠缺。绝大部分赞美诗都从西方翻译过来。"[119]笔者根据该书中所列各阶段教会出版机构出版书籍情况表，归纳出民国时期国内新教赞美诗集编纂情况如下：

表6-2　中华民国时期国内新教赞美诗集编纂与出版状况（何书）[120]

时　间	类　型	中国作者		外国作者	合　著	合　计	
		原　著	翻　译				
1912-1917	书籍	1	—	27	—	28	33
	手册	—	—	5	—	5	
1918-1927	书籍	—	—	13	—	13	14
	手册	—	—	1	—	1	
1928-1937	书籍	4	4	12	1	21	30
	手册	2	—	7	—	9	
1938-1949	书籍	—	—	—	—	0	0
	手册	—	—	—	—	0	
合　计		7	4	65	1	77	

　　根据上表，我们可以很直观地看到，民国时期由中国教徒主导编著的赞美诗集可以说是极少，从1912至1949年，中国人创作的赞美诗集仅为7部，翻译4部，仅为外国作者的六分之一。但是，事实果真如此吗？笔者经过搜

---

118 [美]何凯立著，陈建明、王再兴译：《基督教在华出版事业（1912-1949）》，四川大学出版社2004年版，第174页。

119 [美]何凯立著，陈建明、王再兴译：《基督教在华出版事业（1912-1949）》，四川大学出版社2004年版，第186页。

120 此表根据[美]何凯立著，陈建明、王再兴译：《基督教在华出版事业（1912-1949）》一书中表5-2（第177页）、表5-4（第182页）、表5-6（第188页）及表5-9（第200页）绘制。

集当时的赞美诗集情况，发现中国教徒编纂的赞美诗集是远远多于上表数字的，具体如下表所示：

表 6-3　民国时期中国教徒编著/翻译圣诗（集）统计表[121]

序号	名　　称	作　　者	出版时间
1	席胜魔诗歌	席胜魔	1912
2	奋兴布道诗歌	孙喜圣编著	1912
3	重订赞神圣诗	华北长老会	1914
4	青年诗歌（The Association Hymnal）	谢洪赉主编	1915
5	奉主诗歌（The Chinses Songs of Reverence）	汕头黄廷宾辑	1921
6	复兴布道诗	王载编	1923
7	复兴诗歌	余慈度（YÜ DORA）编译	1923
8	天婴——圣诞诗歌集	刘廷芳	1925
9	公民诗歌	刘湛恩编	1926
10	圣诗	宋忠坚牧师等	1926
11	小群诗歌	福州基督徒聚会处倪柝声等	1927
12	新公民诗歌（Good Citizenship Songs）	刘湛恩、顾子仁编；青年协会书报部校订	1927
13	新旧约圣诗集（第一卷）	阎述诗、集訳和编译	1927
14	最新青年诗歌	张之江	1928
15	福音诗歌	龚赉译述	1930
16	灵交诗歌	贾玉铭	1930
17	哀歌（The Lamentations）	李荣芳译诗；赵紫宸修辞	1931
18	团契圣歌集	赵紫宸译诗辑文，范天祥择谱校乐	1931
19	民众圣歌集	赵紫宸词，范天祥配曲	1931
20	颂主诗集	中华圣公会	1931
21	普天同唱集	李抱忱	1932
22	真理灵学歌	杨保罗编	1934
23	国韵诗篇百首之单音简本	武百祥著	1935

---

121 此表为本书作者搜集整理。

24	经文诗歌	徐腓利、慕荣光订	1936
25	诗歌（暂编本）	基督徒聚会处	1936
26	诗歌播道二集	徐蔼风	1936
27	普天颂赞	六公会联合圣歌委员会编	1936
28	基督徒诗歌	王明道著	1936
29	天人短歌	苏佐扬	1937
30	得胜诗歌	贾玉铭	1938
31	圣经中的圣歌	林保罗编	1940
32	国韵诗篇百首	武百祥著	1940
33	救恩新歌	李广业编辑	1941
34	灵交得胜诗歌	贾玉铭	1941
35	山花诗：民歌圣歌集之一	冯玉祥作词，郝路义、杨荫浏作曲	1941
36	圣诞曲	赵紫宸词，张肖虎曲	1941
37	颂赞诗歌	王宣忱	1941
38	灵粮诗歌	赵世光编	1942
39	溥沤诗颂	赵锡恩编	1943
40	圣徒心声	贾玉铭	1943
41	诗歌（暂编本）	赵静怀	1943
42	伯特利新声诗歌	桑安柱、计马可	1946
43	奋兴布道诗：附祷文	石文达编订	1947
44	经文歌选	石峻柱编；吉培德、范天祥校正	1947
45	培灵诗歌：布道奋兴	张德兴编	1947
46	旷野人声	林献羔	1947
47	福音短歌	李秀兰	1948
48	福音诗歌（暂编本简谱版）	上海福音书房编，倪柝声	1948
49	歌中的雅歌	刘奥声撰	1948
50	短歌集	邓余鸿	1948
51	布道新诗	计志文编	1948
52	圣歌选	沈斌仁编	1949
53	国韵复调诗篇	不详	民国
54	布道诗歌	姜芳楠	民国

关于上表，有以下几点需要说明：第一，民国时期是中国新教赞美诗集出版的高峰期，此时期中外作者编译、创作了大量圣诗集，此表所列仅是本书作者所搜集到的部分诗集，肯定还有相当一部分未收集到的国人编创的诗集；第二，本表所列都是译者、编者或作者已经确定为中国教徒或者以中国教徒为主，还有很多圣诗集是以差会名义集体编著的，若未证明是以中国教徒为主编著的，本表暂未列入；第三，不少诗集未注明编著者或者暂时不知其作者，本表也暂未列入，相信其中还有一些是中国教徒的作品；第四，在外国传教士为主编纂的圣诗集中，编纂过程中国教徒参与其中的不在少数，而且也有不少收录了中国教徒创作的圣诗，鉴于编写主体为外国传教士，故本表亦未列入。但是，即便如此，从上表亦可以看出民国时期中国教徒对于圣诗的创作热情是非常高的，在中国圣诗编纂史上应有浓墨重彩的一笔：1912年至 1927 年间，有 13 本中国作者（或为主）编纂的诗集；1928 年至 1937 年间有 16 本；1938 至 1949 年间则有 23 本之多，此外还有两本不能确定年代。因此何凯立的观点是值得商榷的。

民国时期是中国教徒编创圣诗的第一个高峰期，虽然总体而言仍然只占少数，但是并非"创作能力仍然很欠缺"，民国时期中国教徒无论翻译还是创作圣诗，其水平都已经超过外国传教士，尤其是像赵紫宸、刘廷芳、杨荫浏等一批学贯中西的基督教理论家的积极参与，使得中国圣诗水平大幅提高，并且出现了像《普天颂赞》这样影响久远的诗集。另外，其时中国教徒编创的圣诗集其影响力多年来一直被低估，在一定程度上这些圣诗集的影响力已经超出了国外传教士所编的圣诗集，尤其是 20 世纪以后本土自立教会纷纷建立，一些教会领袖自己创作圣诗以用于本教会或团体，如基督教青年会谢洪赍主编的《青年诗歌》，兴奋布道会余慈度编《奋兴布道诗歌选集》，赵紫宸为燕京大学学生团契所编译《团契圣歌集》、为普通民众所作《民众圣歌集》，基督徒聚会处王载编的《复兴布道诗》，倪柝声等人编的《小群诗歌》《诗歌（暂编本）》《福音诗歌》，灵粮堂赵世光编《灵粮诗歌》，福音派贾玉铭所作《灵交诗歌》《得胜诗歌》《灵交得胜诗歌》《圣徒心声》，伯特利教会的《伯特利新声诗歌》等等，这些诗集在本教会团体或团契中被广泛使用，影响深远，有的诗歌甚至在几十年后仍在传唱。

之所以中国教徒在圣诗编译及创作方面取得如此成就，原因应有以下几方面：第一，此时基督新教传入中国已逾百年，基督教赞美诗在中国传播也将近百年之久，历经几代传教士和中国教徒的努力，圣诗翻译无论从文字还是曲调选择上都已经从量向质发生转变，力求与中国传统文化的融合更为完美；第二，教会学校在中国开展音乐教育数十年，为中国培养了一批现代音乐专业人才，他们中有不少人参与中国赞美诗的编译及创作，他们自幼接受基督教音乐教育，同时又比传教士更熟悉中国的音乐和语言，也更熟悉中国教徒的信仰需求和体验，成为基督教圣乐本色化的领军人物；第三，中国基督新教本色化运动，激励一大批中国教会精英参与其中，他们尽管所属教会不同，神学思想各异，但都希望基督教神学能与中国社会契合，以期实现由"基督教中国"变为"中国基督教"的理想。他们用诗歌来诠释基督信仰及自己的属灵经历，依据自己的神学思考来从事赞美诗编创工作，从某种意义上来说，这些圣诗集是当时中国本土教会各派别的神学思想的体现，特色明显，对本教派成员影响深远。

但是不可否认，当时中国赞美诗的主流仍是西方圣诗，无论是传教士翻译还是中国教徒自己翻译，或者是中外作者合作翻译的西方圣诗在教会礼拜中仍占据主导地位。由于各国传教士在中国来往频繁，各差会与本国母会的交流也比较多，再加上当时积贫积弱的中国，外国领馆林立，国外教徒也比较多，所以当时西方教会最流行的圣乐能够被及时介绍到中国来，可以说，当时的中国教会，尤其是在北京、上海等重点城市，其教会音乐是能够与世界接轨的。

第四节　教会音乐对中国音乐的影响

中国人接触西方音乐是从基督教圣乐开始的，而中国音乐在西方的传播最初也是由传教士开始的。可以说，基督教音乐成了最初联系中西音乐交流的纽带。虽然这个过程是非常曲折的，但是不可否认，正是传教士们带来了西方的记谱法、教会音乐、乐器以及音乐教育，才开启了近代中国音乐的现代化历程。

一、教会音乐对我国现代民族音乐的影响

中国基督教赞美诗音乐本色化的过程，同时也伴随着它融入中国民族音乐的进程，中国人也借鉴了赞美诗的曲调和演唱形式用于世俗音乐方面，形成了近代中国音乐的多元化。基督教圣歌一般都是以集体颂唱的方式进行

的，这种歌唱的方式在中国是比较新颖的，直接影响了学堂乐歌的兴起。学堂乐歌被认为是中国近代音乐的开端，其特点就是旧曲填词，或用欧美日音乐、军校歌曲，或用中国传统乐曲、民歌小调等，而最早的学堂乐歌，则是来自于美国传教士狄考文夫妇创办的山东文会馆，《文会馆志》中"文会馆唱歌选抄"中的10首"乐歌"，乃是中国学堂乐歌的起源。从文会馆毕业后留任教习的周书训所创作的《赏花》被认为是"我国目前所知编创年代最早的一首乐歌"，大约创作于19世纪80年代。[122]钱仁康先生曾言："据不完全统计，供学堂乐歌填词用的赞美诗不下20篇。"[123]我国早期学堂乐歌作者如李叔同、沈心工、冯梁、华振、胡君复、张秀山、沈秉廉等人都曾根据赞美诗的曲调填词歌曲。李叔同编《国学唱歌集》中的《乌衣》的曲调来自美国作曲家萨拉·哈特（Sarah Hart）所作的赞美诗《小小滴水歌》，乐歌《爱》则是采用美国作曲家威廉.B.布拉德布里（William .B.Bradbury）的赞美诗《耶稣爱我》的歌调。沈心工创作的著名的歌曲《春游》则是根据赞美诗《流血之泉》的曲调填词的，其他如《青蛙》《卖布》《新年》等也都是根据赞美诗曲调填词的。[124]

除了学堂乐歌以外，20世纪初期，其他借用西方教会音乐创作、编配世俗音乐的情况也比较普遍，这一方面与当时基督教在中国平稳发展，上层知识分子中基督徒的数量比较多有关，他们很多是从教会学校接受的教育，基督教音乐则是他们接受西方音乐的启蒙；另一方面，当时以基督教为载体的西方音乐大量传入中国，其音阶、旋律、记谱方式、唱奏方式等都与中国传统音乐有较大差异，学习西乐成为一时之兴。有一些音乐家利用二者的差异来进行创作，如"中国传统音乐的曲调大多缓慢悠长，节奏舒缓，不利于表达鼓舞斗志、激愤人心的时代的呼声"[125]，而一些赞美诗的曲调则正好契合这一时代主题，就出现了用教会音乐填词创作革命歌曲的情况。如辛亥革命期间，武昌教会学校文华书院的师生，利用教会音乐的曲调填写革命歌词，宣传革命；著名的基督将军冯玉祥也曾借用基督教赞美诗的曲调来编配军歌，

---

122 刘再生：《我国近代早期的"学堂"与"乐歌"——登州〈文会馆志〉和"文会馆唱歌选抄"之史料初探》，《音乐研究》2006年第9期。

123 钱仁康：《学堂乐歌考源》，上海音乐出版社2001年版，前言。

124 陈伟：《中国近、现代音乐家与赞美诗（一）》，《天风》2009年第11期。

125 王旋：《基督教赞美诗在近代中国的传播及其影响》，《黄钟（武汉音乐学院学报）》2006年增刊。

以此来鼓舞士气；我国一些著名的音乐家如黄自、冼星海也都借鉴了西方教会音乐的形式来进行创作，黄自的《长恨歌》采用了巴洛克时期圣乐创作体裁"清唱剧"，冼星海的《黄河大合唱》则吸取了欧洲 18 世纪多乐章"康塔塔"的传统音乐创作形式。[126]

二、教会学校的宗教音乐教育与音乐事工

鸦片战后，随着天主教和基督新教各差会大量涌入中国传教，各级教会学校也如雨后春笋般在中华大地上出现。近代的教会学校乃是基督教音乐在中国传播和推广的重要途径。最初，这些学校都是依附于教会而开办的附设学校，主要是针对贫苦儿童进行免费教育，这类学校创办主要目的之一是传教，正如美国传教士褒敦博士所言："……他们的目的不外两种：第一种目的是儿童引到基督福音势力范围之下，使他们时时受其熏染；第二种目的是等到他们自己已经信了宗教，就给他们一种预备。使他们能把福音再传给别人。传教的事业一天天进行，传教的人渐渐觉得他们努力前进的目的，决不专在多收几个信徒，……最重要的是造成一种具有基督教会精神的社会，……以求于中国前途有所贡献。"[127]为了实现这一目标，教会学校的课程设置具有浓厚的宗教色彩，关于宗教的内容占据主导，而学习歌唱赞美诗则是其必修功课，教会学校规定学校师生每天必唱赞美诗，每周都要去所属教堂或者本校小教堂参加礼拜及主日活动。早期时候，由于音乐教员缺乏，在各教会学校承担音乐教学任务的主要是传教士夫人，因而其音乐教育更重视为宗教崇拜服务或为教会培养唱诗班人才，比较有名的传教士夫人如倪维思夫人、李提摩太夫人、狄考文夫人、苏威廉夫人等充当过教会学校的音乐教师，她们都非常重视对学生进行赞美诗唱诵训练，并针对中国人学习西方赞美诗的困难，付出大量心血进行各种教学实验和改革，取得了可喜的成果，为早期中国教会音乐人才培养做出了重要贡献。1844 年，英国循道公会女传教士奥特绥小姐（Miss M.Aldersey）在宁波设立宁波女塾，这是中国第一所女校。1847 年，美国长老会传教士柯夫人亦在宁波设一女校。这两所女校均设有唱诗班学习音乐。1857 年奥特绥小姐离开宁波后两校合并为崇德女校，归美国长老会管。

---

126 翁翠琴:《宇宙基督的赞歌——从圣乐与中国文化的对话看圣乐是如何促进福音文化与本土文化的融入》,《金陵神学志》2009 年第 2 期。

127 [美]褒敦博士:《基督教学校在中国教育系统中所占地位》,载《新教育》卷四,1922 年第 3 期。

1845 年，美国基督教北长老会传教士麦嘉缔和纬哲理（R.Q.Way）在宁波创办崇信义塾，这是浙江第一所教会男子学堂，课程以圣经与教义问答为主，亦设有音乐课，内容包括歌唱、乐器演奏、乐理等。该校 1867 年迁至杭州，先后改名育英义塾、育英书院、之江大学。长期在中国传教的美国长老会传教士倪维思和其妻海伦，早期在宁波创办了两所寄宿学校，招收男女幼童，海伦教授孩子们音乐，由于没有教材，她自己摸索出一套适合孩子们的音乐教学方法，很快这些孩子们就学会了识谱并掌握了多声部歌唱技巧，"在短短的六或八个月内，我们就有了一个很好的男高、女高、中音、低音四声部皆备的唱诗班"[128]。倪维思夫妇后来又在山东传教，倪夫人一直坚持音乐传教，培养众多教徒唱诵赞美诗，不仅获得了教徒的拥护，而且在传教士中也是名声远播，很多传教士都提到她的功绩。[129]

据宫宏宇考证，最早将西方现代西方音乐教育引进中国的是葡萄牙天主教神父江沙维（Joaquim A.Goncalves，1780-1844），他于 1814 年来到澳门，此后一直在澳门的圣若瑟修道院教书，直到 1844 年去世，时间长达 30 年。他为学生们开设了音乐课，"每逢重大节日时，圣若瑟教堂里都会弥漫着江沙维作曲由他的学生演奏的音乐。江沙维以自己浑然天成的雄壮的男高音为后盾，边唱边弹奏管风琴。"[130]1835 年，为纪念刚刚去世的马礼逊，在华英、美传教士在澳门设立"马礼逊教育会"，后又成立了马礼逊学校，1842 年鸦片战争爆发后迁至香港的马礼逊学堂，通常被认为是最早开设音乐课的新教教会学堂。英国传教会的会员史密斯（George Smith）1844 年在香港期间曾参观马礼逊学堂，并曾多次听那里的学生唱圣诗。[131]

后来，随着各差会在中国内地传教的深入发展，教会学校的规模和招生范围都扩大了，涵盖了各个教育阶段，不仅有小学和幼稚园，而且还有了中学和大学，传播基督教思想、教授西方科学文化知识仍是这些教会学

---

128 宫宏宇：《基督教传教士与中国学校音乐教育之开创（上）》，《音乐研究》2007 年第 1 期。

129 宫宏宇：《基督教传教士与中国学校音乐教育之开创（上）》，《音乐研究》2007 年第 1 期。

130 宫宏宇：《基督教传教士与中国学校音乐教育之开创（上）》，《音乐研究》2007 年第 1 期。

131 宫宏宇：《基督教传教士与中国学校音乐教育之开创（上）》，《音乐研究》2007 年第 1 期。

校的办学宗旨，各种教会学校除了开设宗教课程和英语外，音乐课也是其最为重视的科目之一，无论是大学、中学、小学，还是幼稚园都设立了音乐课或唱歌课，歌唱课所选用的教材附带有圣歌，在歌唱课里不但学习乐理知识，还教唱赞美诗。学校里配备有风琴、钢琴等乐器，并由专业的外籍音乐教师传授歌唱和弹奏乐器技巧。各校还在课外增设歌咏活动，有条件的学校均成立有合唱团或唱诗班，每逢基督教节日，都要举行各种各样的音乐会。由教会学校师生组成的唱诗班在所属教堂主日崇拜的音乐事工中占有非常重要地位。如登州文会馆建立之初，狄考文夫妇就制定了一系列条规，其中第一条就是礼拜条规："主日清早八点钟汇集礼拜，虔事上帝，监督倡领读经，同众歌诗祈祷。……"[132]浙江湖州的湖群女校是一所成立较早的教会学校，学校不仅传授教会唱诗歌、赞美诗、弥撒曲等，也教授钢琴（称为"琴科"）。

在台湾地区，基督新教继 17 世纪荷兰人传教失败以后，19 世纪六七十年代，英国和加拿大长老会再次将基督教新传入台湾，并分别建立了台南教会和淡水教会，赞美诗颂唱及风琴、钢琴等西方音乐形式逐渐兴起。1876 年，英国长老会台湾南部建立台南神学院，之后又建立长荣中学、长荣女中等教会学校，这些学校均重视音乐课的开设，尤以宗教性合唱为盛。[133]

1877 年 5 月，在上海召开了基督教在华传教士第一次全国代表大会，会上成立了由狄考文、韦廉臣、林乐知、丁韪良、傅兰雅等人组成的"学校教科书委员会"，这是中国历史上第一个负责审定、编辑和出版现代教科书的机构，其提交的报告中提到了教材须包括的科目，其中决议的第八条就是"声乐、器乐和绘画"，音乐教育被列为教会学校的基础教育内容。民国政府成立后，在教育上对教会学校的宗教课程、仪式等进行限制，教会学校在课程设置上也逐渐世俗化，不再强制学生必须学习宗教课程和参加宗教仪式，但是不少教会学校仍然有礼拜和主日活动，而且由于西方音乐和基督教的密切关系，在学校接受音乐教育的学生，基督教音乐仍是其学习的重要内容。不少学校的音乐教育成就在当时社会产生了积极影响，名声远播。

---

132 闫翠翠：《狄邦就烈在登州活动研究》，硕士学位论文，山东师范大学，2010 年，第 49 页。

133 孙悦湄：《中国近代基督教传教士声乐教育活动探微》，《艺术百家》2012 年第 4 期。

　　南昌的两所教会学校豫章中学、葆灵女中都设有专门的音乐教育，其音乐教学设施、音乐师资都较好，音乐教学活动丰富。豫章中学购置了铜管鼓号等全套军乐队设备，有专门的钢琴室，并聘请专职教师指导，学生根据个人爱好可以参加军乐队和歌咏队。每星期都在校内外演出话剧、歌剧，有时演出英文短剧。每年圣诞节组织排演圣诞剧，在学校礼堂演出。歌咏队除了演出大合唱外，还参加歌咏广播。葆灵女中有专门的隔音钢琴、风琴室，并且有自己的唱诗班。1933 年 5 月 2 日，由葆灵女中及豫章中学两所学校师生组织的音乐研究会在葆灵女中大礼堂举行音乐会，演出神曲《路得记》，这是来自旧约圣经的故事。[134]

　　上海的教会学校音乐教育更加突出。上海中西女塾（1930 年改名"中西女子中学校"）的音乐科设有提琴科、唱歌科和琴科，学校的合唱团在教堂礼拜活动中担任唱诗班的角色[135]，而在校内外的各种音乐会中也时常有赞美诗、圣歌与教会音乐。圣玛利亚女校"为配合校内的基督教教育，规定女生们都要学习一定的钢琴演奏知识，以便为教堂担任司琴师"[136]。1925 年，圣玛利亚女校的唱诗班成立了一个四重奏唱团，经常在学校的各种活动上演唱圣歌和康塔塔。1929 年 12 月 1 日，圣玛利亚女校唱诗班邀请圣约翰大学唱诗班在圣玛利亚女校教堂中举办了一场教堂音乐会，极富震撼力。圣玛利亚女校唱诗班还与社区合唱团合作，时常为他们输送团员，这些学生们担任着"平时礼拜时的献唱，重大基督教节日的音乐崇拜以及特殊宗教仪式中的专用圣诗献唱"[137]的职责。

　　福建地区是基督教传播的重点区域，各差会所办教会学校也比较多，形成大、中、小完整的教育体系。福州的两所教会大学——私立华南女子文理学院和私立福州协和大学都成立有圣歌团，华南女子文理学院设有专门的音乐学科，开设有钢琴、音乐教学法、歌唱和歌社四项。学校成立有音乐社、

134　林媛：《"江西省推行音乐教育委员会"研究（1933-1946）》，博士学位论文，首都师范大学，2009 年，第 47 页。

135　陈晶：《上海基督教学校女子音乐教育研究》，上海音乐学院出版社 2010 年版，第 35 页。

136　陈晶：《上海基督教学校女子音乐教育研究》，上海音乐学院出版社 2010 年版，第 57 页。

137　陈晶：《上海基督教学校女子音乐教育研究》，上海音乐学院出版社 2010 年版，第 69-71 页。

歌咏团、圣咏团、弦琴团等，每年除复活节和圣诞节有演出外，平时还组织有音乐节、音乐会、演奏会、民众歌咏会等多种音乐活动，其中圣咏团在学校或者市内其他教堂承担音乐奉献[138]。福建协和大学虽然没有音乐系，但是学校设有音乐教育选修课程，而且学校在创办初期就有圣乐团，1932 年后学校开始招收女生，并组成两个混声合唱团。合唱团在外籍教师指挥下，经常演唱《弥赛亚》《创世记》等国外合唱经典名曲。每逢圣诞节、复活节等教会重要节日，协和大学圣歌团常常联合华南女子学院等大中学校合唱团及各教会诗班在福州仓前山天安堂与市中心观巷刘公纪念堂举行盛大的音乐活动。为了提高教会学校学生的音乐水平，20 世纪初，经监理会欧灵格牧师提议，福州合唱联合会从 1902 年 4 月开始，每年都举办合唱节。当第一届合唱节在福州开幕时，当时福州最大的可容纳 2000 人的教堂被挤得水泄不通。1919 年复活节举办的合唱节上，16 所学校学生组成了 150 人的大合唱队，还特选出由 132 位教会大学男生和女子预科学校学生组成的唱诗班，演出的曲目包括英国作曲家约翰·蒙德（John Henry Maunder，1858- 1920）的赞主之歌《耶路撒冷》（Praise the Lord，Jerusalem）等。1948 年 10 月，福州格致中学美籍音乐教师福路（Albert Faurot，1915-1990）教授集中福州市所有教会唱诗班精英组成百人圣歌团，并亲自指挥在观巷刘公纪念堂用英文献唱《弥赛亚》，演出持续多日，这是近代福州教会参加献唱《弥赛亚》人数最多的一次宗教音乐活动。每逢观巷刘公纪念堂有重要音乐活动，均由格致中学薛廷模校长夫人林雪金女士弹奏管风琴。湖北武汉等内陆地区的教会学校每年也要举办圣乐合唱节。

相比较而言，南方学校更注重钢琴、管风琴等器乐演奏，北方的学校则将声乐教育置于首位。创立于 1864 年的北京贝满女塾的唱诗班多年来一直在北京城享有盛名，经常和另一教会男校育英中学的合唱队一起演出。通州美国公理会办的潞河书院规定学生每天早上八点必须做祈祷唱圣诗。美国基督教教会于 1919 年创办的燕京大学，校长司徒雷登根据差会和美国各赞助财阀的意见确定燕京大学的办学宗旨是：燕京大学的成立是传教事业的一部分，为教徒的子女提供教育设施，或者更多地是为教会培养工作人员。[139]学校虽

138 吴少静、黄少枚：《近代福建基督教学校音乐教育简况及启示》,《星海音乐学院学报》2004 年第 2 期。

139 顾长声：《传教士与近代中国》，上海人民出版社 1981 年版，第 380 页。

不强迫学生信教和参加宗教活动，但在氛围和影响上却"彻底地基督化"，通过潜移默化来感化学生，燕京大学的音乐系师资雄厚，其教学水平在全国独占鳌头，学校成立有"燕京大学基督徒团契""基督教青年会燕京大学校会"及"燕京大学歌咏团"等组织，经常组织活动来吸引年轻人信教。燕大基督徒团契除了平时的礼拜外，每年还有数次特别的礼拜，如欢迎新契友的迎新礼拜、圣餐礼拜、圣诞夜的烛光礼拜、圣诞礼拜、复活节的野外礼拜、国庆礼拜等等，这些礼拜各有特别的仪式，在这些礼拜仪式中，都要唱颂不少圣歌。我们可以从其礼拜秩序中窥见一斑：

燕大基督教团契礼拜秩序[140]

一、登堂（圣歌队随执十字架者整队入堂。主祷者[及宣教者]随圣歌队入堂，一路歌唱。入堂时，会众起立同唱。）

二、启答（会众立）。

三、歌颂（唱三一颂，或荣耀颂。会众立。）

四、读经（或加用启应经文，用启应经文时主祷者立，念启。会众坐，念应。）

五、圣歌（会众立，同唱。）

六、祈祷（主祷者献祷，会众坐，低头，祷毕，圣歌队唱应祷歌。）

七、献捐（主席将捐盘给收捐员，收捐毕，主席收回捐盘，献感恩的短祷，或者圣歌队唱一首奉献歌。）

八、歌颂（圣歌队唱，会众坐，听。）

九、宣教

十、圣歌（会众立，同唱。）

十一、祝福（主祷者祝福，会众立，低头。）

十二、退席（会众立，与圣歌队同唱圣歌。圣歌队出礼堂门后，会众静立。圣歌队在堂外唱毕，主祷者朗声短祷，毕，圣歌队唱"亚孟"。然后会众乃退席。）

1927年燕大师生成立了"燕京大学歌咏团"，1928年歌咏团在北京城内的亚斯礼堂（Asbury Church）演唱亨德尔的《弥赛亚》，这是近代第一次由中国学生组成的大型歌咏团演唱西洋大型合唱作品，自此以后燕大歌咏团便形

---

140 《赵紫宸圣乐专集》附录，商务印书馆2013年版，第373页。

成了每年在校内和到北京城内公演《弥赛亚》的传统，由当时的音乐系主任范天祥博士亲自指导并指挥，声乐系教授威尔逊夫人（Mrs.E.O.Wilson）担任女高音独唱[141]，一直持续了很多年，不仅如此，他们还应邀到天津、南京等地演出《弥赛亚》。此外，燕大歌咏团还排演过海顿的《创世纪》、门德尔松的《伊利亚》与《颂赞诗》、勃拉姆斯的《德意志安魂曲》，弗朗克的《A大调弥撒曲》等经典宗教音乐作品。[142]1940年11月29日，燕大歌咏团与公理会、美以美会、长老会、圣公会等七个团体共175人在北京灯市口联合举行了中文圣乐大合唱，由范天祥担任指挥，演唱了格里高利圣咏与帕勒斯特里那、巴赫、贝多芬及柴可夫斯基等作曲家的宗教作品，以及运用中国旋律编写的圣歌。[143]天津的教会学校"新学学院"由70名师生组成合唱团，1921年在天津首次公演亨德尔的清唱剧《弥赛亚》，这是天津音乐史上空前规模的美声唱法的演出。1878年苏格兰圣公会的残疾人（仅有一只胳膊）传教士威廉·穆瑞（W.H. Murray）在中国帮手的帮助下，在北京东城甘雨胡同创办了一所盲童学校——瞽叟同文馆，专门招收被人遗弃和流浪在社会上的盲童学习文化知识和培养劳动技能。早在1881年这里就开设了音乐课，学生们不仅学习唱圣歌，还学习钢琴、风琴、手风琴及班卓琴（banjo）、吉他（guitar）、洋琴（dulcimer）等西洋乐器。一般情况下，盲童学生上午的课就是听写记录乐谱，内容以流行的基督教赞美诗为主，其中包括美国赞美诗编撰者艾拉·大卫·桑基（lra D.Sankev，1840-1908）的四声部赞美诗。记录所用的是"中国历史上第一套盲文"——穆瑞发明的"瞽手通文"（亦称"康熙盲字"），一般的做法是学生们用约20分钟的时间把谱记下来，然后在钢琴、簧风琴或美国风琴上弹奏出来。掌握了音乐技能后，他们就会被派到各教会协助工作。教堂礼拜或团契时，风琴弹得好的盲童通常会被叫去担任风琴师，由盲童组成的唱诗班也会在教堂为信徒和公众唱圣歌。遇到人多的场合，盲童还会现场说法，向被音乐吸引来的公众传教和推销圣经。[144]教会学校为教会输送了不少音乐

---

141 范天祥夫人范敏德也时常在《弥赛亚》合唱时担任女高音领唱。

142 袁昱：《近代教会大学音乐教育管窥——以燕京大学音乐系为例》，《星海音乐学院学报》2013年第4期。

143 袁昱：《近代教会大学音乐教育管窥——以燕京大学音乐系为例》，《星海音乐学院学报》2013年第4期。

144 宫宏宇：《基督教传教士与晚清中国的盲人音乐教育——以安格妮丝·郭士立、穆瑞为例》，《中央音乐学院学报》2012年第1期。

人才，改变了早期教会由传教士及其夫人从事音乐事工的做法，从另一方面促进了中国教会的本土化进程。

可以说，教会学校的宗教音乐教育和音乐事工成为中国基督教圣乐史上非常重要的一环，由校园的宗教音乐活动延伸至教会的音乐事工，教会学校对于基督教音乐的传播与推广起了相当大的作用。相对于社会上的教会音乐事工而言，来自教会学校的成员都受到过专门的音乐训练，并有经验丰富的老师进行指导，因此水平普遍较高，也普遍受到欢迎。如上海沪江大学的沪江唱诗班非常有名，"沪江唱诗班在学校的西乐社团中可谓是与众不同、独一无二的，它可以很好地为教堂作服务工作。而一些没有宗教信仰的人到教堂中并不是来聆听牧师布道的，而是专程来欣赏唱诗班的歌声的。"[145]这些唱诗班常常走出校外，到社会上去奉献，或是在教堂，或是在音乐会，或是在特殊的宗教仪式上，他们的出现大大提高了中国教会音乐奉献的水平，尤其是在城市地区教会学校比较集中的地方表现得更加明显。

三、中国教会的音乐事工

有教会就会有音乐奉献，早期的传教士们为了尽早打开中国的大门想尽各种办法，他们希望通过音乐来吸引中国民众来信教，教授信徒传唱圣诗是教士们初入中国传教时的重要手段。据记载，清末，福州城台江埠口万寿桥一带为商贾云集的繁华街市，时常有外国传教士在此击鼓、唱歌、散发传单以传福音，他们"以较高的板凳为站台布道，或用手风琴随拉随唱，使途经群众聚集，然后向群众宣讲福音"[146]。早期时候，这种街头在进行音乐事工的布道方式是很多来华传教士都曾经历过的，确实取得了一定的宣传效果。

但是，更多的音乐事工是在教堂里进行的，曾任大清海关总税务司45年之久的英国人赫德（Robert Hart，1835-1911）于1854年初到中国宁波时，曾到宁波长老会教堂做礼拜，他在日记中记载了中国教堂做礼拜的情况："那里做礼拜的形式和韦斯理卫理会教徒采用的形式大不相同。他们从祷告开始，然后念一章圣经接着唱歌，然后又祷告，接着是讲道。之后唱一道赞美诗，祝福完毕，宣布结束。我认为唱歌唱得特别好，麦嘉缔大夫和夫人的嗓子都

---

145 David Chu："Our University Choir"，The Shanghai1947，p.109.转引自陈晶：《上海基督教学校女子音乐教育研究》，上海音乐学院出版社2010年版，第106页。

146 林键：《近代福州基督教圣乐事工概括及影响》，《金陵神学志》2007年第2期。

很好。最令人高兴的是唱歌过程中所有的人都是那样全心全意地唱。"[147]通过唱诵圣诗，增强了教徒们对神的信仰和荣耀。而唱诗班的成立，则使教会圣乐事工更加完善："唱诗班这一圣乐事工组织的出现对教会圣乐的发展有非凡的意义。从教会角度方面来看，诗班是教会专门的音乐事工团体。诗班的献唱在教堂音乐崇拜中具有表率作用。崇拜聚会的领诗和司琴者具有带领会众作用。而会众的齐声颂唱则是表现'信徒皆祭司'的教义。"[148]唱诗班、领诗、司琴与会众构成了教堂崇拜活动的完整角色，传教士自来中国传教，就注重保持这种完整性。早在19世纪50年代，被传教士郭实腊收养并送至英国学习的中国孤儿女盲童安格妮丝·郭士立在回国后在宁波盲童技工学校任教，她组织学校的男童成立了一个唱诗班，正是"通过了这一办法，才使得我们在那年的后半年有了把对上帝的赞誉既能唱出来，又能用话语在当地的教堂中表达出来的能力"[149]。

中国教会的音乐事工自一开始就深深打上了中国烙印。其礼拜仪式也尽可能地吸收中国元素，以便吸引更多的人信教。基督新教教会音乐作为传教的重要手段，自马礼逊起其实就开始有中国化的倾向，他们翻译圣诗尽可能地押韵，追求中国诗歌的格式。此后百年来，一代又一代传教士为此做了种种努力，采用中国曲调、和声及歌词，编译具有中国特色的圣诗。在礼拜仪式上也尽可能地添加中国元素，而基督教本色化运动的开展，更加剧了这种特征。

基督教的音乐活动有很多，除了平时的礼拜外，还有诸多节日崇拜活动，如圣诞节、复活节、受难节、圣灵降临节、感恩节等以及其他专项仪式，包括圣事礼仪和其他一些礼仪，如洗礼、圣餐礼、婚礼、葬礼、祝圣仪式等，这些活动中演唱圣诗、圣歌都是必不可少的内容，而且所唱圣诗、圣歌往往按具体礼仪程序的不同和习惯进行选择，如圣诞节就主要选择圣诞歌曲《平安夜》《圣诞快乐歌》《圣母颂》等。我们可以通过孙中山先生的基督教葬礼仪式来窥视20世纪20年代中国教会专项礼仪音乐事工状况。1925年3月12日，孙中山先生因病在京逝世，由于其"基督徒"身份，家属在协和医院礼

---

147 [美]凯瑟琳·F·布鲁纳等编，傅曾仁等译：《赫德日记：步入中国清廷仕途（1835-1911）》，中国海关出版社2003年版，第75页。

148 林键：《近代福州基督教圣乐事工概括及影响》，《金陵神学志》2007年第2期。

149 宫宏宇：《基督教传教士与宁波早期音乐教育》，《星海音乐学院学报》2016年第1期。

堂为其举办了家庭基督教葬礼（"祈祷礼"），由刘廷芳主持，朱友渔辅助，葬礼程序也是由刘廷芳拟定。程序如下：

孙中山先生丧礼家祷式程序[150]

主礼：刘廷芳牧师

襄礼：朱友渔牧师

序乐	肖邦"葬礼进行曲"	范天祥（风琴）
宣召（即始礼文）		刘廷芳
诗歌	夕阳西沉歌	双人男声四重唱
祈祷（包括诵读"主祷文"）		
诵读圣经		朱友渔
女声独唱	Crossing the Bar	
致悼词		刘廷芳、朱友渔
诗歌	灵友歌	会众同唱
致唁词		徐谦
致答词		孔祥熙
诗歌	生命之道歌	双人男声四重唱
祈祷		
诗歌	永久的平安	双人男声四重唱
祝福		刘廷芳
殿乐	孟德尔逊"安慰"曲	范天祥

由此仪式可以看出，音乐在孙中山葬礼中占有很重的分量，刘廷芳请燕京大学音乐系主任范天祥来安排音乐，并由他司琴。刘廷芳后来回忆说："孙夫人对悼念仪式非常用心，提出了几首要在仪式上演唱的赞美诗。……孙夫人还告诉我在仪式队伍中，一定要有穿礼仪服的唱诗班，因为孙博士在孩童时代曾在一个唱诗班唱歌。……我特意在仪式队伍前面安排了一个大型的穿礼仪服的唱诗班，由我的学生构成。"[151] 整个仪式中，开头的序乐和结束的殿

---

150 此表系曹圣洁等根据当时的《晨报》记载以及现场发放的程序单制作。参考曹圣洁、陈丰盛：《孙中山丧礼家祷式礼仪追溯》，《世纪》2017 年第 4 期。

151 刘廷芳：《1942 年 11 月 1 日在咸明顿第五大道卫理公会教堂查理·琼斯·宋纪念大楼命名仪式上的演讲》，载《孙中山宋庆龄文献与研究》第三辑，上海宋庆龄研究会 2011 年版，第 271-272 页。

乐是器乐，由范天祥用风琴演奏，而仪式中间则穿插有五首圣歌，一首为女生独唱，一首为会众齐唱，其余三首则为双人男生四重唱。这些歌曲全部都是西方教会圣诗，没有选用一首中国圣诗，这固然与孙夫人宋庆龄的选择有关，孙中山、宋庆龄二人都自幼负笈异域接受西式教育，对西方圣诗更为熟悉；同时也和当时中国圣诗的总体质量不高，影响较弱有关。另外，刘廷芳和范天祥虽然致力于中国圣诗的推广，但对于孙中山这样举世瞩目的领袖人物，其追思音乐的选择是非常慎重的，完全遵照西方基督教会葬礼的传统仪式，在没有非常合适中国圣诗的情况下，还是选用西方教会影响久远的传统圣诗更为合适。随着中国圣诗创作数量的逐渐增多和质量的提高，在教会礼拜、教会节日庆典以及特别仪式中使用中国圣诗的情况越来越普遍。

　　创立于1895年的中国基督教青年会是当时非常活跃的教会团体，它主要是为全国青年服务的，天津的基督教青年会成立最早，他们开办了各种活动来吸引青年，其中很重要的一项就是音乐事工，在推广和普及西方音乐方面成效显著。这里长期坚持举办各种音乐会，包括声乐、管弦乐、小提琴、钢琴等等，许多著名的音乐家如张肖虎、马思聪、刘金定、茅爱立、李洪滨、马道允、池元元等都曾在基督教青年会礼堂演出过，这里还组织有歌咏会、钢琴班、口琴队等，培养了很多一流的音乐家。1936年，日本侵略华北时期，天津基督教青年会邀请上海青年会干事刘良模到各个学校去教唱爱国抗战歌曲，如《义勇军进行曲》《大刀进行曲》《打回老家去》《毕业歌》等，掀起抗日救亡的高潮。[152]抗战前夕，刘良模在上海基督教青年会成立了民众歌咏会，他经常在各种场合指挥群众高唱救亡歌曲，宣传抗日思想。1944年，张肖虎根据赵紫宸创作的歌词谱写的清唱剧《圣诞曲——基督降生神乐》由天津基督教青年会神乐班合唱队和管弦乐队联合演出。后来这个神乐班更名为"天津基督教青年会歌咏团"，经常排练演出西方古典歌曲和民歌，《圣诞曲》更是其常练曲目。1945年，该团与青年会管弦乐队联合演出亨德尔的清唱剧《弥赛亚》，由张肖虎指挥。[153]1949年，天津基督教男、女青年会在天津维斯理堂演出《弥赛亚》，指挥是刘畅耀，演唱是青年会男女联合歌咏团，伴奏是刘金定、张伟琳和李菊红。

152　杨大辛：《天津青年会的文化效应》，载天津中华基督教青年会编：《天津中华基督教青年会与近代天津文明》，天津人民出版社2005年版，第59页。

153　参考天津文化艺术志，http://www.tjwh.gov.cn/whysz/0704yinyue/yinyue-0202.html

参与编纂《普天颂赞》的著名音乐教育家周淑安，1929 年至 1937 在上海国立音乐专科学校任教期间，曾两度担任慕尔堂（今沐恩堂）唱诗班指挥，吸引各方人士慕名前来参加唱诗班，她不辞辛劳地为唱诗班成员进行个别发音辅导，并多次带领唱诗班举行圣乐演奏会，为上海各教堂培养了一大批圣乐人员，遗续影响几十年。[154]类似于周淑安这样的专业人才奉献于教会音乐事工的情况在当时比比皆是。可以说，众多受过高等教育的专业人士参与教会音乐事工，也大大加快了圣乐本土化的进程。

四、西方乐器在中国基督新教教会中的传播

近代以来，随着教会学校和教堂的增多，西方乐器也大批进入中国。这些西洋乐器传入中国的主要路径大概是这样的：传教士（教会）——教会学校——其他社会音乐团体及家庭。主要由传教士将这些西方乐器带入中国，先是在他们创办的教堂中辅助唱诵赞美诗时使用，后来又通过教会学校培养中国器乐演奏人才，最后普及到社会。这些乐器主要以钢琴、风琴为主，也有一些弦乐器和打击乐器，有些大的教堂也会配备有管风琴。

由于风琴的价格比较便宜，而且演奏技巧也比钢琴简单许多，所以最初很多地方教堂选用风琴为伴奏乐器的情况比较多。如福建地区的教会选择的乐器都以风琴为主，福州地区各圣公会教堂使用的乐器均为风琴。民国时期，一些教会钢琴的使用也逐渐多起来，如福建地区的福州美部会、美以美会教堂都有从国外进口的钢琴。

前文已经介绍过，清代早期来华的传教士在北京天主教堂里设置了气势雄伟、音量洪大的管风琴，引起诸多人士前往观看。但由于其体型庞大，造价昂贵，一般的教堂往往安装不起，近代中国教会中只有北京、上海、天津、福州、青岛、广州等大城市中的一些教堂中安装有管风琴，而且这些管风琴多数是安装在天主教堂中，新教教堂比较少些，还有一些条件比较好的音乐厅、礼堂等也会安装管风琴，这些琴绝大多数是国外制造，然后运到国内进行安装。1910 年，德国柏林教会在青岛修建了一座基督教堂——总督教堂，由德国建筑师库尔特·罗克格设计，在二楼安装了一台德国原产管风琴，左右宽 7.7 米，前后深 2.8 米，最高处 4.4 米，有 24 个音栓、1234 根金属管、

154 陈伟：《中国近、现代音乐家与赞美诗（一）》,《天风》2009 年第 11 期。

154 根木管，该管风琴在 20 世纪 50 年代初被拆。[155]为纪念福州市第一位华人牧师刘孟湜，其子刘谦安兄弟二人捐资，由公理会福州差会负责于 1916 年在福州市观巷正巷与前巷入口处建造了一所大教堂，即"刘孟湜牧师纪念堂"，简称"刘公纪念堂"，此乃当时福建最大的教堂，成为中华基督教闽中协会总堂，美国教会赠送该堂一架雀屏式黄铜巨型管风琴，此为福建第一架管风琴。林健曾撰文介绍该琴，称其"宽约 8 米，高约 5 米，安装于圣坛靠墙的正中央。金属琴管竖置，由中间向两边列开，依次增高加粗，两旁最粗的琴管有 20 多厘米。演奏该琴时需要 4 人帮助鼓风，音量宏大"[156]。此后福州基督教会凡大型节日音乐会及重要庆典活动均在这里举行。管风琴师由榕城格致书院（Fuchow College 福州格致中学前身）薛校长的夫人林雪金女士（1890-1979）担任，她毕业自燕京大学，又留学美国哥伦比亚大学教育系，获得硕士学位。1944 年福州第二次被日寇攻陷时此琴受损，福州基督教会原拟聘请美国技术人员来修缮，因战乱无法成行。文化大革命期间管风琴被拆毁。[157]北京的基督新教教会有两台管风琴，一台位于原南河沿基督教堂，此琴在文化大革命前已坏；另一台位于协和医院的协和礼拜堂，此琴由美国制造，在当时是比较新式的，还有鼓击伴奏，1947 年后遭损破坏。[158]建成于 1925 年的上海国际礼拜堂 1949 年前主要供在华外籍教徒礼拜，这里也置有一架管风琴，其唱诗班水平很高，蜚声沪上，每逢礼拜日及基督教重大节日，都要举办盛大的音乐活动。

近代教会学校的音乐教育和圣诗团对我国现代音乐的发展具有非常重要的意义，凭借其优良的师资、先进的教育理念和良好的办学条件，在教学上取得了显著效果，不仅将西方音乐系统地介绍进我国，纽姆谱、四线谱及五线谱等记谱法的运用和钢琴、风琴等西方乐器的推广，丰富了中国传统音乐的表达和记录方式，同时为中国培育了大批音乐人才，如我国著名音乐史学

---

155 王法艳：《基督教堂庆百岁生日价值 500 万元管风琴现身》，《半岛都市报》2010 年 10 月 24 日。

156 林健：《近代福州基督教圣乐事工概况及影响——纪念基督福音传入福州 160 周年（1847-2007 年）》，《金陵神学志》2007 年第 2 期。

157 林健：《近代福州管风琴》，《福州晚报》2007 年 1 月 22 日。

158 张怀智整理：《北京天主教神哲学院王基志院长——谈北京管风琴小史》，《中国天主教》1991 年第 4 期。

家杨荫浏，著名作曲家沈心工、马可、章枚，著名声乐教育家沈湘、周淑安、郭淑珍，著名指挥家马革顺、杨嘉仁，著名声乐艺术家应尚能、赵梅伯、孙家馨等都受过教会音乐的熏陶；另外也使我国教会的音乐水平大幅提高，尤其是以教会学校师生为主体组成的唱诗班这一圣乐事工组织的出现对我国教会圣乐事工水平的提高具有非凡的意义。教会的各种形式的圣乐事工的开展，使教会成为中西音乐文化双向交流的中心。教会应用的圣诗从完全翻译自西方原著到国人自己创作圣诗，从完全套用西式曲调到国人自己作曲，集中体现了中西文化的融合。

第五节　少数民族地区的基督教音乐

　　由于中国地域广大、民族众多，基督宗教的传播经历了从沿海港口到内陆再到边疆少数民族聚居区这样一种层层递进的路径。基督教音乐在中国的传播也是沿着这样一条路径进行的。而在基督宗教圣乐本色化的过程中，产生了很多富有民族地域特色的圣乐崇拜形式。尤其是在一些少数民族地区，圣乐崇拜的民族特色更为明显，如地处我国西南边陲的云贵川地区，从 18 世纪起就有外籍基督教传教士深入该省的少数民族地区布道，云南省 15 个少数民族大约有一半都受基督教的影响，在"苗、彝、傈僳、拉祜、佤、景颇、哈尼和怒等民族中，基督教不仅作为一种信仰取代了人们原有的宗教，而且，以基督教信仰为核心的一整套方化观念和生活方式也进入这些民族的日常生活，对他们的文化，产生了重大影响"[159]。由于这些少数民族大多没有自己的文字，在传教过程中，传教士为了方便传教，便在拉丁字母的基础上进行改造，为其创立了文字，甚至还创立了新的记谱法，既有文字谱，也有改良的简谱和五线谱，其中影响最大、传播最广的有柏格理创制的波拉德苗文字母谱、富能仁创制的傈僳文简谱以及景颇族地区使用的"来嘎努"字母谱等。

一、苗文基督教音乐

　　基督新教传入贵州是在鸦片战争以后，19 世纪七八十年代，内地会和循道公会先后在贵州汉人中建立宣教据点，但效果并不显著。自 1896 年开始，内地会开始讲传教重心向黔西北、黔西南、黔东南等少数民族地区转移，在

---

159 钱宁：《近代基督教的传播与云南少数民族社会的短缺》，《思想战线》1997 年第 1 期。

非汉人中开展传教活动，即所谓的"苗疆开荒"。1903 年基督教开始传入黔西北苗族地区，1904 年内地会英国传教士党居仁（James R. Adam，1863-1915）在赫章葛布建立乌蒙山区第一个大花苗教会，并于 1906 年建立了葛布教堂，即"基督教葛布内地会福音堂"，与此同时，1904 年英国循道公会传教士伯格里（Samuel Pollard，1864-1915）到达宣威传教，并在石门坎建立教堂和学校。自此，基督教在黔西北苗族地区扎根并迅速发展。为了便于管理，1914 年党居仁和柏格理商议划分传教区域，决定以灼圃梁子为界，梁子东南面为内地会管辖区，梁子西北面为循道公会管辖区。两会互不干扰，各自发展。

　　为方便传教，1903 年，党居仁与苗族信徒张雅各、张马可等一起尝试在罗马字母结合苗语发音来拼写苗文，并试图用文字翻译赞美诗。"党居仁先后在安顺、葛布开办罗马文培训班，并发放用罗马文翻译的圣经小册子和小诗歌册子供给各地教会和聚会点使用，罗马文'赞美诗歌'在葛布四大教区曾盛行一时，但是，罗马文的拼、读、写与苗族所能理解和接受的能力相差太远，绝大多数信徒不能掌握，最终没能在苗族地区推广起来。"[160]

　　与此同时，石门坎的柏格理也在思考创制苗族文字，他在传教士王树德及中国信徒杨雅各、李司提反、张约翰等的协助下，从在北美洲印第安人中传教的循道公会传教士运用音节主音创制文字的事例中得到启发，使用部分拉丁字母和新创一些记音符号，以石门坎苗语为标准音共同设计了一套简单易学的拼写文字，称为"柜格文字"，即"波拉德苗文"Pollard（也称老苗文）。并用其标注音名，采用首调 tonic-Sol-Fa，创制了"波拉德苗文谱"，教授滇北苗族学唱赞美诗，这与西南少数民族天然的多声部合唱交融在一起，形成了独特的多声部赞美诗合唱。

　　关于苗文赞美诗集的出版情况，据《基督教葛布教会百年史（1904-2004）》介绍：

　　　　1905 年，柏格理与汉族信徒李司提反，苗族信徒杨雅各、张约翰用"柜格文字"翻译刻印《新老赞美诗》。1918 年，住石门坎英籍牧师张道惠，苗族传道张夏禹，住葛布英籍牧师裴忠谦，苗族传道罗但以理、杨马可等联合翻译出版《福音歌》。1939 年，时值刘谷森（美籍）任葛布教会牧师，刘妻是一个诗歌吟唱、乐理琴谱精

160　陈蓓：《黔西北大花苗基督教会音乐文化研究——以葛布教会为例》，博士学位论文，中国艺术研究院，2015 年，第 31 页。

通的女士，为适应教会信徒需要，刘牧师夫妇召集苗族先生杨志成、王明伦、杨国光、朱德成、张永光、朱文正等选译诗歌 213 首为苗文诗本名《赞美诗》。在选译中参考有关英文圣诗选，刘谷森夫妇和杨志成又进行三人次审查后，送圣诗委员会复审，再送交上海印刷装订，发行各地教会使用。1946 年，罗伟德（澳籍）继任葛布教会牧师，召集教会长老、传道，学校部分教师共同研究，将原来的《赞美诗》（原苗文）归类整理，又新译增补 62 首成为 275 首，充实部分四声部诗歌，经圣经学校师生咏唱校正，易名《颂主圣歌》，由杨国光老师带到昆明内地会印刷厂印刷出版。第一次发行 10000 册，各地教会咏唱至今。[161]

陈蓓在其博士论文《黔西北大花苗基督教会音乐文化研究——以葛布教会为例》的记载则是这样的：

> 1918 年，石门坎教会的英籍牧师张道惠，苗族传道张夏禹与葛布教会的英籍牧师裴中谦，苗族传道罗旦以里，杨马可等尝试用这套老苗文和字母谱合作翻译了《福音诗》和《新老赞美诗》，是年送至上海圣诗委员会审核印刷出版。[162]

以上两份材料，对于《新老赞美诗》及《福音诗》的翻译年代及作者差距较大。对于这些资料的来源，陈蓓是这样说的："2012-2013 年，笔者在赫章、威宁两县苗族信教地区历经数次田野考察，有幸收集到数本流布于山野田间的 1905-1949 年间由黔西北大花苗基督教会编译和使用过的珍贵圣歌诗谱。"结合《基督教葛布教会百年史（1904-2004）》中关于裴忠谦的介绍："裴忠谦……英国人。1906-1919 年驻葛布。……主要工作是……组织教授柏格理创制的苗文，翻译印刷《福音诗》《新诗歌》和《新约全书》。"这里有一个问题需要澄清：《新老赞美诗》的译者与翻译时间，《基督教葛布教会百年史（1904-2004）》考证的是 1905 年柏格理与其中国助手所译，陈蓓从收集到的诗集原本考证其是 1918 年张道惠（Harry Parsons）、裴忠谦等译，时间和日期都对不上。但无论柏格理本人的著作、日记中还是其传记中，都对此无任何

161　王光祥主编：《基督教葛布教会百年史（1904-2004）》，http：//www.shimenkan. org/info/gb/

162　陈蓓：《黔西北大花苗基督教会音乐文化研究——以葛布教会为例》，博士学位论文，中国艺术研究院，2015 年，第 63 页。

记载，张道惠的传记中也未提到。陈蓓还收集到一本《诗篇歌》(《经文短歌》)，经其考证是基督教循道公会石门坎教会编译，编纂年代大约是 1905-1908 年之间，用的是波拉德苗文和字母谱，"应该是传教士们运用'波拉德苗文'和'字母谱'进行西方赞美诗翻译过程中的早期尝试"[163]。毫无疑问，这本诗集是柏格理等人翻译刻印的第一本诗集，而《新老赞美诗》则应为张道惠等人于 1918 年翻译出版的。但不管怎样，这些都不影响柏格理等人所创制的"波拉德苗文"和"波拉德苗文谱"对黔西北苗族所产生的重大影响。

传教士们认为苗族风规礼俗不符合基督教信条，1910 年，以党居仁为首发起了一个苗族风俗习惯"改良会"。关于这个"改良会"，张坦是这样介绍的：

> 苗族是一个"歌舞民族"，他们的音乐分为两大类，一类是情歌类、山歌类，与"耍花山"、"踩月"等活动联系在起；另一类是古歌类，记述苗族苦难的历史，它又与祭祀等活动联系在一起。器乐有芦笙，这是一种有几千年历史的传统乐器。基督教把前者看成淫声，后者看成"迷信"，而芦笙则是淫声和迷信的乐器，都在"改良"（禁止）之列。
>
> 为了抵制苗族的原有音乐，教会引进了小号、风琴、口琴等西洋乐器，普及五线谱知识，教唱《赞美诗》。一时间，非特学校，各村寨也组织"唱诗班"。石门坎教会《溯源碑》上说："时闻山鸣谷应，牧樵赓赞美之歌"。钟焕然注曰："从 1905 年开始，苗族青年男女积极学习文化，尤其爱好歌唱，努力学习乐谱音调，不管白天夜晚，或在家或在山野，随处都在练习唱歌。当时过路人听到随时都有唱歌的声音，很感奇怪。"[164]

一时间，芦笙、锣鼓、萧、口琴等传承千百年的民族乐器纷纷被烧毁，苗家原有的"赶花场""踩月亮""串月"等集会活动也被禁止，不允许再唱苗族原来的诗歌，取而代之的是小号、风琴、口琴等西洋乐器和教会歌曲。但这种过于武断的做法也产生了一些负面影响，导致一些信徒退教。

---

163 陈蓓：《黔西北大花苗基督教会音乐文化研究——以葛布教会为例》，博士学位论文，中国艺术研究院，2015 年，第 61 页。

164 张坦：《"窄门"前的石门坎——基督教文化与川滇黔边苗族社会》，云南教育出版社 1992 年版，第 194-195 页。

1938 年，来自美国的内地会传教士刘谷森夫妇在葛布创办"贵州苗彝圣经学院"（后更名为"贵州苗彝圣经学校"）。圣经学校学制为三年，课程设置圣经、国文、算术（相当初中数学）、地理、历史、乐理知识、英文、苗文、体育。刘谷森夫妇用苗语翻译中、英文诗歌，并用苗语教唱，其夫人精通音乐，"她任圣经学音乐教师、葛布教会司琴，每逢礼拜唱诗她都要用脚踏琴伴奏，非常强调单调节拍，她又有天生一副清脆圆润、银铃般的歌喉，每逢教会节日及大聚会，她都要组织圣经学学员献唱，有独唱、轮唱、四声部合唱等形式并亲自任指挥。葛布教会唱诗唱得好，是刘师母严格要求与殷勤培育的果效。"[165]1943 年刘谷森夫妇离开后，继任者为美国传教士艾文斯夫妇，艾文斯夫人也继承了刘谷森夫人的圣诗教学工作。经过几代传教士的不懈努力，"波拉德苗文"和"波拉德苗文谱"不断改良，在川黔滇苗族地区广为流传。

关于苗文赞美诗集，除了以上提到的，在贵州省黔东南苗族侗族自治州民族博物馆还珍藏了一本旁海教区的黑苗赞美诗集。这本诗集与前面提到的波拉德苗文诗集不同，它是先将英文圣诗转成旁海当地苗语，又用旧式汉语拼音字母来标注苗语。此本赞美诗集扉页及最后一页均注明系"中国内陆传教区贵州旁海"教区编印的"黑苗赞美诗"，初版于 1928 年，第一版刊行 1000册。此诗集是当时在旁海传教的英国传教士胡志中和苗族汉语教师潘世英共同创造性地翻译的，他们先把英语圣诗翻译成旁海当地苗语，因苗族无文字，又用旧式的汉语拼音加调号来记录苗语，这样当地传教者用本国的汉语拼音来拼读自己的母语，较之英文简单方便，易于传教。诗集以苗语拼音文字为主体，夹杂着英文、汉字，这在中外基督教历史上都是绝无仅有的，弥足珍贵。它真实地记录了基督教赞美诗在苗族地区的发展历程。[166]

二、傈僳文基督教音乐

20 世纪初，内地会英国传教士富能仁（James Outram Fraser，1886-1938，傈僳人称其为"阿益三"）将基督教传入怒江地区的傈僳族中，富能仁受过专业的音乐教育，20 岁时就在伦敦举办了个人钢琴演奏会。在云南传教时，凭着专业的音乐素养，他敏锐地发现当地居民颇具音乐天赋，能很快掌握他所

165 王光祥主编：《基督教葛布教会百年史（1904-2004）》，http：//www.shimenkan. org/info/gb/

166 参考《苗语版基督教〈赞美诗〉》，http：//www.gzfolk.cn/html/50/n-5150.html

教的基督教歌曲，于是就采用教唱傈僳语赞美诗的方法来传教。1917 年至 1919
年间，他在缅甸克伦族青年巴东的协助下，根据拉丁字母（正写 26 个，倒写
8 个，翻写 6 个）创制了傈僳文，并翻译了 50 首赞美诗，又据此改良简谱，
创制了傈僳文记谱法，傈僳语把这种记谱法歌唱的赞美诗叫"Wat Ku MU
Gw"。他把圣经内容编成歌词，利用傈僳文记谱法汇编成四声部合唱赞美诗教
给大家，通过这种方法取得了良好的传教效果。后来，他将圣经经文和西方
赞美诗翻译成傈僳文，并将这两部分内容印刷装订成便携式的小册子，以方
便传教士和教民随身携带使用。赞美诗的谱子用他创制的傈僳文记谱法，都
是讲述圣经内容的短歌。[167]他主张"教会本色化"，并培养了大批傈僳族、怒
族传道人，使得基督教在政局变化后也能在当地薪火传承。1950 年，当内地
会传教士最后撤离时，从当地 800 余名傈僳族信众高唱"哈利路亚"为他们
送别。[168]步其后尘而来的内地会美国传教士杨思慧夫妇（Allyn and Elizabeth
B.Cooke，傈僳人分别称其为"阿益打"和"阿子达"，意为"尊敬的大哥"
和"尊敬的大姐"）不仅用傈僳文翻译了圣经，而且还翻译创作了 319 首赞美
诗[169]，并于 20 世纪 40 年代编成傈僳文赞美诗集《颂主歌曲》，"阿子达"用
傈僳族音乐的曲调来改编赞美诗，并教信徒传唱，现在傈僳族所唱的传统赞
美诗多数是杨思慧夫妇留下的。这本歌曲集收录了很多带有傈僳族民间歌曲
的风格、特色、句式的赞美诗，同时还收录了许多世界名曲，如贝多芬的《欢
乐颂》、格吕的《平安夜》、亨德尔的《哈利路亚》以及苏格拉民歌《友谊地
久天长》、加拿大民歌《红河谷》等。据杨思慧夫人亲手接生的傈僳族人史富
相回忆：

> 1922 年杨思惠在傅能仁回国休假期，被派到木城坡教会工作。
> 为了翻译圣经，他和妻子只要遇到傈僳族都要向其请教傈僳语，并

---

167 李珊娜：《20 世纪沪水傈僳族基督教音乐舞蹈及其功能变迁研究》，硕士学位论文，
云南大学，2013 年，第 37-39 页。

168 [英]克丽斯曼·霭琳著，冉超智译：《山雨——富能仁新传》，宣道出版社 1997 年
版，第 5 页。

169 孙晨荟认为杨思慧所编傈僳族赞美诗集为 290 首，20 世纪 80 年代怒江州宗教部
门重订时增至 319 首，使用的是富氏改良简谱版本。参考孙晨荟：《傈僳族与大花
苗四声部合唱音乐的比较研究》，《黄河之声》2014 年第 21 期。杨思慧一般也称
作阿兰·库克，他于 1896 年生于美国旧金山，毕业于洛杉矶圣经学院，1918 年
参加中华基督教内地会，成为传教士，1920 年在云南被按立为牧师，在傈僳人中
传教二十多年。

给予记录下来。并向民间艺人求教丰富多彩的词汇、词语和学唱傈僳族调子。学唱傈僳族调子中，发现傈僳调子是一种很珍贵的语言，具有非常独特的表达方式，调子中的语言对偶式与《旧约全书》中"箴言录"句式和"大卫诗"的句式很相似。在傈僳族打官司中也会用对偶句来陈述和发问。杨思惠夫妇根据傈僳族调子中的对偶句式，把西欧国家很和谐的四部合唱歌曲翻译成傈僳文词谱，并把五线谱创造性地改写成傈僳简谱，这个谱子的节拍总线，完全与汉文简谱相同，但音符节奏的快慢，声音的强弱及休止符的表示，完全与汉文简谱不同。这不能不说是一种创造。他经过十多年的艰苦奋斗，终于在四十年代翻译出版了一本傈僳文《颂主歌曲》，这本书一共收集了 319 首歌曲，其中从《S.S.S》歌本中选择了 145 首；中华基督教歌本中选择了 14 首；《STANOSONCS》一书中选择了 14 首；从《WNED》一书中选择了 11 首；从《METH》一书中选择了 10 首；从《HY MNAL》一书中选择了 5 首。其内有苏格兰民歌曲调，也有美国民歌曲调。其他方面选择了十多首。像德国亨德尔的四部大合唱《哈利路亚》等世界名曲翻译成傈僳歌曲的共有四五首。

　　《新约全书》和《颂主歌本》翻译、整理、印刷出来后，杨思惠就用这两本教材，进一步培训教牧人员，每两年举办两期讲经班，即一二月举办普及班，主要学习文化和圣经常识，七、八、九月举办高级班，主要培训对象是马扒（教士）、密支扒（教主）、教牧人员。同时，教唱歌曲，讲乐理知识和指挥常识。学习结束前，还要进行闭卷考试，凡考试及格的都发一张结业证书。[170]

　　而另一位经由他们接受基督教的傈僳族信徒祝发清在回忆文章《西方传教士搜集和学习傈僳族民间诗歌》中也记录了富能仁、杨思慧等人根据傈僳族民间诗歌改编赞美诗的情况：

　　　　傈僳族民间诗歌演唱风格上保留着独特的傈僳族唱法，并比较讲求韵律的节奏和整齐的对仗。一般以七言四句为基础，对词

---

170 史富相：《傅能仁、巴东和杨思慧夫妇》，载《史富相文集》（内部资料），怒新出（2006）准印字 16 号，2006 年版，第 181 页。转引自李珊娜：《20 世纪沪水傈僳族基督教音乐舞蹈及其功能变迁研究》，硕士学位论文，云南大学，2013 年，第 44 页。

性、词义、句式、节奏都特别强调，要有一定的对仗，原则上要求名词对名词，动词对动词，形容词对形容词，不能有差错，而且他们都有一定的规律可行。以上这些规定傅能仁、杨思惠都会，并在教义上规定基督徒不能唱歌跳舞。翻开现在傈僳族教会日常使用的傈僳文赞美诗 319 首的 4、13、33、39、53、68、72、80、100、127 等 22 首均依照傈僳族民间诗歌的风格、特色、句式翻译而来。……镇康、耿马县的传道员告诉我：杨思惠夫妇在镇康、耿马县傈僳族地区传教时，在傈僳族教会悄悄寻找歌手和民间诗人记录下来不少民间诗歌。为了不让人知道，杨思惠记录男歌手，阿子打记录女歌手，并且把门锁上，连送饭都是他们自己送。记录下来傈僳族诗歌他们用打字机打出来装订成册，作为他们研究学习傈僳族语言的基本读本。有一次，约牧师在里吾底帮他们做饭，无意中发现了杨思惠他们油印的傈僳族民间诗歌……把西方赞美诗翻译成傈僳文时用傈僳族诗歌的风格、特色、句式、对仗形式进行翻译印刷。[171]

由于傈僳族是能歌善舞的民族，其传统民族的歌舞不仅是其原始宗教信仰的表达，而且还有很多是青年男女调情的山歌、小调等，他们认为这与基督教的教义相悖，为了更纯粹地传播基督教，富能仁、杨思慧等人竟然武断地禁止教徒唱跳本民族歌舞。可是，为了更有利于教授傈僳族人传唱基督教歌曲，他们又不得不借鉴傈僳族民间诗歌的风格，于是这一切只能在暗中悄悄进行，可见其矛盾心理。为了改变当地人的一些陋习，杨思慧夫妇还创作了一些有关卫生、生活习惯的短歌，如《洗脸、梳头歌》曾在当地广泛传唱了几十年。

1934 年，在泸水传教的美国传教士杨志英夫妇（John and Isobel Kuhn）主持成立了"麻栗坪圣经学校"，每年 7 月至 9 月举办为期三个月的学习班，以培养本地神职人员（传道员），因学习班时间正好为雨季，所以又称为"雨季圣经学校"，这里不仅教授圣经，还教授音乐知识和赞美诗。

---

171 朱发德主编：《滇西基督教史》，云南民族出版社 2008 年版，第 842 页。转引自李珊娜：《20 世纪泸水傈僳族基督教音乐舞蹈及其功能变迁研究》，硕士学位论文，云南大学，2013 年，第 45 页。

　　傈僳族的记谱法是改良的简谱，一般傈僳族赞美诗的音域控制在三个八度内，在唱名方面使用的是傈僳族文字，其最短时值的音符是四分音符，没有八分乃至八分以下更短时值音符。杨民康认为这种记谱法是对西方中世纪基督教音乐记谱的继承，同时也与当时西南少数民族地区基督教会所处的社会环境和物质条件有关，相对简单的记谱方式便于印刷排版，也使乐谱的识记过程更趋简洁、实用，还有利于传教士们轻松快捷地将基督教音乐传播到缺少教育的傈僳民众中去。[172]

三、西南其他少数民族的基督教音乐

　　传教士们创制和推广的少数民族文字，除了影响较大的苗文和傈僳文，还有其他一些文字，传教士们利用这些文字翻译圣经和赞美诗，同时还创办学校，促进了当地少数民族教育水平的提高。

　　景颇族赞美诗使用的是"来嘎努"字母谱，其歌词文字为景颇文。这种景颇文最早是由美国传教士库森（Cushong）于 1876 年在缅甸用缅文按照拼音方法合成景颇文，但归于失败；1890 年美国传教士欧·汉逊（O.Hanson）在缅甸八莫地区用拉丁字母拼音方式创制了景颇文，并编印教材在缅甸八莫和密支那地区教会学校推广使用；1915 年英国人英若（Imrom）在此基础上编制出版了景颇文课本 1－4 册，经缅甸教育部批准在缅甸景颇族地区利用，1936 年后在我国景颇族地区得到推广。[173] "来嘎努"按照景颇语的读音，全部唱名"多来米发梭拉西"的母音全是"啊"，即读成：答日阿麻发萨拉打。休止符用×代替 0，升号用景颇文中字母 O 表示。[174] "'来嘎努'景颇文字母谱和景颇文唱词则保持了更多西方拉丁文字母体系的特点，其中字母谱中还含有较多对英国梭发谱的继承性因素"[175]。

　　在缅甸景栋拉祜族地区活动的传教士参照景颇文创制了拉祜族拼音文字，1920 年以后在我国云南地区的教会中推广，获得很大成功。受此鼓舞，

172　杨民康：《云南少数民族基督教赞美诗的五线谱和简谱记谱法研究》，《中国音乐》2006 年第 1 期。

173　杨民康：《云南怒江傈僳族地区的基督教音乐文化》，《中央音乐学院学报》1991 年第 4 期。

174　《"来嘎努"和"扁狄"谱》，《音乐爱好者》1984 年第 4 期。

175　杨民康：《云南少数民族基督教仪式音乐的新变异》，《世界宗教文化》2011 年第 5 期。

在澜沧等地传教的美国浸信会传教士永伟理（William Marcus Young）及长子永文和在佤族教徒的帮助下，用拉丁文字创制了佤文拼音，并用其翻译了圣经的部分章节。1930 年代，又有传教士以岩帅佤语为基础对其进行改造，并以此翻译了《圣经》和《赞美诗》。

1915 年至 1920 年，内地会英籍澳大利亚牧师张尔昌（Gladstone Charles Fletcher Porteous，1874-1944）在云南禄劝县撒营盘镇撒老坞乡彝族地区开设传教点，1917 年他根据黑彝族语言发音特点，在李发献等人协助下，在柏格理所创苗文的基础上，用 50 个声母和 30 个韵母，加上送气音和鼻音等符号，创制出一套彝族拼音文字，并用其从苗文翻译了《赞美诗》《颂主圣歌》等诗集和《新约全书》。[176]其赞美诗用的也是波拉德字母谱系统。

此外，还有独龙族、纳西族以及花腰傣族等，传教士在传教过程中也都创立了文字，并用其翻译了《圣经》和赞美诗，不过，这些文字的使用范围和影响十分有限，未能流传来来。[177]

纵观这些少数民族地区的基督教音乐，一般都具有以下特点：

一、这些民族一般都能歌善舞，即兴歌唱的能力很强，多声部无伴奏合唱民歌的习惯在很多民族都普遍存在，这正好契合了基督教赞美诗四声部无伴奏合唱的形式，这种天然歌唱优势使得当地信众很容易便完成了从歌唱民歌到歌唱基督教赞美诗的文化内容置换。在基督宗教传入之他们前都信仰"万物有灵""灵魂不灭"的原始宗教，而且其歌舞的内容很多是关于其原始宗教信仰的。在接受了基督宗教信仰之后，他们在传教士的帮助下，用本民族的传统古歌的形式来传唱基督教歌曲，很多时候能根据现场情况即兴发挥，依曲填词，民族特色明显。就如当地教会人员所言："在我们这里，信仰基督教，你可以不会讲道，可是你必须能够唱歌、能够用歌唱的形式来表达对圣经的理解和对上帝的赞美。"[178]在每次礼拜活动中，除了讲道、听道之外，其他的程序都伴有人人参与的歌唱和音乐。在婚娶、洗礼、葬礼、欢送、庆典等活

176 龙伟：《基督教与中国西南边疆研究的近代转型》，《中国史研究》（第 71 辑），2011 年第 4 期。

177 关于少数民族文字创立的内容，部分参考了韩学军：《基督教与云南少数民族》，云南人民和出版社 2000 年版，166-169 页。

178 何明、吴晓：《基督教音乐活动与艺术人类学阐释——以云南芭蕉箐苗族为个案》，《云南师范大学学报（哲学社会科学版）》2006 年第 3 期。

动中，其音乐活动更多，"与其说是进行基督教的宗教仪式活动，倒不如说是一场音乐会或者是一场音乐竞技会"[179]。他们的诗歌内容主要有三方面：一是直接源于圣经，用圣经经文或者是根据圣经内容创作的歌曲；二是翻译自西方的赞美诗；三是根据本民族民歌填词创作的本色化赞美诗。

二、这些民族由于地处边远山区，与外界隔绝，经济文化相对落后，传教士在传播基督教的同时，也在很大程度上改变了他们的生活方式，在一个相对封闭的社区，其基督教文化及音乐传承比较稳定，变革较少。对这些民族的信徒而言，他们接触基督教教义主要不是来自阅读《圣经》或者听人讲道，而是通过歌唱基督教赞美诗。歌唱赞美诗，对于他们来说既是宗教仪式的一部分，也是休闲娱乐的方式，同时还是人际交往的文化交流方式。通过唱诗，他们完成了宗教信仰的仪式，完成了本信仰团体内部的人际交流和娱乐，同时也是自我展示的一种方式。基督教改变了他们的生活方式，之前这些民族生活比较随意放纵，每逢节日或重大活动时，成千上百的人聚在一起宴请、喝酒、歌唱、跳舞、狂欢，信仰基督教以后，在传教士的引导下，酗酒和彻夜的狂欢变为大家一起听布道，唱圣歌，祥和而安宁。但一些传教士借此禁止当地少数民族歌舞的做法，也在一定程度上阻碍了当地传统文化的传承与发展。

三、云贵边陲的少数民族往往没有自己的文字，在传教士到来之后，利用拉丁字母为其创立了文字，并用这种文字翻译了圣经和赞美诗，同时还根据其民族音乐特点创制了供该民族用的记谱法，一定程度上影响了这些民族的音乐发展路径。

---

[179] 何明、吴晓：《基督教音乐活动与艺术人类学阐释——以云南芭蕉箐苗族为个案》，《云南师范大学学报（哲学社会科学版）》2006 年第 3 期。

第七章 近代以来中国的天主教音乐和东正教音乐

第一节 天主教的礼仪和节日

天主教是一个非常重视礼仪的宗教，教会本身就是一个崇拜天主的、以典礼为生活中心的信仰团体，教会礼仪分为圣事礼仪和和非圣事礼仪，前者是其最核心部分，包括弥撒和七大圣事，即圣洗、坚振、圣体、和好（告解）、傅油（终傅）、圣秩（神品）和婚姻（婚配）；非圣事礼仪则包括圣仪和祈祷等，是圣事礼仪的外化层面。圣仪是教会模仿圣事而订立，种类有很多，包括与弥撒及七圣事有关的一些仪式，如进堂式、礼成式以及傅油、驱魔等；还有一些是圣事无关的，有对人的还有对物的，如降福圣像、圣牌、食品、房屋，圣油祝圣圣物，祝圣主教、司铎、执事，任命并降福修道院院长、接受修士修女发愿以及降福病人、产妇等。圣仪必须由神职人员主礼并按照教会所定的仪式进行。祈祷则是教徒祈求天主赏赐恩宠、饶恕罪过免除灾难等等，有口祷、心祷、默祷以及公祷、私祷等。除此之外，还有教徒的一些热心善功和民间敬礼活动等，"这些热心敬礼环绕着教会的圣事生活，包括尊敬圣体、拜访圣堂、朝圣、各式敬礼游行、拜苦路、宗教舞蹈、念玫瑰经、佩带圣牌等"[1]。在这些由内到外的仪式中，对所用的音乐的要求也不同。

---

1 《天主教教理》，http：//www.chinacatholic.org/ebook/jiaoli/8237.html

天主教中音乐是为其礼仪服务的，主要是仪式音乐。在天主教的礼仪中，最重要、最庄重的是弥撒仪式，七圣事通常都是在弥撒礼仪中进行的，圣歌在弥撒仪式中占有非常重要的地位。弥撒前半部分的圣歌以歌颂赞美圣言（圣道）为中心，要唱《慈悲经》《荣耀经》和《信经》，后半部分，要唱《圣哉经》《信德奥迹》《天主经》和《羔羊经》。前文已经讲过，天主教的弥撒从规模上分有 4 种：（1）静弥撒，也称小弥撒，只念经，不用音乐不唱圣歌。（2）康塔塔弥撒，全部是唱。介于近代小弥撒和大弥撒之间，只有一名神父主持，唱诗班和会众一起或分别加以配合，或唱素歌圣咏，或唱复调音乐。（3）精简弥撒（Missa Brevis），只有"恳求主赐怜悯"和"荣耀颂"两段。（4）庄严弥撒，这是天主教的重大礼仪和重大节日时做的弥撒，称作大瞻礼或大弥撒。这种弥撒全部是在唱圣歌中进行的，内容很多，是最隆重的弥撒。

天主教的瞻礼分成三等：第一等最隆重，如圣诞节、复活节的瞻礼，称为节日。第二等庆祝圣人、圣女、圣母的瞻礼，称庆日。第三等是纪念性的，称纪念日。还有其它仪式的专用弥撒，有时也要诵唱。如：庆贺新婚的婚礼弥撒、悼念亡者的追思弥撒等，还有一种称为"圣体降福"的特殊礼仪，这种礼仪很隆重，一般要唱 4 首圣歌，即：圣体歌、圣母歌、皇皇圣体歌，最后唱一首朝拜圣体的歌。

天主教节日众多，一般一年的节日循环为一个礼仪年，礼仪年从将临期第一主日（11 月 30 日）左右开始，分为将临期、圣诞期、四旬期、复活期及常年期，并以常年期第 34 周作为结束，总共有 160 多个大小节日，其中最为重要的是 4 大瞻礼和 8 大节日。四大瞻礼是：1、耶稣圣诞瞻礼，即圣诞节，纪念耶稣诞辰的节日，也是基督宗教最著名的节日，为每年的 12 月 25 日；2、耶稣复活瞻礼，即复活节，是纪念耶稣被钉十字架死后第三天复活奥迹的节日，每年春分第一个月圆后的第一个星期日为耶稣复活瞻礼主日，庆祝活动一般持续 7 天，而且瞻礼还有隆重的庆祝仪式和活动；3、圣神降临瞻礼，即圣神降临节，纪念圣神降临的节日，在耶稣复活瞻礼后第 50 天即耶稣升天瞻礼后第 10 天庆祝；4、圣母升天瞻礼，即圣母升天节，纪念圣母玛利亚肉身和灵魂一同荣召升天的节日。八大节日是：1、三王来朝节，每年的 1 月 6 日是三王来朝节，用以纪念耶稣基督三次向人显示自己的神性；2、大圣若瑟节，每年的 3 月 19 日；3、圣母领报节，即每年的 3 月 25 日；4、举荣十架节，每年 9 月 14 日。5、诸圣瞻礼节（也就是万圣节），每年 11 月 1 日；6、追思节，每年 11

月 2 日；7、圣母献堂节（圣母进殿节，Presentation），每年 11 月 21 日；8、圣母无染原罪始胎节，每年 12 月 8 日。在这些节日期间，都要颂唱与之有关的圣歌，包括弥撒常用歌曲、季节弥撒用曲、圣事礼仪歌曲及其它常用歌曲等。在将临期、圣诞期、四旬期、复活期要唱规定圣歌，常年期颂唱的圣歌则比较自由。天主教每日还作日课经，教友只作早课、晚课，神职人员的日课有 6 部分，即早祷、午前祈祷、午后祈祷、晚祷、夜祷及诵读，早、晚祷除念经外，还要唱圣咏 3 首及颂唱《赞主曲》和《圣母谢主曲》。在"梵二会议"之前的很长时间里，天主教圣事礼仪只使用拉丁文，诵经和圣诗唱诵均是神职人员的事情，广大信众很难听懂，更谈不上理解其深邃的意义和参与其中了。[2]

第二节 拉丁礼仪下的中国天主教音乐

一、汉语标注拉丁文

唐代传入中国的基督宗教——景教，是从叙利亚传来的聂斯托里派，即东方亚述教派，是从希腊正教（东正教）分裂出来的教派。景教赞美诗《三威蒙度赞》是译成汉文的；蒙元时期"也里可温教"主要是采用了当时的"国语"蒙古语唱赞美诗的，也有一些地方是用叙利亚语唱赞美诗，不过这些都被认为是基督教的异端教派，不是正统的基督宗教。罗马天主教自元代才开始进入中国，明末以来，为了能使基督教在中国扎下根来，1615 年教皇保禄五世应耶稣会在华传教士金尼阁的请求，由礼仪部颁谕准许以中文举行弥撒圣祭，诵念日课，任用当地人士为神职，并准许翻译《圣经》及其他经典等，但此谕并未真正实行。此后"礼仪之争"过程中，先后有多位教皇下令禁止中国礼仪，禁止中文弥撒和中文圣歌，所以中国教徒一直以来都奉行拉丁弥撒，为使教徒能够参与弥撒的歌唱部分，传教士们把拉丁圣歌用中文标注，使不认识拉丁文的中国教徒，直接根据中文唱就可以了，如吴渔山《天乐正音谱》中所云"[听]台中正读西音，基利厄勒依算"就反映了这种情况。1861年，上海华美书坊刊印《圣事歌经简要》，系四线谱与中国工尺谱合用，收录赞美诗 23 首（天主教弥撒套曲），附经文 6 段。该书前言中说"今日圣教于

---

2 以上关于天主教音乐的内容，部分参考"上海市地方志办公室"网站：《上海文化艺术志·音乐、舞蹈、歌剧》，http://www.shtong.gov.cn/node2/node2245/node72149/node72157/node72191/node72220/userobject1ai78294.html。

中国颇为平安，瞻礼主日教友众多处时，或遇有神父举行歌经弥撒及圣体降福等，知尔教友中多人欲学歌经以显颂扬天主诚心。但难于学习西国文字，故今特将大瞻礼及主日所常歌诵者谨按西音翻成中国文字以便识认。其韵之高下则于西国印号中刻工尺字，俾知音乐者易于领会……"[3]用汉字标注拉丁语成了中国天主教，尤其是偏远农村地区教会的独有特色，一些少数民族地区甚至用汉字标注拉丁语，然后用本民族语言颂唱。

前文已经讲过，鸦片战后，天主教在一系列不平等条约和西方列强枪炮的保护下，在华得以迅猛发展，各修会的传教士们纷至沓来，传教范围几乎遍及中国全境，教徒人数一直呈几何速度增长，教堂和教会学校也遍及全国，成为天主教圣乐颂唱和传播的核心。

清末民国时期，中国天主教会仍然沿袭这种传统，一般仍保留西方教会的礼仪传统，采用拉丁文弥撒，司祭和助祭吟诵的经文和圣咏都采用古老的格列高利圣咏曲调，一般信众则根据汉文注音来唱圣歌，但是对于所唱圣歌的含义却知之甚少，这就限制了信众对于教义的理解。随着教会学校在中国的兴起，天主教音乐通过学校（大小修道院）广泛传播，同时也培养了大批中国籍的神职人员，一些地方的天主教仪式中也开始加入一些中国音乐，如1919 年上海佘山圣母主保瞻礼日弥撒中，"大修院修生唱经，间以中国音乐，抑扬婉转，各尽其妙……"[4]弥撒中穿插中国音乐，这在当年的天主教是比较普遍的事情，不仅上海、江苏、浙江的教会[5]，而且全国教会都有这样的情况。说明当时天主教中国教区为适应本土的情况，还是做了一些努力的。

二、边远地区民族特色浓郁的天主教圣乐

在一些偏远地区的农村教会，因为传教事业比城市要艰难得多，传教士往往会更加灵活的方式，弥撒礼仪中唱诵中文圣歌或其他少数民族语言的情况并不少见，"早期的外国传教士为使农民从感情上接受教仪，并使他们学会

---

3 陶亚兵：《明清间的中西音乐交流》，东方出版社 2001 年版，第 133 页。
4 《天主教上海教区·近事·本国之部·浦东唐木桥迎圣母志盛》，《圣教杂志》1921年第 6 期，天主教上海教区土山湾印书馆。转引自南鸿雁：《沪宁杭地区的天主教音乐——民国时期相关仪式音乐与音乐文本的个案研究》，《南京艺术学院学报（音乐与表演版）》，2007 年第 4 期。
5 南鸿雁：《沪宁杭地区的天主教音乐——民国时期相关仪式音乐与音乐文本的个案研究》，《南京艺术学院学报（音乐与表演版）》，2007 年第 4 期。

唱赞美歌，采用当地人们熟悉的民歌曲调填上宗教内容的唱词，作为弥撒时吟唱的圣乐"[6]。在内蒙古中西部地区的天主教音乐中，有一些赞美歌，就借用了内蒙古西部地区的蒙汉民歌的曲调。原内蒙古教区的比利时传教士彭松寿（Van Dost）司铎就改编了多首赞美歌，如圣心歌：《吾主圣心万德充》《耶稣圣心至甘至怡》《圣心爱我》《吾主圣心爱人情真》《可爱可钦主圣心》；圣母歌：《天神之后》《请众欢欣》《万福母皇》《至洁至净》《天上的母皇》《圣母爱人情深》等都是取材于当地的民歌曲调。[7]此外，还有"吸收、融合中国民族音乐的曲牌作为庆典、仪式或弥撒间歇的乐曲，如《收江南》《前风韵》《后风韵》等等"[8]。

　　天主教在藏族地区传教也是如此。17、18 世纪，天主教先后试图在西藏阿里、日客则、拉萨传教，经过 1 个世纪的努力，均以失败告终。19 世纪以后，西方天主教传教士不再涉足西藏中心地区，而转向四川、青海、云南等藏族边缘地区，但是同样遇到当地藏族人的极力排斥，仅在四川巴塘、云南德钦、西藏昌都地区芒康县盐井纳西族乡等少数偏远地区发展了教徒，涉及到藏族、怒族、傈僳族、独龙族、纳西族、白族等少数民族，藏族教徒占的比重比较多，"传教士不仅把天主教的经书翻译成藏语版的经文，甚至在念经的节奏与调子上也借鉴了藏传佛教的一些内容。'星期日的早晨，唱诗的声音正从教堂里传出。初闻此声的人不免会感到惊奇，因为他们是在用藏语唱《圣经》，而且场景的节拍完全符合藏传佛教喇嘛念经时所用的调子。'"[9]在巴塘教区，早在 1903 年，当时的教士就已经将天主经、圣母经、圣三光荣经、耶稣慈悲珠经、圣母玫瑰珠经、痛苦五端、荣福五端……等重要经文译为藏文。在整个弥撒仪式中，凡是念经的地方则是以藏语进行。法国传教士伍许中还编写了四线谱的藏文圣歌。[10]云南迪庆州德钦燕门乡茨中村的茨中教堂，做弥撒的群众，读圣经用汉字标注，念成句子时变成藏语，使用的调子是藏传佛

6　田青主编：《中国宗教音乐》，宗教文化出版社 1997 年版，第 180-181 页。

7　南鸿雁：《内蒙古中、西部天主教音乐的历史和现状》，《天津音乐学院学报》，2001年第 4 期。

8　王洁：《漫谈天主教音乐中国化的历程》，《中国宗教》2016 年第 12 期。

9　周攀清：《德钦县茨中村藏族天主教信仰的本土化研究》，硕士学位论文，云南民族大学，2015 年，第 53 页。

10　张骏逸、刘少君：《莲花台上的耶稣——茨中藏族天主教信仰的本土化》，《民族学界》第 34 期，台湾国立政治大学民族学系 2014 年 10 月版，第 149 页。

教诵经的曲调。[11]1894 年，在川滇藏交界地区传教的法国传教士，编纂了一本藏文圣歌集 Chants Religieux Thibétains，封皮封里为法文，圣歌标题为拉丁文和法文两种，乐谱为四线纽姆谱，歌词为拼音式藏文，歌曲多数为传统的格列高利圣咏。[12]

　　广西是少数民族比较多的省份，20 年代 50 年代前，广西天主教仍然遵循着拉丁弥撒和拉丁圣乐的传统，"唱诵弥撒曲，各教区用手抄本记载，曲目较少。用地方语言演唱曲目。在瑶族、苗族等少数民族地区，用西南官话（即桂林、柳州的方言，俗称桂柳话）演唱，在梧州、北海、玉林、贵港、南宁等地用白话（广西的粤语）演唱，壮族的一些地区，也都用白话"[13]。

三、天主教会中的乐队

　　中国教徒很早就已经将中国的民乐队用到教会的仪仗音乐中，这在早期传教士的信札和传记中随处可见，艾儒略曾记载，"在福州大街上人们成群都人手持烛光，提着焚香炉，在乐队吹奏中抬着耶稣救主像，隆重地举行迎圣大会"[14]。四川地区也是如此，"在各大瞻礼庆期，集教友众多。有由重庆往者，有由永川去者，有由铜梁至者，亦有由合州、涪州而来者，济济一堂，盛不可言。一次聚有教友四百余人庆贺瞻礼，一连数天热闹，并用笙、箫乐器彰扬圣教"[15]。

　　而近代以来，随着天主教在中国的广泛传播，各地民族乐队在教会中广为流行，北方教会还出现了服务于教友红白喜事的八音会，有时也在弥撒中进行演奏。还有一种有特色的形式被称作"吹经"，就是让乐队的吹奏代替所念的经文，如在玫瑰经中念的天主经和圣母经就是被乐队代替。迄今在一些堂区仍保留这一传统，乐队演奏的乐曲有浓厚的当地音乐风格，演奏时全用民间乐器，如笙、二胡、竹笛、云锣等。[16]

11 李志农：《云南迪庆藏区宗教关系探索》，载《西南边疆民族研究》，云南大学出版社 2008 年版，第 233 页。

12 孙晨荟：《雪域圣咏——滇藏川交界地区天主教礼仪音乐研究》，香港中文大学天主教研究中心 2010 年版，第 207-208 页。

13 楚卓、谭景团：《广西天主教弥撒仪式及其音乐研究》，《艺术探索》2009 年第 6 期。

14 [法]费赖之著，冯承钧译：《明清间在华耶稣会士列传及书目》，中华书局 1995 年版，第 150 页。

15 [法]古洛东：《圣教入川记》，四川人民出版社 1981 年，第 76 页。

16 李路加神父：《中国教会音乐本位化之探讨》，http://1907578.anyp.cn/。

天主教山西教区采用中国民乐队的情况更为普遍。"太原天主教民乐是伴随着天主教的传入，由已有一定佛乐、戏曲、民间音乐技艺特长的教友们组织起来演奏的，逐渐发展成为教会内不可或缺的侍奉礼仪音乐"[17]。1889年8月2日，阳曲县阪泉山圣母堂举行博俊古拉节（Portioncule）庆典，钟声响起后，6个音乐队加入到彩带飘扬的"十字架"游行队伍中。[18]太原教区广为流传的《教会七大曲》，据说其创作者乃是19世纪一位皈依天主教的和尚，当时意大利籍方济各会士富格辣 （Francescus Fogolla, 1839-1900） 在山西传教时，结识了一位熟悉佛乐的五台山和尚，经其传道改信天主教，此后该和尚组织改编了教会音乐，借鉴当时寺庙道观普遍使用的《山西九大套》，并在晋剧音乐的基础上结合天主教礼仪规范整理成《教会七大曲》。[19]民国时期，山西太原天主教民乐队所用乐器包括笙、管、笛、镲、二胡等等。太原尧尚村曾流传一份用毛笔抄录在白麻毛边纸上的工尺谱教会古曲，内容大体分两类：1、弥撒用曲：《初行工夫》《天主经》《圣母经》《又圣母经》《圣体诗》《圣血诗》《已完功夫》《仁爱经》《感谢经》等，是从宫廷雅乐、寺庙道观中几乎原封不动地拿来的；2、从晋剧曲牌和民间音乐中拿来的小曲：《小开门》《柳青杨》《八板儿》《急毛猴》等。[20]下面这首曲子是山西襄汾黄崖天主堂的器乐曲，原谱是工尺谱：[21]

专务救灵魂

D=2/4
```
2 ·3 |21 67 | 2 ·3 | 2 — | 5 65 |43 | 5 65 |43 | 5 5 | 5 1 | 2 ·3 | 2 — |
5 65 | 43 | 5 5 | 5 1 | 2 ·3 | 2 — | 1 1 71 | 21 | 76 | 5 — |
```

位于北京通州东南的贾后疃村清朝同治年间就存在用中国乐器演奏中国乐曲的天主教音乐会。乐器有管、笛、笙、箫、二胡、四弦、低胡、手提琴

---

17 张光尧：《太原天主教会民乐的历史》，http：//www.xiaozhushou.org/index.php?a =show&c=index&catid=6&id=1880&m=content。

18 刘安荣：《本土化进程中的山西天主教、教徒及官教、民教关系》，博士学位论文，山西大学，2008年，第56页。

19 张光尧：《太原天主教会民乐的历史》，http：//www.xiaozhushou.org/index.php?a =show&c=index&catid=6&id=1880&m=content。

20 张光尧：《太原天主教会民乐的历史》，http：//www.xiaozhushou.org/index.php?a =show&c=index&catid=6&id=1880&m=content。

21 田青主编：《中国宗教音乐》，宗教文化出版社1997年版，第181页。

（板胡的前身）、琵琶、三弦、扬琴、云锣、星挡、铙、板、单皮鼓、大鼓等十几种，经谱则有《天主经》《钦敬圣体》《大申尔福》《小申尔福》《初行功夫》《圣母经》《举场圣体》《卑污罪人》和《已完功夫》等多个曲目。每逢天主教的"四大瞻礼节"，均要举办音乐会。[22]

安徽的一些沿江城市属江南一带，那里的天主教弥撒仪式音乐则借鉴了当地的庐剧、黄梅戏等民间戏曲音乐，具有江南音乐的风格，调式多是五声调式或加偏音的六声宫、徵、羽调式，主要的腔音列是窄腔音列，辅之以近腔音列，旋律以迂回曲折的级进式旋法为主，偶有跳进，跳进后必将作反向的级进。[23]

清末以来，天主教会的仪仗音乐中不但有中国民乐队，甚至出现了西洋管弦乐队和军乐队。最初，是侵华的联军的军乐队在教堂里演奏：1861 年，清政府迫于法国军队的压力，将已被改做关帝庙的法国传教士所建的上海老天主堂归还给教会，在复堂弥撒仪式上，"联军的一队军乐队吹奏宗教乐曲"[24]。此外，"在洋泾浜天主堂，每逢主日，大瞻礼日为外国军人举行弥撒，弥撒礼仪举行得如法国本国一样隆重，仪仗队……及司令舰上的军乐队这一切吸引了无数中外人士纷纷来堂观礼"[25]。与此同时，教会也开始组建自己的西洋乐队，1860 年，上海第一所天主教会学校圣依纳爵公学（即徐汇公学）在法国耶稣会传教士蓝廷玉（Ravary Francois）神父的倡导下设立组建了中国第一支西洋乐队——徐家汇乐队，还专程从法国运来了铜鼓洋号，并由蓝廷玉神父亲自带教。此后，这支乐队经常在在洋泾浜天主堂（今四川中路圣约瑟教堂）的弥撒中演奏。"1864 年 11 月 22 日，圣女则济利亚瞻礼，徐家汇乐队在洋泾浜教堂演奏晨曲（弥撒曲），吸引了大批外侨听众；法领事葛笃先生感到自豪，当即给领队神父写了一封亲切的感谢信，祝贺他的成功，并附赠了三十元银洋，奖励青年演奏者。……从此每逢大瞻礼日，洋泾浜总要请徐家汇乐队去参加演奏。"[26]此外，土山湾孤儿院、广东浸信会、圣约翰大学等都组建有西

22 赵小楠：《民族音乐中的天主教音乐——贾后疃村天主教音乐会调查》，《中国音乐》，1994 年第 3 期。

23 鲁倩倩：《基督教音乐在安徽省沿江城市群的受容与变异》，《黄河之声》2014 年第 1 期。

24 [法]史式微：《江南传教史》卷二，上海译文出版社 1983 年版，第 33 页。

25 转引自李路加神父：《中国教会音乐本位化之探讨》，http：//1907578.anyp.cn/。

26 [法]史式微：《江南传教史》第 2 卷，上海译文出版社 1983 年版，第 290 页。

洋乐队。苏念澄神父召集上海租界内的音乐家组成"则济利亚会"，经常在各种庆典中演出。

近代以来，上海土山湾地区成为法国教会领地，"来自法国的耶稣会传教士在徐家汇建起了天主堂、修道院、公学、藏书楼、圣母院、博物院、天文台等，形成了以土山湾为中心，方圆十几里的天主教社区"[27]。土山湾地区至少有管弦乐队、军乐队及中乐队等三支乐队为教会服务。创刊于民国元年的中国天主教会机关报《圣教杂志》在其发行的 27 年间（1938 年停刊），对当时天主教会各种庆典、仪式活动的流程、场面有大量细致的报道，从中可以了解到不少有关土山湾地区乐队在教会及教会学校从事音乐事工的事情：

> 六月二十一日为学生主保圣类思瞻礼庆日，徐汇公学特放假一天以申庆祝……全体学生于大操场中……演操……中间佐以土山湾军乐……[28]

> 新任直隶东南境副主教刘公文思择于二月二日，圣母献耶稣于主堂瞻礼，在上海董家渡大堂，邀请江南姚大司牧，为行祝圣大礼……新主教到时土山湾军乐大奏，鞭炮声喧。后新主教出堂时，军乐又大奏，极盛一时。后在北堂筵宴毕，行庆祝礼，乐声又作……[29]

> 徐家汇阳历十一月中，徐汇小修院、徐汇公学、类思国民学校及吴家宅长桥学校，先后开游艺会。补祝院长山公华诞大庆。兹汇志其大概情形如下……（二）徐汇公学……下午二时起，开游艺会。首为法文（石礼善）剧……次英文（大彼得）剧……每遇幕闭时，间以土山湾之音乐……（三）类思国民学校，二十三日上午十时起，

---

27 南鸿雁：《沪宁杭地区的天主教音乐——民国时期相关仪式音乐与音乐文本的个案研究》，《南京艺术学院学报（音乐与表演版）》，2007 年第 4 期。

28 《天主教上海教区·近事·本国之部》，《圣教杂志》1917 年第 7 期，天主教上海教区土山湾印书馆。转引自南鸿雁：《沪宁杭地区的天主教音乐——民国时期相关仪式音乐与音乐文本的个案研究》，《南京艺术学院学报（音乐与表演版）》，2007 年第 4 期。

29 《天主教上海教区·近事·本国之部》，《圣教杂志》1918 年第 7 期，天主教上海教区土山湾印书馆。转引自南鸿雁：《沪宁杭地区的天主教音乐——民国时期相关仪式音乐与音乐文本的个案研究》，《南京艺术学院学报（音乐与表演版）》，2007 年第 4 期。

开游艺会……演高丽致命周司铎雅各伯故事，凡十幕，中间以土山湾丝竹。[30]

二月二十二日光公至上海驻三德堂，每日开研究教务会议……二十五日光主教驾临徐汇大堂……驶至耶稣会修院之大门内，当即由土山湾音乐队奏乐欢迎，同时鞭炮喧天堂上钟声不绝，教友观者千余人，司铎修士音乐班等鱼贯列队入堂。[31]

本届五月一日即阴历三月二十四日，循例举行迎圣母圣典……有土山湾西乐队五十名，中乐队二十二名，齐集假山前，各奏一曲。[32]

1947 年 5 月 18 日，中华圣母瞻礼大礼日当天，罗马教廷驻华公使黎培理总主教主持举行上海佘山圣母加冕大典，有超过五万余人参加，迎圣游行的队伍中有童子军、圣体军、慈幼会铜乐队、土山湾铜乐队等。加冕典礼进行中，时而乐队奏乐，时而神职班唱经。因为人数太多，黎培理公使在大殿内举行双五六品大礼弥撒的同时，殿外还有两场弥撒，其一为南京教区总主教于斌在大殿前广场上加冕典礼祭台上举行的弥撒，在他举行弥撒的祭台旁，紧紧环侍着二百余名男女圣体军，唱军歌，喊圣体军口号，成了一台圣体军弥撒，引起教友们的极大关注。[33]

由以上记载可知，当时在上海这样的大都市，天主教庆典中用乐队伴奏已成常态，不仅有西洋的管弦乐队、军乐队，而且还有中国的民乐队，可谓丰富。当然，在广大农村地区，西洋乐队的情况还是比较少见的，一般都以当地的民乐伴奏为主。

---

30 《天主教上海教区·近事·本国之部》，《圣教杂志》1919 年第 12 期，天主教上海教区土山湾印书馆。转引自南鸿雁：《沪宁杭地区的天主教音乐——民国时期相关仪式音乐与音乐文本的个案研究》，《南京艺术学院学报（音乐与表演版）》，2007年第 4 期。

31 《天主教上海教区·近事·本国之部》，《圣教杂志》1920 年第 4 期，天主教上海教区土山湾印书馆。转引自南鸿雁：《沪宁杭地区的天主教音乐——民国时期相关仪式音乐与音乐文本的个案研究》，《南京艺术学院学报（音乐与表演版）》，2007年第 4 期。

32 《天主教上海教区·近事·本国之部·浦东唐木桥迎圣母志盛》，《圣教杂志》1921年第 6 期，天主教上海教区土山湾印书馆。转引自南鸿雁：《沪宁杭地区的天主教音乐——民国时期相关仪式音乐与音乐文本的个案研究》，《南京艺术学院学报（音乐与表演版）》，2007 年第 4 期。

33 天主教上海教区：《佘山圣母加冕大典志盛》，《圣心报》1947 年 6 月。

四、中国教会中的方言唱经调

"为了帮助中国教友做好祈祷，传教士们根据圣经编译了一些经文，再用优美文字调色。这些经文中有早晚祷和其它各式各样的经文，中国是个多民族，多地方语言的国家。这些经文在诵念过程中慢慢形成一种地方腔调，听起来非念也非唱，但有的经文完全是唱的形式。由于受地方语言风格的局限，每一地区都有各自不同的咏唱调式。这种形式已有很久的历史基础了。"[34]这种传统，从天主教传入中国时就开始了，明代，徐光启等中国天主教徒曾编译汉语经文，形成经文念诵，成为中国天主教会的一大特色。前文已经提过，川滇藏交界的天主教会翻译了很多有关圣经和经文解释、唱诵的书，他们唱经时使用类似于藏传佛教唱经调；保定地区的教会则形成了保定方言的唱经调；山西教会的诵经则是山西方言，四川的则为四川方言，等等。乾隆初年，华人司铎谷若翰在四川江津建立教堂，"附近各州县教友皆到此处领各秘迹，聚在经堂，高声唱经，声彻云汉，远近皆闻"[35]。湖北谷城，"乾隆初年，教友来此避难者，陆续不绝，二三十年后，竟有二三千名之多，分居十四村落，比屋而居，无一教外者。主日瞻礼及每日晚，诵经之声，遥相应和"[36]。

法国耶稣会传教士历史学家史式微所著的《江南传教史》，记载了很多关于中文唱经的情景，如：

> 按中国风格，男女之间绝不能进行公开交谈，而如今在圣堂里竟允许男女彼此轮流唱和，引起争执。罗伯济主教命令，在圣堂内禁止女教友单方念经，而应当由全体教友一起念经，分男女两部分，男女方轮流念。因为在上些会口，有一些教友闭口不念经，由贞女们包办，会口里一些办事人是文化人，他们高声朗诵经文时并不是虔诚地向天主祈祷，而是在欣赏经文的声调和词藻。[37]……
>
> 在一次葬礼游行中，圣咏的歌声和高唱着的中国经文声此起彼伏，启应不绝。[38]……

---

34 李路加神父：《中国教会音乐本位化之探讨》，http://1907578.anyp.cn/。
35 [法]古洛东：《圣教入川记》，四川人民出版社 1981 年，第 76 页。
36 萧若瑟：《天主教传行中国考》，河北献县天主堂 1937 年排印本，第 388-389 页。
37 [法]史式微：《江南传教史》第 1 卷，上海译文出版社 1983 年版，第 91-92 页。
38 [法]史式微：《江南传教史》第 1 卷，上海译文出版社 1983 年版，第 307 页。

高会长明供圣体前，用拉丁文朗诵奉献诵，接着主教与神父们低声复念，由全体教友高声咏唱译成中文的奉献诵，最后全体共唱'我侪赞颂天主'的赞主颂。[39]……

五、中国天主教会中的乐器

天主教会中，使用最多的乐器是管风琴和风琴，一些大的教堂中均会安置管风琴，管风琴气势恢宏的乐声能体现出天主教音乐庄严、崇高的感情，表达对神的崇敬。但是由于管风琴体积庞大，造价较高，一些小的教堂更倾向于使用体积轻便、携带方便、易于学习而且相对廉价的风琴。

清末以后，随着外国传教士在华传教事业的发展，中国很多地方的天主教堂，尤其是北京、上海、广东、福建、青岛等大城市的教堂中都设置了风琴或管风琴。上海董家渡天主堂安装的竹制管风琴颇为有名，它是 1856 年由蓝廷玉与中国木匠用竹管代替金属管制作而成的。当时是因为教会经费不足，不得不另辟蹊径，用在中国南方极为常见而且价格低廉的竹管代替昂贵的金属管，没想到却"歪打正着"，此琴音色效果极佳，成为该教堂一绝，蓝廷玉曾评价此琴说："……管风琴的竹管音真动听，键簧的音偏高，低音及中音部的音色甚觉圆润优美。"[40]后来，蓝廷玉还专门又复制了一台小型的竹制管风琴运回法国，作为礼物献给法国王室。此后洋泾浜和徐家汇天主教堂也安装了大型管风琴，组件均来自法国，由上海教士自行装制。

据北京天主教神哲学院王基志院长介绍，1949 年之前，北京有 7 台管风琴。其中天主教堂有五台，基督新教教堂有二台。北堂（天主教西什库教堂）于 1888 年由蚕池口迁至现在的西什库，建堂时安装管风琴一台。此琴是法国 Cavaillecoll 牌，出厂号为 607 号。最低音管长 3 丈 2 尺，等于 16.6 米左右，是当时北京最大的一台。随琴还附有管风琴正面图和侧面图，画得非常精致。当时的天主教北京教区主教、法国遣使会传教士樊国梁（Pierre Marie Al phonse Favier，1837-1905）介绍说："正祭台后建有歌楼，大堂正门内建有乐楼，楼上巨琴系法国某字号所制，工精艺巧，中国可谓第一……在开圣堂之日，歌唱祝圣大堂经文，皇上亦差总理衙门大臣孙毓文来贺。修院学生吹奏洋乐，

39 [法]史式微:《江南传教史》第 2 卷，上海译文出版社 1983 年版，第 270 页。
40 陶亚兵:《明清间中西音乐交流》，东方出版社 2001 年版，第 122 页。

即事达意，盈耳可听。"[41]1958 年北堂"上交"国家后，此琴因无人保养，逐渐损坏，残件现存中央音乐学院。北堂的祭台侧面，还有一台小型的管风琴，有四个拉栓，是供在祭台附近的唱经班用的，1958 年后搬到南堂也放在祭台侧面，1966 年被毁。20 世纪 20 年代，北京天主教北堂（即西什库教堂）的法国人鲍神甫经手从法国买来 4 台管风琴，其中一台安置于南堂（宣武门教堂），此琴比北堂的琴小很多，最低音管长 1 丈 6 尺，等于 5 米多，也毁于 1966 年；在北京的另外一台安置于车公庄大街腾公栅栏的马尾沟天主教堂，日军占领北京时被焚毁；另外的两台，一台送给了河北张家口宣化天主堂，另一台送给天津西开天主教堂。当时，天津工商学院合唱团与管弦乐队曾排练《弥赛亚》《创世纪》等作品，便将这台管风琴转到该学院的教堂。这是天津音乐史上唯一一台管风琴。[42]此外，东交民巷圣米厄尔天主堂也装置有管风琴，最低音管也是 1 丈 6 尺，1966 年被毁。[43]

第三节　近代中国天主教会圣乐教育及圣诗集出版、创作

一、天主教会的圣乐教育及圣乐事工

天主教传入中国早期，一些来华的传教士曾设法培养中国本地的唱经人员，以供宗教仪式之用。如元朝来华的意大利传教士约翰·蒙高维诺就办学堂训练中国儿童，组成儿童唱诗班，并曾在皇帝面前唱诵圣诗。鸦片战争后，外国传教士才开始向中国教徒传授圣咏歌曲，他们在全国各地建立修道院，并且创办学校，教唱圣歌。此外，天主教在所创办的男女小学中附设读经班。学生学习日常经文、教义、教规和宗教礼仪，并在天主教举行弥撒时使用。在中学里，部分学生学法文、拉丁文、唱歌、音乐等，教师中有不少是神父和修士。他们培养了一批唱经人员，成为天主教堂唱经班的基础。在上海、北京等大城市中，天主教所咏唱的圣歌，均为普世教会所通用的拉丁文原作，

---

41 [法]樊国梁：《燕京开教略》，转引自陶亚兵：《明清间中西音乐交流》，东方出版社 2001 年版，第 122 页。

42 天津文化艺术志，http://www.tjwh.gov.cn/whysz/0704yinyue/yinyue-0202.html

43 以上内容参考张怀智整理：《北京天主教神哲学院王基志院长——谈北京管风琴小史》，《中国天主教》1991 年第 4 期。

仅将拉丁文歌词音译成汉语拼音来唱，直到 20 世纪初，主教们仍然反对把原来用文言文或韵文译成的经文和教理问答或汉语拼音咏唱的圣歌改为各地区方言。不过，在义和团运动过后，这种情况有所改变，在农村以及偏远的少数民族地区则表现的更为灵活一些。

来华的外国传教士中有很多具有很高的艺术修养，他们在中国不但根据宗教需要，组织音乐家在宗教仪式中进行演出，而且还积极组织其它音乐活动。当时，上海的天主教徒欣赏圣乐圣歌大致可以通过以下途径：（1）进堂参与弥撒或晚祷。（2）教会各大庆典、礼仪时常会组织圣乐演奏。（3）参加周小燕、喻宜萱等著名歌唱家的演唱会，她们时常会唱天主教圣歌，如圣母颂、晚祷、夜思等名曲。（4）听留声机圣乐唱片，周小燕、喻宜萱等都灌有中文圣乐唱片。（5）听电台的圣乐广播。上海天主教会自办了电台，民国 30年（1941）天主教上海主教惠济良成立黄钟播音社（又称上海天主教播音社），每周播放宗教音乐一、二次，蒲石路君王堂自 1930 年代起由电台转播该堂每星期日中午为外侨所举行的咏唱弥撒，至 1949 年才停止。[44] 对上海这样的国际大都市而言，教徒接触天主教音乐的方式和机会可以说是比较多的，但是对于全国其他地方，尤其是天主教的重点传教区在广大农村地区，那里的教徒通过参加歌唱家演唱会、听留声机、听电台等方式来聆听圣乐的机会可能非常少，但是第一、二种途径对他们而言还是非常普遍的，各地的活动都比较多，前文已经讲了一些有关各种庆典、礼仪的演奏圣乐、唱诵圣歌的盛况。我们还可以通过当时的一些记载来感受一些其他活动，如朝圣、圣诞节等庆典的情况。

朝圣是信徒朝拜圣地的宗教活动，大多数宗教都有朝圣的传统，天主教也有朝圣的传统，教徒朝谒圣地，是一种灵性的旅程或探寻，通过虔诚地敬礼、还愿、求恩等活动，增强宗教信念。天主教的朝拜圣地多是圣母显圣的地方或者圣徒陵墓、殉道处等，中国天主教朝圣地很多，几乎各地都有自己的朝圣地，尤以圣母朝圣地居多，如上海佘山圣母大教堂、保定东闾中华圣母朝圣地、山西太原板寺山朝圣地、陕西宝鸡十字山朝圣地、山东平阴尖山圣母朝圣地、山西七苦山圣母堂与洞儿沟教堂朝圣地、吉林露德圣母圣山、江苏南通狼山圣母堂、无锡青阳圣母堂、浙江椒江圣母山、台湾五峰旗圣母

---

44 参考"上海市地方志办公室"网站：《上海文化艺术志·音乐、舞蹈、歌剧》，http://www.shtong.gov.cn/node2/node2245/node72149/node72157/node72191/node72220/userobject1ai78294.html。

朝圣地等，都是国内著名的圣母朝圣地，每个朝圣地都形成了较为固定的朝圣程序：如在教堂做弥撒、圣体游行、拜 14 处苦路、圣体降福等等。"朝圣中，教友除了善念必要的经文、祈祷外，最重要的祈祷仪式就是用音乐、歌唱来表达钦赞、感恩的心情。"[45]不仅有中西乐队奏乐，而且还唱各种圣歌，尤其要唱圣母歌，如《佘山圣母歌》《露德圣母歌》《圣母歌》《玫瑰经圣母》《青阳圣母歌》等。《圣教杂志》曾多次登载民国时期江南教区圣母朝圣的盛况：如 1919 年上海佘山圣母主保瞻礼日活动，大修院修生演唱由张老楞司铎创作的《佘山圣母歌》："本年十一月十六日，佘山圣母主保瞻礼。颇形热闹。弥撒前，教友拜苦路中，表示具有信德之精神。由大修院主任邱司铎领之，继由姚大司牧举行大礼弥撒，马桥张方济各司铎讲道。又次圣体降福，又次佘山圣母歌，此歌乃新近为张老楞司铎所著,热心歌唱者,为大修院修生……"[46]1921年浦东唐木桥教堂迎圣母游行时也演奏并唱诵《露德圣母歌》："本届五月一日即阴历三月二十四日，循例举行迎圣母圣典……有土山湾西乐队五十名，中乐队二十二名，齐集假山前，各奏一曲。旋由西乐队奏露德圣母歌调，本校生和唱露德歌……"[47]

　　圣诞节是基督宗教最为隆重的节日，无论是天主教、东正教还是基督新教，对圣诞节都很重视，中国天主教的圣诞节也非常隆重。《圣教杂志》记录的江苏、四川、山西等地的圣诞庆典可以帮助我们了解当时的圣诞盛况：

　　　　睢宁来函云，去年耶稣圣诞，举行圣礼，甚形热闹。先期有童子多名，预习耶稣降生圣歌，三四曲……二十五日晚十一时三刻，圣堂洞开，钟声犬鸣，教友竞至，堂为冲塞。遂由诸童以竹制之小床，抬迎婴孩耶稣直入圣堂，和以圣歌。洋洋悦耳……既而举行弥

45 南鸿雁：《沪宁杭地区的天主教音乐——民国时期相关仪式音乐与音乐文本的个案研究》，《南京艺术学院学报（音乐与表演版）》，2007 年第 4 期。

46 《天主教上海教区·近事·本国之部》，《圣教杂志》1919 年第 12 期，天主教上海教区土山湾印书馆。转引自南鸿雁：《沪宁杭地区的天主教音乐——民国时期相关仪式音乐与音乐文本的个案研究》，《南京艺术学院学报（音乐与表演版）》，2007年第 4 期。

47 《天主教上海教区·近事·本国之部·浦东唐木桥迎圣母志盛》，《圣教杂志》1921年第 6 期，天主教上海教区土山湾印书馆。转引自南鸿雁：《沪宁杭地区的天主教音乐——民国时期相关仪式音乐与音乐文本的个案研究》，《南京艺术学院学报（音乐与表演版）》，2007 年第 4 期。

撒。祈祷声圣歌声同时并作……二十六日午时又由毕司铎率领众人，列队散步……诸童朗唱圣歌，其乐融融云。[48]……

四川崇实报云，铜梁县……去年庆祝耶稣圣诞，颇形热闹。先期由进行会职员将经堂内外铺陈一新……弥撒时，高唱圣诞歌曲，声彻云霄，佐以风琴，入耳不烦……[49]

潞安府天主堂去年举行耶稣圣诞礼……公教进行会附设之正谊学校与读经小学学生共百余人，身穿常服，项里花巾，手提彩灯，两两为伍，列队来堂，并沿途高唱圣诞经词，抑扬宛转，颇中节奏……抵堂院，乃演耶稣诞生牧童朝拜真主故事，雅俗共赏，惟妙惟肖，未几夜半均入圣堂……惟闻钟声，诵经声音乐声，声声悦耳。……[50]

二、天主教会的圣乐出版

同新教一样，近代以来，天主教各差会在华积极开办教育和出版事业，自1864年以来，天主教会在北京、广州、上海、南京、杭州、福州、宁波等地开设约20多所印刷出版机构，其中规模和影响都比较大的当数上海土山湾印书馆和北京遣使会印书馆。[51]这些书馆出版了大量宗教书籍和小册子，其中有不少天主教圣乐集，这些圣歌多数译自西方教会，一部分是额我略圣咏，因为中国教会的弥撒礼仪一直执行特利腾大公会议所制定的拉丁礼仪，是故原创的中文圣乐作品极少。

---

48 《天主教上海教区·近事·本国之部》，《圣教杂志》1916年第2期，天主教上海教区土山湾印书馆。转引自南鸿雁：《沪宁杭地区的天主教音乐——民国时期相关仪式音乐与音乐文本的个案研究》，《南京艺术学院学报（音乐与表演版）》，2007年第4期。

49 《天主教上海教区·近事·本国之部》，《圣教杂志》1916年第3期，天主教上海教区土山湾印书馆。转引自南鸿雁：《沪宁杭地区的天主教音乐——民国时期相关仪式音乐与音乐文本的个案研究》，《南京艺术学院学报（音乐与表演版）》，2007年第4期。

50 《天主教上海教区·近事·本国之部》，《圣教杂志》1916年第3期，天主教上海教区土山湾印书馆。转引自南鸿雁：《沪宁杭地区的天主教音乐——民国时期相关仪式音乐与音乐文本的个案研究》，《南京艺术学院学报（音乐与表演版）》，2007年第4期。

51 南鸿雁：《沪宁杭地区的天主教音乐——民国时期相关仪式音乐与音乐文本的个案研究》，《南京艺术学院学报（音乐与表演版）》，2007年第4期。

　　1949 年以前出版的天主教圣歌集由于种种原因，被保留下来的非常少。南鸿雁根据天主教土山湾印书馆所出版的《圣教杂志》的新书出版信息，梳理了一些当时圣乐歌集的出版情况。据她考察，当时的圣乐歌集包括多种圣歌集和弥撒经曲，有中文版、拉丁文版、中文与拉丁文混排版等几种，绝大部分由上海土山湾印书馆出版。如 1912 年 3 月江南姚主教批准印制《风琴小谱》和《徐汇公学唱歌集》，《风琴小谱》系卞依纳爵根据自己习琴心得来讲解琴理，并汇辑成《辩声》《练手》《练口》上中下三册出版，以供初学练习风琴者使用，在序言中，卞依纳爵提到："自明诏兴学以来，殆无学堂无音乐者。而敝会同人每承乏蒙小学堂等，苦无音乐善本，即有亦于初学程度不甚合宜。因遍访精于此者，将风琴简要法译饷初学，非敢谓道在于斯，聊自比曚颂而已。"[52] 上册《辩声》分为 30 节，其中前 29 节介绍的是五线谱基本乐理知识，如七声、五线、声位、加线、板眼、主调、和声等等，最后第 30 节则是以问答的形式解释一些乐理问题。这部琴谱考虑到中国音乐所用的是工尺谱，因此借用工尺谱的名词来解释五线谱。如对七声的解释："音律高低天然有七，do、re、mi、fa、sol、la、xi，刀来米法烧拉西。古曰：CDEFGAB，犹度曲之有工尺也。"[53] 每个知识点均有配图进行说明，既简明扼要，又通俗易懂。又如板眼："音有长短即以时间之长短定为几板一眼，有以四板为一眼者，标别之法如左：长音四板者从 A，次长两板者从 B，短音一板者得四之一从 C，次短半板者得八之一从 D，其得十六分之一者曰么半从 E，得三十二分之一者曰半么从 F。"[54] 中册《练手》乃是讲弹琴的基本技巧。下册《练口》乃讲歌唱的基本技巧："练口非他，在发声高下疾徐，与声梯、声调无一不准。准否之辩，功在耳聪。"[55]《徐汇公学唱歌集》是五线谱版本，内容主要包括乐理讲解、32 首英法名人乐歌以及 22 种法国军令调。另外，当时出版的圣歌集还有《咏唱经文》《咏唱经文撮要》《圣歌石印附调》《各式圣歌》《方言避静歌》《圣教理要歌曲》《咏唱经文补遗》《咏唱经文和音上集》《咏唱经文和音下集》《琴曲集成》《圣若瑟及追思弥撒咏唱序文》《奉献全家学校于圣心歌》《曲谱》《圣歌》《咏唱经文华音之补遗》等。其中影响比较大的如《咏唱经文》《咏唱经文撮要》《圣歌》等。《咏唱经文》有多种版本，1912 年上海土山

52　《风琴小谱》上册，光绪三十四年（1908）版，序言。
53　《风琴小谱》上册，光绪三十四年（1908）版，第 2 页。
54　《风琴小谱》上册，光绪三十四年（1908）版，第 11 页。
55　《风琴小谱》下册，光绪三十四年（1908）版，前言。

湾印书馆出版的《圣教杂志》这样介绍："《咏唱经文》（No. 571，第一编）是由耶稣会司铎翟光朝、舒德惠将拉丁原文，标以中国字音而成。全册四百三十三页。长二十三寸，宽十五寸法尺。圣教咏唱经文，罗马教廷颁有专本。兹将传教区域应用经歌，编成是册，周年主要大礼，弥撒经、圣体经、耶稣圣心经、圣母经、诸圣经等。草订每本大洋一元，洋装大洋一元三角。"[56]1927年出版第二版，436 页，15×22cm，华装，洋装两种；1935 年出版第三版，419页，精装本（硬皮）。《咏唱经文撮要》是《咏唱经文》的缩略本，《圣教杂志》曾介绍说："《咏唱经文撮要》（567 号，第三编）原文拉丁译以华文，全册一百九十六页。长十三寸，宽九寸法尺。内分弥撒经、追思弥撒经、圣体经等，共有一百十三节礼经。每本大洋三角五分。"[57]这本译成中文，只有 196 页的歌集内容不足原来的一半，开本也比原来小好多，就像现在的口袋书那样非常方便教徒的使用，这也从侧面说明《咏唱经文》在当时的教会中使用非常广泛。《圣歌》也是由土山湾印书馆出版的，到 1934 年已经出版了第八版，共收入中文圣乐 107 首，五线谱排版，分为五个部分，即教友诸德歌 16 首，耶稣瞻礼歌 30 首，圣母瞻礼歌 17 首，敬礼圣母歌 19 首，圣人瞻礼歌 18 首，附录 7 首。乐曲大部份只有旋律部份，没有和声伴奏，其中仅几首二声部、四声部作品。乐曲均没有标出词曲作者。[58]

三、江文也的圣乐创作

20 世纪以后，随着教会本土化运动的兴起，中文圣乐创作被提上日程，其中成就最高的是江文也先生（1910-1983）。江文也于 1910 年出生于台湾省台北县三芝乡，祖籍福建永定县，为客家人。1916 年随父母迁居厦门，7 岁就读于为台湾籍子弟设立的日文学校"厦门旭瀛书院"，在厦门期间，他常到家附近的厦门基督教青年会的教堂里听"圣歌"，有时也参加唱诗班唱诗活动，这成了他最初的音乐启蒙。"江文也在厦门生活的六年中给他的一生带来了极大影响。首先是创作，良好的家庭熏陶和社会氛围，以及入读旭瀛书院和加

---

56 转引自南鸿雁：《沪宁杭地区的天主教音乐——民国时期相关仪式音乐与音乐文本的个案研究》，《南京艺术学院学报（音乐与表演版）》，2007 年第 4 期。

57 转引自南鸿雁：《沪宁杭地区的天主教音乐——民国时期相关仪式音乐与音乐文本的个案研究》，《南京艺术学院学报（音乐与表演版）》，2007 年第 4 期。

58 南鸿雁：《沪宁杭地区的天主教音乐——民国时期相关仪式音乐与音乐文本的个案研究》，《南京艺术学院学报（音乐与表演版）》，2007 年第 4 期。

入厦门基督教青年会，并吸收了相当的当地乐曲和学习了一些西方音乐知识，都对他的音乐创作之路打下了良好的基础。其次声乐方面，由于从小喜爱唱歌，并进入厦门基督教青年会接受良好的音乐启蒙培养和进行科学的发声练习，为他以后在日本的演唱生涯奠定了基础。再次是入读厦门旭瀛书院，丰富的书院课程学习以及良好的师资力量，在音乐、绘画、诗歌、日文、华语等文艺方面，包括医学上的学习，也为他带来很好的声誉。最后就是对宗教音乐的接触，不仅在声乐方面有影响，对其以后宗教音乐的创作产生极大的影响。"[59]1923 年江文也去被送到日本留学，在学习机电的同时，又在业余时间学习了声乐和作曲，他拜日本著名作曲家、指挥家山田耕作（Kosaku Yamada，1886-1965）为师学习作曲，拜阿部英雄为师学习声乐，同时自己还钻研了"现代乐派"德彪西（C. Debussy，1862-1918）、巴尔托克（B.Bart k，1881-1945）、拉威尔（M.Ravel，1875-1937）、史塔温斯基（I.Stravinsky，1882-1971）等作曲家的作品。1932 年江文也从日本武藏高等工业学校毕业后，凭借其扎实的音乐基础，考入哥伦比亚唱片公司，从事歌唱事业，自此开始了其音乐生涯。自 1932 年至 1933 年，江文也在日本参加过两次声乐比赛，均入选得奖；1934 年至 1937 年，他连续四次参加日本音乐比赛的作曲组比赛，均获奖，其中有两次为二等奖，并且成了"近代日本作曲家联盟"的正式会员，这奠定了他在日本作曲界的地位。这几年，是他事业的第一个高峰期，他以日本为基地，不停地创作、演出、出访、写作，活跃于日本、中国台湾和欧洲音乐界。1938 年，他回到中国，任教于北平师范学院，后因受邀为日伪组织"新民会"创作歌曲而于抗战胜利后被逮捕入狱 10 个月，1946 年获释。

江文也是第一位获得国际认可的中国天主教圣乐作曲家，他根据吴经熊翻译的圣咏集中文版本，创作了数十首天主教圣乐作品，如《上主是我的牧者》《圣母经》《天真》等。1946 年出狱后，江文也应方济会会士雷永明神父（Gabriel Maria Allegra，1907-1976）之邀，为天主教创作中国风格的圣咏，因他本人并不是天主教徒，为了熟悉天主教仪式，每到礼拜日，他都到方济堂参与弥撒礼仪。1946 年至 1948 年，他共创作了四部圣乐作品：《圣咏作曲集》（第一卷），1947 年 11 月 8 日初版；《第一弥撒曲》，1948 年 6 月 13 日初版；《儿童圣咏歌集》（第一卷），1948 年 7 月 20 日初版；《圣咏作曲集》（第二卷），1948 年 12 月 30 日初版。以上四本圣乐歌集全部都是由北平方济堂（方

59 曹国梁：《江文也与厦门》，《星海音乐学院学报》2011 年第 4 期。

济会）思高圣经学会出版及发行，共收录了江文也的中文原创圣乐作品共六十四首，大致可分为四大系列：即圣咏（Psalms）四十七首，弥撒曲一套（Mass）五首，哈利路亚（Alleluia：福音前欢呼）五首，圣母歌（Blessed Virgin Mary）七首。在创作《圣咏歌曲集》之前，他曾对中国古代音乐、周朝祀天仪式音乐、唐朝的宫廷雅乐、明清的祀礼孔乐都进行过细致的研究，力图将中国古代正雅乐"天人合一"思想与西方宗教精神统一起来，他根据中国几千年来的古谱、古乐音调来创作改编圣咏的旋律，伴奏部分也是采用了中国音乐理念，具有鲜明的中国古乐风格，而且有些是直接选用了中国传统音乐的曲调。所以他的圣乐作品既有中国传统音乐的风貌，同时还保持了教会音乐的特点，达到了当时中国圣乐创作的最高水平。其中流传最广的圣歌是 1947 年创作的《圣母经》，出自《第一弥撒曲》，曲调采用五声音阶羽调式，清纯优雅，旋律来自他 1938 年创作的独唱曲《西江月》。他在《圣咏作曲集》中就谈到自己是根据"金声玉振"的基本精神，揉和了古琴、笙管、琵琶的古老演奏方法而谱写的，节奏则与雅乐有关。

此后，也有人尝试将圣歌通俗化，大众化，并由歌唱家周小燕、喻宜萱灌录圣歌《夜思》《晚祷》等。1940 年代还出版了贾乐山编辑的《大众唱》圣歌本。但天主教音乐始终未能像基督新教音乐那样通俗化、普及化。

第四节　中国境内的东正教音乐情况

东正教传入我国的三百多年历史中，起初只有一个北京传教团，而且人数极少，后来才逐步向全国各地扩展。与天主教和基督新教的宣教机构不同，俄国传道团是沙俄政府派驻到中国的，具有驻外代表的性质，他们的在华活动，除了传教外，更重要的是外交使命，期间也扮演了一些不光彩的角色，如为沙俄政府提供政治、军事情报，协助沙俄强迫中国签订《瑷珲条约》《北京条约》《伊犁条约》等不平等条约，充当沙俄帝国侵略中国的帮凶。当然，在此过程中，他们为了了解中国，积极地开展汉学研究，1860 至 1898 年间东正教驻北京传道团翻译了《新约》和《福音义解》等，编译了《赞美诗》《简明旧约圣史》《上帝耶稣基督的尘世生活》《教理问答》《论正教的四大仪式：弥撒、斋戒、忏悔、圣体血礼》《关于圣号和神父的降福仪式》《正教祈祷仪式讲解》《正教和它的礼仪程序》等官方教会文献，用俄、中、英三种文字出版了《中国福音报》。1912 年北京东正教会刊行了《东正教鉴》（区分东正教与天主教的异同），1936 年上海中华东正教协会出版《正教初学集成》（包括了东正教要理问答），上海东正教会出版《正光》杂志等。[60]

俄罗斯东正教教会音乐主要是继承了拜占庭教会音乐。拜占庭礼仪及其圣咏的历史始于 527 年东罗马帝国查士丁尼一世的加冕典礼，在很长一段历史时期里，它主要用于拜占庭帝国内部，并逐渐形成了严格的礼拜歌唱体系，制定了"八调原则"。俄罗斯东正教音乐一开始也遵循着"八调原则"，后来融入了俄罗斯民族音乐风格，形成了"符号格调"，在 12 至 17 世纪的俄罗斯教会中占据主流。基督教会音乐由于深受犹太音乐影响，最初的教会圣咏全都是单声音乐。俄罗斯教会圣咏直到 16 世纪才产生了多声部，主要有二三四声部形式。18 世纪中期以后，俄罗斯许多作曲家创作了很多圣歌在教会中流传。

俄罗斯正教会礼仪音乐完全不使用乐器，"因为东正教会认为礼拜歌唱是人对上帝的祈祷，是人与上帝神秘交流的方式，人声之外的其他声响会妨碍这样的交流气氛"[61]。相比于格列高利圣咏，俄罗斯东正教圣咏的曲调要简单很多，但在礼仪中的运用却很复杂，每个仪式都有不同的圣乐，只有在教堂中经受过长期专门训练的人，才能掌握这些复杂的规定。所以，东正教非常重视对歌手的培训，这一般都是在修道院完成，修道院生活本身就是对歌唱的训练，其规章制度中规定每天要唱很多不同的圣歌，一旦出现错误，就要受到一定的惩罚。

东正教在中国的传播与发展，主要是在俄罗斯侨民及其后裔中间，其所用的音乐也是俄国教会传统的圣乐，用俄语或者古斯拉夫语演唱，对中国音乐影响甚微。[62]而且，随着俄罗斯人从中国撤出，基本上在中国内地消亡，仅在新疆等边境地区的俄罗斯族人中还存在。

---

60 林精华：《东正教之于中国：一种声音微弱的正面诉求》，《东方丛刊》2009 年第 2 期。

61 徐凤林：《东正教音乐浅释》，《世界宗教文化》2011 年第 3 期。

62 田青主编：《中国宗教音乐》，宗教文化出版社，1997 年版，172 页。

附录 1：1949 年前编纂出版的
中文[1]新教赞美诗集及乐理著作

序号	名　称	作者/编者	出版者/地点	出版年代	备　注
1	养心神诗（Hymn-Book）	英伦敦会·马礼逊（Robert Morrison）	广州	1818	第一本新教汉文赞美诗，30 首，27 页，内有小引一篇。1822 年印行第二版。
2	名字不详	汤普逊（Thompson）	马来西亚	1819	16 页，中文圣诗。

1 含少数民族文字圣诗集。

3	新增养心神诗	英伦敦会·米怜 （William Milne）	马六甲英华书院	1821	50首，其中30首来自马礼逊诗本，20首是米怜自译。
4	祈祷文赞神诗 （Prayers and Hymns）	英伦敦会·马礼逊 （Robert Morrison）	澳门	1833	祈祷文由梁发撰写，赞美诗由马礼逊及其他人所写，共60页，双面活字印刷。
5	续纂省身神诗	英伦敦会·马儒翰 （John Robert Morrison）	马六甲英华书院	1835	歌词本，19页54首，全由作者一人以七言律诗形式翻译，有序号，但无标题。
6	颂言赞语		新加坡	1838	汉语。
7	养心神诗 （Hymn Book）	英伦敦会·麦都斯 （Waltery Medhurst）	爪哇巴达维亚	1840 年前后	以"尚德者"为名出版，汉文、石印、46页、71首，其中60首系英国著名诗人以撒华兹（Isaac Watts）的作品，9首日本（John Rippon）的作品，1首来自《奥尼尔诗集》，还有1首未注明出处。1856上海重印改名为《宗主诗篇》。
8	祈祷神诗 （Prayers and Hymns）	美侵信会·怜为仁 （William Dean）	泰国曼谷	1840	用欧洲纸两面排印，有赞美诗32首，另有一些祈祷文。
9	养心神诗 （Hymn Book）	英伦敦会·理雅各 （James Legge）	马六甲英华书院	1842	刻版，27首，颂文7首，计30页，1852年增补为79首，香港刊印。
10	Tsaen Me Tsing Jing S 赞美诗 （Hymns of Praise）	美北长老会·麦嘉缔 （McCartee, Divie Bethune）	宁波华花圣经书房	1851	文言文体诗集，16页，23首赞美诗和颂歌，主要是翻译作品，后在福州重版。
11	神诗合选 （Hymn Book）	英长老会·宾为霖 （Burns, W.C.）	厦门寮仔后花旗馆	1851	文言文体，64首赞美诗，4首颂歌。
12	养心神诗	英伦敦会·麦都斯 （Waltery Medhurst）		1851	两卷，117首。

13	养心神诗（Hymn Book）	巴色会·蓝兑勒（也称黎力基, Rudolph Lechler）	香港	1851	文言文体，128 首赞美诗和 7 首颂歌。该书分为两部分，第一部分 22 页，包括 55 首赞美诗和 7 首颂歌，选自理雅各《养心神诗》，第二部分的 1 至 44 首选自美国浸信会的赞集，第 45 和第 53 首是韩山文所作，46 至 52 及 54 至 61 选自一部在厦门使用的赞美诗集，第 62、64、65 和 67 是韦腓立（Rev.P. Winnes）所作，第 72 是吕吕威廉 Rev.W. Louis）所作，第 63、68 至 71、73 则是选自一部在广州使用的赞美诗集。
14	幼学诗			1851	
15	养心神诗	英伦敦会·理雅各（James Legge）	香港	1852	1842 年版增补本，79 首，香港刊印。
16	赞美诗	美北长老会·麦嘉缔（McCartee, Divie Bethune）	福州	1852	18 页，30 首诗，荣耀赞 4 首，均有标题，诗体比较松散，有七言、八言及骚体。为福州版的重印。
17	神诗合选（Hymn Book）	英长老会·宾为霖（Burns, W.C.）	厦门寮仔后花旗馆	1854	
18	养心神诗新编（New Hymn Book）	英长老会·杨威廉（William Young）	厦门寮仔后花旗馆	1854	闽南白话，13 首，闽南圣诗之前身，后多次增编。
19	赞美诗集（Hymn Book）	美长老会·孟丁元（Samuel N.D.Martin）	宁波华花圣经书房	1855	罗马拼音注宁波话，32 页。
20	赞神诗（Hymn Book）	美南浸信会·高第丕（Tarleton P. Cramford）	上海	1855	上海方言。

	名称	编者	出版地/机构	年份	备注
21	诗篇（Hymns）	英伦教会·合信（Benjamin Hobson）	上海	1856	单张石印，5 首圣歌和 3 首赞美诗。
22	赞神乐章：附谱曲（Hymns and Tunes）	美长老会·罗德（E. C. Lord.）	宁波华花圣经书房	1856	五线谱，24 首赞美诗，1 首总赞词，25 页。既用汉字也用罗马拼音标注宁波方言。中文用文言文。
23	宗主诗篇	英伦教会·麦都斯（Waltery Medhurst）	上海墨海书馆	1856	是其 1840 年《养心神诗》之扩印，由王韬扩充修订。
24	Sing-s（《圣诗》）	美长老会·丁韪良	宁波华花圣经书房	1857	72 页，诗篇选编本，宁波方言。
25	养心神诗新编（New Hymn Book）	英伦敦会·施敦力·亚历山大（Alexander Stronach）	福州	1857	58 首，系 1852 年杨威廉本扩编。
26	赞美诗	不详	宁波华花圣经书房	1857	122 页，有 111 首圣诗，全部来自于在宁波传教的传教士，宁波方言。
27	赞美诗集（Hymn Book,Roman）	中国宣道会·祝恩赐（John Jones）	宁波	1857	18 页。
28	名字不详	长老会		1858	250 首曲调，Tonic Sol－fa 记谱法。
29	圣山谐歌（Hymns set to Music, Roman）	美长老会·应思理（Elias B. Inslee）	宁波华花圣经书房	1858	五线谱，113 首，罗马拼音注汉字，宁波方言，罗马文字。
30	赞主诗歌（Hymns of Praise）	英伦敦会·慕维廉（William Muirhead）	上海	1858	上海方言，再版改名《耶稣圣歌》（55 页）。含 100 首上海方言诗歌，以 30 条基督教教义为序，每条下引相关圣经经文予以说明。
31	Iong sim sin si, Ti E-Mng Tn（《养心神诗》）	美归正会·打马字（J. V. N.Talmage）	厦门	1859	闽南白话字本，26 页，罗马字母拼写，25 首赞美诗，13 首来自杨威廉，其余为杜嘉德所作。

序号	诗集名称	编纂者	出版地	年份	说明
32	Tsan Zung z（《赞神诗》，Hymn Book）	美南浸会·凯勃尼斯（郏爱比，A.B.Cabaniss）	上海	1859	用新音标方式标注上海方言，26 页，21 首赞美诗和 3 首颂歌，有索引和目录，全部为翻译作品。
33	圣歌（Hymns）	英伦敦会·慕维廉（William Muirhead）	上海	1859	单页。
34	赞美诗和曲谱（Hymn and Tune Book）	麦利合	福州	1859	6 页，采用英国的谱曲方式，下填中文赞美诗。
35	赞美神诗（Hymn Book）	丕思业（Charles Finney Preston）；双门底福音堂译	广州	1860	广东方言，47 页，81 首赞美诗和 2 首颂歌，再版时增加了 6 首赞美诗，共 51 页。
36	赞美诗（Tsan-me s）	美北长老会·蓝享利（Henry van Vleck Rankin）	宁波华花圣经书房	1860	宁波方言，166 首圣诗，155 页。
37	赞美神诗（Hymn Book）	美南浸会·凯勃尼斯（郏爱比，A.B.Cabaniss）	上海	1860	上海方言，25 页，圣诗 21 首，三一颂 3 首，为 1859 年版汉字抄本，无索引。
38	宗主诗章（Hymn Book）	伦敦会·湛约翰（John.Chalmers）	广州惠爱医馆	1860	依理雅各（James Legge）本《养心神诗》编就，配五线谱，内有颂诗 81 首，颂文 7 首。文言体，81 首，附五线谱，1862 年香港再版增为 85 首，颂文 7 首，共 70 页。
39	潮腔神诗（Hymns in the Chaou-chow dialect）	英长老会·宾为霖（Burns, W.C.）	汕头	1861	汕头方言，29 首，1873 年修订再版改名为《潮音神诗》。
40	教会圣歌（Church Hymns）	英伦敦会·慕维廉（William Muirhead）	上海	1861	上海方言，37 页，56 首圣歌。
41	救世圣歌	英伦敦会·慕维廉（William Muirhead）	上海	1861	上海方言，39 页，60 首圣歌。

序号	书名	译者	地点	年份	说明
42	榕腔神诗（Hymns in the Fuh-chow dialect）	英长老会·宾为霖（Burns, W.C.）	福州	1861	福州方言，21页，30首，1875年重修扩增为71页。
43	赞美圣诗（Hymns of Praise）	美监理会·蓝惠廉（James William Lambuth）	上海	1861	74页，100首赞美诗，罗马字母标注上海方言。
44	赞美诗集	内地会·戴德生（James Hudson Taylor）	伦敦	1861	宁波方言。
45	宗主诗章（Hymn Book）	英伦敦会·杨格非（Griffith John）	汉口	1861	30页，50首赞美诗。
46	Tasn ma s poo ye（《赞美诗补遗》）	长老会·范约翰（John M.Farnham）	上海	1862	梅理士（Charles R.Mills）版本的第二部分，53首，上海方言，42页。
47	神诗合选	美北长老会·倪维思（John L. Nevius）	北京	1862	北京方言。
48	颂扬真神歌	英长老会·宾为霖（Burns, W.C.）	厦门	1862	厦门方言，20首。
49	颂扬真神歌（Hymn Book）	美北长老会·倪维思（John L. Nevius）	上海	1862	官话译本，由从篮亨利本《赞美诗》中选取了100首赞美诗和其他10首颂歌组成，绝大部分是最受欢迎的英文赞美诗的译文。有一篇中国学者的序和一份目录。经作者仔细修订并增加24首其他来源的赞美诗后，该书于1865年在上海出版第二版，共111页。除原来的序外，倪维思也为这一版本撰写了序言。
50	厦腔神诗（Hymns in the Amoy dialect）	英长老会·宾为霖（Burns, W.C.）	厦门	1862	厦门方言，20首。

	书名	编者	地点	年份	备注
51	耶稣教圣诗（Hymns and Tunes）		天津耶稣堂	1862	共 39 页，内含赞美诗 50 首，附有目录，每首诗都有标题，主要采用六言、七言、八言的句式，诗句的形式比较自由，诗句口语化，浅显易读。
52	赞美诗（Tsa ma s, Hymns Book）	美北长老会·梅理士（Charles R.Mills）	上海	1862	这是蓝亨利宁波方言赞美诗集的选本，共收录 54 首诗，译成上海方言，并用罗马字拼写印行。第二部分由范约翰（Farnham）所加；最后是 9 首颂歌。1864 年该译本的汉字版以《赞美诗》（第一部分）为名在上海出版，39 页，另有两页颂歌。
53	漳泉神诗（Chang-chow and Tseuen-chow Hymns）	苏格兰长老会·杜嘉德（Carstairs Douglas）	福建	1862	闽南方言，39 叶（一叶＝两页）。
54	宗主诗章	英伦敦会·理雅各（James Legge）	香港	1862	
55	歌颂诗章（Hymns of Praise）	英循道公会·俾士（George Piercy）	广东	1863	广东方言，20 页，34 首赞美诗。
56	启蒙诗歌（Simple Hymns）	英循道公会·俾士（George Piercy）	广东羊城惠师礼堂	1863	广东方言，116 首，53 页。
57	颂主圣诗（Hymn Book）	英伦敦会·艾约瑟（Joseph Edkins）	北京	1863-1864	北京方言，81 首圣诗。
58	Poo ye de nie kion Zong-ha's tsak iau（《补遗第二卷上海诗杂要》）	长老会·范约翰（John M.Farnham）	上海	1864	为 1862 年版本的汉字版，共 39 页。

序号	名称	译者/机构	地点	年份	备注
59	Tsa ma s（《赞美诗》, Hymns Book）	美北长老会·梅理士（Charles R.Mills）	上海	1864	上海方言，为1862年版本的赞美诗部分，39页，另有两页颂歌。
60	颂主圣诗（Hymn Book）	英长老会·宾为霖（Burns, W.C.）	北京	1864	文言诗集，41页，54首。
61	榕腔神诗	英长老会·宾为霖（Burns, W.C.）	福州	1865	
62	榕腔神诗（Hymns in the Fuh-chow dialect）	美以美会·麦利和（Robert Samuel Maclay）	福州华美书局活版	1865	宾为霖版本的增补本，序云：宾先生译出榕腔十三篇，夏先生译出六篇，以下更有二十九篇，系译香港宗主之诗统共八十余篇，成一部，以为教会之用。
63	颂扬主诗	卫斯理会·郭修理（Josiah Cox）	汉口	1867	
64	宗主诗章	英伦敦会·理雅各（James Legge）	香港英华书院	1867	
65	孩童诗歌		厦门	1860年代（1867年之前）	
66	曲谱赞美诗	长老会·范约翰夫妇（John M.Farnham）	上海	1868	上海方言，五线谱。
67	养心诗调	苏格兰长老会·杜嘉德（Carstairs Douglas）	厦门	1868	共73页，39首圣诗，经过改动的Tonic Sol—fa记谱法，由简单的乐理介绍和谱例两大部分组成。
68	宗主榕腔诗章		福州	1868	

69	Crawford Hymnal	美南浸信会·高第丕（Tarleton P. Cramford）	山东	1869	
70	乐法启蒙	苏格兰长老会·杜嘉德（Carstairs Douglas）	厦门	1869	经过改动的 Tonic Sol—fa 记谱法，由简单的乐理介绍和谱例两大部分组成，有 69 首赞美诗谱例。
71	蒙学堂诗歌		厦门	1860 年代	
72	乐理颇晰	苏格兰长老会·杜嘉德（Carstairs Douglas）	厦门新街拜堂	1870	共 21 页，经过改动的 Tonic Sol—fa 记谱。
73	榕腔神诗		榕城（福州）福音堂	1870	福州方言。
74	圣诗百篇		湖北	1870	
75	西国乐法	苏格兰长老会·杜嘉德（Carstairs Douglas）	厦门	1870	介绍五线谱。
76	养心神诗	巴色会·蓝克勒（也称黎力基，Rudolph Lechler）	香港	1870	
77	赞美诗	美南浸信会·高第丕（Tarleton P. Cramford）	上海美华书馆	1870	
78	童子拓胸歌	美部会·夏察理（Charles Norris Hartwell）	福州太平街福音堂	1871	福州方言（榕腔），包括封面、封底全部 36 页，封底无目录，无谱美诗。11 首赞美诗，无谱。
79	养心神诗（The Union Hymn Book）	苏格兰长老会·杜嘉德（Carstairs Douglas）	厦门	1871	59 首，厦门各基督教会通用，罗马字母。
80	赞美诗	美南浸信会·高第丕（T.P.Crawford）	杭州	1871	

	书名	编者/作者	出版地/出版社	出版年	备注
81	赞美诗	英圣公会·幕稼谷（George Evans Moule）	杭州信一堂	1871	
82	赞神圣诗	美北长老会·倪维思（John L. Nevius）. 狄考文（Calvin Wilson Mateer）撰		1871	初版。
83	宗主诗章	英长老会·宾为霖（Burns, W.C.）, 蔡理氏, 麦利和（Maclay Robert Samuel）	福州太平街福音堂, 南台铺前顶救主堂	1871	榕腔。
84	颂主圣诗	理约翰, 艾约瑟同译	京都（北京）福音堂	1872	
85	颂主诗歌（Blodget and Goodrich Hymnal）	华北公理会·白汉理（H. Blodget）. 富善（Ch. Googrich）	京都（北京）灯市口美华书院	1872	官话（北京腔），圣诗315首，三一颂19首，崇拜乐章12首，并附《晨裤文》。经多次修改和再版，最终版本为1933年天津工业印字馆印制。
86	西国乐法启蒙	美长老会·狄就烈（Julia Brown）	上海美华书馆	1872	有圣诗369首，讽诵歌17首，还有用中外杂调小曲，以作练习尺谱对照录的25首中外杂调小曲，《乐法启蒙》条理详解18段，于1879、1892系统讲授该谱读法。1872年初版后，1907年再版，1913年及1913年又重印增补版，并补入四部人合唱。
87	养心神诗	美浸礼会·杨威廉（Rev. WilliamYoung）, 宾为霖（Burns, W.C.）, 杜嘉德（Carstairs Douglas）	福州华美书局刻本	1872	杨威廉扩印，59首，1875 年重版，线装 1 册 42 页。

序号	诗集名	编者/译者/机构	出版地	年份	备注
88	童子拓胸歌	美部会·夏察理（Charles Norris Hartwell）	福州美华书局	1873	
89	养心神诗（Ióng sSm Sin Si）	英长老会·宾为霖（Burns, W.C.），杜嘉德（Carstairs Douglas）	格拉斯哥 W.G. Blackie & Co. 所承印	1873	福州华美书局原本，59 首，厦门方言白话字本，47 页，罗马拼音注音。
90	旧约圣诗		北京	1874	
91	颂主诗歌	G. Reusch 牧师编译	香港巴色会	1874	德国圣诗为主。
92	颂主诗歌	查尔斯·PH.皮顿（Charles Philippe Piton）	广东	1874	
93	童子拓胸歌	美部会·夏察理（Charles Norris Hartwell）	福州美华书局	1874	
94	赞美诗	美南浸信会·高第丕（T.P.Crawford）	上海	1874	
95	赞美诗	美长老会·雷普百（Rev. Joseph Anderson Leyenberger）	上海美华书馆	1874	宁波方音
96	赞美诗	美国长老会	华东地区	1874	方言
97	榕腔神诗	英长老会·宾为霖（Burns, W.C.），蔡理氏，麦利和（Maclay Robert Samuel）	福闽华美书局	1875	榕腔。
98	颂扬主诗	循道会·沙修道（W. Scarborough）	汉口	1875	

编号	名称	编者	出版地	年份	备注
99	颂主诗歌	据其内容和序言,应为白汉理,富善编本	京都（北京）华美书院印	1875	附有圣诗目录 3 页,内含圣诗 124 首,六言、七言、八言,诗句比较口语化,此本诗集附有诗序和目录。
100	颂主圣诗	伦敦会·理一视（Jonathan Lees）		1875	
101	养心神诗	英长老会·宾为霖（Burns, W.C.）、杜嘉德（Carstairs Douglas）	福州美华书局	1875	厦门方言,线装 1 册 34 页。
102	赞主圣章	浸信会		1875	
103	颂圣圣篇		上海三牌楼礼拜堂印	1876	线装排印。
104	颂主圣诗	英伦敦会·杨格非（Griffith John）	汉口圣教书局	1876	200 首,英文名《协和圣诗》（Union Hymn Book）,11 种版本,线谱本 1922 年出版。
105	颂主诗章	美南浸信会		1876	内容为当时流行圣诗。
106	谢年歌	美部会·夏察理（Charles Norris Hartwell）	福州太平街福音堂	1876	福州土白,无谱无目录。
107	福音赞美诗	美南长老会·都署美（Benjamin Helm）	上海美华书馆	1877	官话,101 首圣诗和福音歌,编辑体例以长老会主日学校赞美诗集为原型。附谱。
108	旧约圣诗		北京	1877	
109	颂主诗歌	华北公理会·白汉理（H. Blodget）、富善（Ch. Googrich）合编	京都（北京）灯市口美华书院	1877	无谱,仅有中文韵文歌词,书后附英语说明及"乐调引得"。

110	颂主诗章		广州羊城惠师礼堂	1877	
111	赞神圣诗	美北长老会·倪维思 （John L. Nevius）、狄考文 （Calvin Wilson Mateer）	上海美华书院	1877	
112	凯歌	美以美会·欧灵格夫妇 （Franklin Ohlinger）	福州	1878	福州方言，福州地区第一本五线谱中文圣诗，附有读谱方法说明，112 首。
113	圣教新歌	伦敦会·理一视 （Jonathan Lees）		1879	
114	救世教诗歌 289 首	黄乃裳	福州	1870 年代（同治年间）	
115	颂主诗歌	华北公理会·白汉理 （H.Blodget）、富善 （Ch.Googrich）合编	京都（北京）灯市口美华书院	1880	有序，有总题目录、句首目录，引经目录。315 首，三一颂 10 颂，歌咏文 12 段，索引，共 375 页。
116	谢年歌	美部会·夏察理 （Charles Norris Hartwell）	福州太平街福音堂出版，美华书局代印	1880	福州土话，6 页，10 首赞美诗。
117	宗主新歌	伦敦会·湛约翰 （John.Chalmers）译	广州伦敦教会	1880	
118	圣诗	偕我会·苏威廉 （William Edward Soothill）	温州	1881	温州方言，五声音阶。
119	旧约诗篇	英伦敦会·慕维廉 （William Muirhead）	上海	1882	

120	牧长诗歌	唐意雅译	福州美华书局活板本	1882	榕腔。
121	颂主圣诗	英伦敦会·杨格非（Griffith John）	汉口夹街福音会堂	1883	
122	小诗谱	英浸信会·李提摩太（Timothy Richard）	山西太原	1883	木刻，工尺谱，1901 年由上海广学会增补出版石印本。
123	名字不详	席胜魔作，内地会司米德牧师（Stanley P.Smith）编辑	山西	1886	四声部合唱，五线谱，主要是席胜魔的诗歌。
124	福音韵语	伦敦会·富翟氏（Mrs.Arnold Foster）	汉口	1886	
125	福音圣诗			1887	木刻，白话文翻译。
126	颂主诗歌	华北公理会·白汉理（H.Blodget），富善（Ch.Googrich）合编	京都（北京）灯市口美华书院	1887	315 首，歌咏文 10 首，歌咏文 12 段。卷末附有圣教择要礼文及敬主文。
127	公赞诗	伍德儒夫（A.Woodruff）编	上海美华书馆	1888	四声部合唱，五线谱。
128	赞美歌词		越城基督堂印	1888	线装。
129	救世教诗歌	福州三公会（美以美会、圣公会、公理会）共编	福州	1889	福州土话，带歌谱。
130	Hymns and Tunes	华南监理会	福州	1898	240 首，福州方言
131	Sacred Songs	唐意雅（Miss Ella. J. Newton）及 J. E. Walker	福州	1890	福州方言

编号	书名	编者	出版地	年份	备注
132	诗篇	英伦敦会·湛约翰（John Chalmers）	香港	1890	
133	颂主新诗	陈翰勋（Chan, Hon Fan/Fun）	福州美华书局活版	1890	
134	圣教诗歌	伦敦会·理一视（Jonathan Lees）选撰	天津福音堂	1891	有曲谱。
135	颂主诗歌	华北公理会·白汉理（H.Blodget）、富善（Ch.Googrich）合编	京都（北京）灯市口美华书院	1891	内含 358 首诗，每首诗都注明了来源出处、调类、三一颂 11 段，歌咏文 12 段，331 页。
136	赞颂主诗	美以美会·李德力（Edward. S. Little）	江西九江美以美会书馆	1891	
137	宗主诗章	美部会·瓦格（J.E. Walker）	福州美华书局活版	1891	125 首，附美部会礼文。
138	Si Pieng（《诗篇》）		福州	1892	
139	圣诗谱·附乐法启蒙（增补版）	美长老会·狄就烈（Julia Brown）		1892	符号记谱法。
140	颂祷歌诗	英圣公会·慕稼谷（George Evans Moule）		1893	
141	众赞歌集（朝鲜文）	恩得乌德（H.G Under Wood）		1893	
142	Póí óng-sim-sîn-si（《补养心神诗》）		台湾	1894	台湾方言。

中国基督宗教音乐史（1949 年前）

序号	名称	编者	出版地	年份	说明
143	颂主圣诗		汉口圣教书局		
144	颂主诗歌	华北公理会·白汉理（H.Blodget）、富善（Ch.Googrich）合编	京都（北京）灯市口美华书院	1894	
145	颂主诗歌	华北公理会·白汉理（H.Blodget）、富善（Ch.Googrich）合编	京都（北京）灯市口美华书院	1895	梭发字母谱（Tonic Sol—fa 记谱法），400 首。
146	颂主诗歌	华北公理会·白汉理（H.Blodget）、富善（Ch.Googrich）合编	日本横滨制纸分社印	1895	375 首诗歌（比房来版本增加 60 首便用杂诗），三一颂，歌咏文 12 段。依序有变，先为歌咏文，其次为三一颂，诗歌在后，共 398 页。末有英文序及索引。
147	颂主诗歌谱：音乐嘤法	华北公理会·都春圃（Elwood Gardner Tewksbury）编	北京通州潞河书院	1895	诗歌每首 1 页，上为乐谱，下为歌词，注明首数、诗篇名、调类，歌名称，共有诗 400 首（420 页），三一颂 12 颂，歌咏文 13 段，附有英文序和索引，共 461 页。
148	五声音阶歌谱	英浸礼会·库寿龄夫人（Mrs. Couling）	山东德州	1895	封面有"此嘤法诗谱与公理教会新印出颂主诗歌之韵调谱同"字样，开本尺寸为 24 厘米，68 页，都春圃编。
149	养心神诗		鼓浪屿萃经堂印	1895	五声音阶。
150	江南赞美诗		上海	1895	罗马字，汉字，90 首。
151	通用圣诗			1896	初版。
152	救世教诗歌	福州三公会（美以美会、圣公会、公理会）共编	福州华美书局活版	1897	诗 239 首，荣耀颂 4 首，附有教会礼文。有美以美教会 1892 年重刊序。无谱。

序号	诗集名称	编者／作者	出版地	年份	备注
153	养心神诗		鼓浪屿萃经堂印	1897	151首，罗马字母。
154	旧约诗篇			1898	
155	颂主诗歌：嘆法诗谱	华北公理会·都春圃（Elwood Gardner Tewksbury）	北京通州潞河书院	1898	400首诗歌、字母谱。
156	赞主圣诗	ACBFM美部会	福州	1898	214首。
157	诗歌集锦	[德]佛尔克（Alfred Forke）辑	美华书馆	1899	铅印。
158	颂主诗歌			19世纪	福州土话。
159	月季歌：信主诗歌		福州金栗台存板	19世纪	
160	旧约诗篇			1900	
161	牧长诗歌	唐意雅译	福州闽北圣书会印	1900	榕腔。
162	圣诗	台湾南部圣诗歌委员会，甘为霖（Rev. William Campbell）主编	台南新楼书房	1900	白话本，台湾编印第一本圣诗，后多次再版，122首，仅有歌词，无谱无曲。
163	颂主诗歌	华北公理会·白汉理（H.Blodget），富善（Ch.Googrich）合编	上海美华书馆	1900	文言。
164	不详	山西内地会	太原	1901	
165	小诗谱	英浸信会·李提摩太夫人	上海广学会	1901	
166	Si Pieng（《诗篇》）		福州	1902	

167	圣教诗歌	伦敦会·理一视（Jonathan Lees）选撰		1902	451首。
168	养心神诗		鼓浪屿萃经堂印	1902	98首，罗马字，厦腔。
169	颂主圣歌	内地会	上海美华书馆承印	1903	350页。
170	赞神圣诗		上海美华书馆	1903	32开。
171	Fu yin shih ko《福音诗歌》	J. Young Wai	悉尼 N. S. W.	1904	
172	福音诗歌	周容威择译	澳大利亚雪梨	1904	
173	联合赞美诗（Association Hymn Book）			1904	323 页，附琴谱。
174	幼徒诗歌（The Association Hymnal）	中韩香港基督教青年会会总委办	上海	1904	
175	诗篇诗歌（《经文短歌》，苗文）	基督教循道公会石门坎教会编译	贵州	1905	大部分赞美诗的开头都附加一段"诗篇"经文，先念后唱，以加深对经文的理解，故名《诗篇歌》或《经文短歌》。书中有赞美诗 50 余首，用"波拉德苗文"和"母谱"翻译。
176	江南赞美诗		上海	1905	
177	教会短歌	杨绍唐，田雅各布编辑	上海	1905	
178	圣会诗章		上海美华书馆	1905	
179	颂主圣诗	圣公会译	上海美华书馆铅印	1905	1905 年版本有诗 354 首，1930 年再版增至 367 首，最后版本为 1931 年版。

	诗集名称	编者/译者	出版社	年份	备注
180	颂主圣诗		圣教书局印发	1905	
181	颂主诗歌	英汉书馆铅板印	汉口圣教书局印发	1905	无谱，仅有中文韵文歌词，书后附英语说明及"乐调引得"，64 开。
182	颂主诗歌	华北公理会·白汉理（H.Blodget）、富善（Ch.Googrich）等合编	上海美华书馆	1905	
183	新老赞美诗（苗文）	内地会·伯格理（Samuel Pollard）等		1905	伯格理与汉族信徒李司提反，苗族信徒杨雅各布，张约翰用"柏格文字"翻译刻印。121 首，无谱。
184	养心神诗（续本）	闽南基督教三公会委托厦门信文斋活字印书馆印制	厦门信文斋	1905	100 首，字母谱，厦腔。
185	福州兴备诗歌	福州兴备会	福州罗马字书局版	1906	是福州三大教会所通用的赞美诗集，含圣诗 114 首。
186	旧约诗篇	英伦敦会·杨格非（Griffith John）译	汉镇	1906	
187	救世教诗歌乐谱（Hymns and Tunes）		福州	1906	
188	青年诗歌（The Association Hymnal）	中韩香港基督教青年合会总委办	上海	1906	
189	圣诗乐谱	美国公理会	福州罗马字书局版	1906	有 256 首赞美诗，每首圣歌的开始都有歌调名和节拍名和四个声部的乐谱。
190	赞主圣诗		福州罗马字书局版	1906	诗歌 256 首，荣耀歌 2 首，祈祷诗 2 首，勉励会会约、勉励会祝福 2 节，尾赞 4 首。附奋兴会诗歌续编，并合订美部会礼文。

编号	书名	编者	出版地/出版社	年代	备注
191	Cang Cio Seng Si,being Mi buo la ung（《赞主神诗》）		福州美部会	1907	
192	The Hymnal	监理会	福州	1907	罗马拼音版，近 300 首。
193	教会新诗	席胜魔	上海商务印书馆	1907	
194	颂主诗歌	华北公理会·白汉理（H.Blodget）、富善（Ch.Googrich）合编，富善、都春圃等修订	日本横滨福音印刷合资会社铅板，横滨制纸分社印	1907	编排与 1895 年日本横滨福音社印铸版不一样，上半部分是五线谱，下半部分是诗篇，注明首数、调类、诗篇名和翻译者，诗的上方有英文的诗歌名称。但是增加了"三一颂"的第一颂四句。诗歌编排页不一样。共有诗 408 首，歌咏文 14 篇，三一颂 12 颂，附英文序及索引。
195	颂主诗歌	华北公理会·白汉理（H.Blodget）、富善（Ch.Googrich）合编	京都（北京）灯市口美华书院	1907	450 首，附歌咏之文 12 篇，三一颂 12 首。
196	颂主诗歌	华北公理会·白汉理（H.Blodget、富善（Ch.Googrich）合编	上海协和书局	1907	
197	公赞诗	伍德儒夫（A.Woodruff）编	上海美华书局	1908	四声部合唱，五线谱。
198	青年诗歌（The Association Hymnal）	谢洪赉主编	上海基督教青年会	1908	最早由中国基督教徒独立编译之圣诗，后增编为《最新青年诗歌》。
199	奋兴布道诗歌选集	余慈度（YÜ DORA）编译		1909	中国最早的奋兴诗歌。

编号	书名	编者/作者	出版地/出版者	年份	备注
200	诗谱合璧圣诗	林锦生	台湾	1909-1910	词曲合璧。
201	圣经诗		上海	1910	
202	颂主诗集（Hymns of Praise with Music）	山东英美礼会选辑	上海	1910	
203	最新青年诗歌附赓歌	顾子仁	上海基督教青年会	1910	由谢洪赉《青年诗歌》扩编而成，第 5 版，192 首。
204	颂主诗歌续本			清末	线装竹纸木刻，长 17.5 厘米，宽 12 厘米，无谱。
205	复兴诗歌	余慈度（YÜ DORA）编译	商务印书馆代印	1911	布面硬装，韵文体，无谱。
206	青年诗歌（The Association Hymnal）	谢洪赉主编	上海基督教青年会	1911	
207	圣歌宝集		北平救世堂	1911	96 页。
208	颂主诗歌	华北公理会·白汉理（H.Blodget），富善（Ch.Googrich）合编，富善、都春圃等修订	日本横滨福音印刷合资会社铅版，横滨调纸分社印	1911	内容与 1907 版同，有谱，但在诗第一首之前加总题目录及首句目录（均中文）。
209	颂主诗歌	华北公理会·白汉理（H.Blodget），富善（Ch.Googrich）合编，富善、都春圃等修订	日本横滨福音印刷合资会社铅版，横滨调纸分社印	1911	32 开，与其他版本不同的是，内附有上帝十诫，主祷告文、使徒信经，无谱。
210	通用圣诗		上海中国圣教书会	1911	
211	幼童圣诗谱	[美]克罗斯比	上海美华书馆	1911	沪语儿歌式圣诗。

序号	书名	编著者	出版者/出版地	年份	备注
212	赞神圣诗	美北长老会·倪维思（John L. Nevius）、狄考文（Calvin Wilson Mateer）撰	山东大学堂书局排印	1911	黑底带花封面，特厚本，线装。
213	真道诗歌	基督复活安息日会编	上海时兆报馆	1911	129页。
214	奋兴布道诗歌	孙喜圣编著	南京汉西门长老会堂发行	1912	
215	奋兴诗歌琴谱	监理公会筹备百年大会	监理公会筹备百年大会	1912	五线谱，无诗歌。
216	福音赞美诗	毕来恩编		1912	1912年初版，1923年再版，改名《布道诗》，74首，五线谱。
217	教会诗歌	Albert Latley编，内地会发	上海华美书局印	1912	84首，前有中文目录，后有英文目录，无谱，线装。
218	颂主圣歌 发音集	上海中华内地会		1912	32开，466页，有总目录和首句全目录，数字简谱本。
219	颂主诗歌	华北公理会·白汉理（H.Blodget）、富善（Ch.Googrich）合编，富善、都春圃等修订	日本横滨：横滨分社	1912	
220	席胜魔诗歌	内地会	上海华美书馆印	1912	76首，线装一册，有目录，无谱
221	圣教诗歌	伦敦会·理一视（Jonathan Lees）选撰		1913	451首，无谱，白话。
222	颂主圣诗	华西圣教会	成都	1913	

附录 1：1949 年前编纂出版的中文新教赞美诗集及乐理著作

序号	书名	编者	出版地	年份	备注
223	颂主诗歌	华北公理会·白汉理（H.Blodget）、富善（Ch.Googrich）合编	上海协和书局	1913	
224	教会圣诗		上海	1914	
225	诗篇		大美国圣经会印发	1914	32 开，官话和合版。
226	颂主诗歌	华北公理会·白汉理（H.Blodget）、富善（Ch.Googrich）合编，富善、都春圃等修订	日本横滨福音印刷合资会社铅板，横滨调纸分社印	1914	诗 408 首，歌咏文 14 段，三—颂 12 颂，有总题目录及首句目录，共 326 页，无谱。与"福音印刷合资会社铅板"1916 年的是同一个本子的不同版式，1918 年的是同一和珍版。
227	养心神诗	由闽南基督教长老总会授权，闽南圣教书局出版	厦门萃经堂代印	1914	151 首罗马字版，是现存最早附有四声部五线谱版《养心神诗》，厦腔。
228	重订赞神圣诗	山东省长老会	济南	1914	中国人集体编著的第一本圣诗，文字本，无谱。以美国长老会的圣诗为蓝本，汉译方面除了用倪维思、狄考文二人原来翻译的诗作外，又从《颂主诗歌》《颂主诗集》《赞主灵歌》《信徒圣诗》《复兴诗歌》等诗集中选择一部分。
229	江南赞美诗		上海美华书局	1915	341 页，吴方言。
230	青 年 诗 歌（The Association Hymnal）	谢洪赉主编	上海基督教青年会	1915	
231	颂主圣诗	福州教会全体（圣公会、公理会、美以美会）	福建启明印书局	1915	按题目分 41 类，附录有圣日礼拜秩序和教会礼仪。1925 年出第四版，416 首。

编号	书名	编著者	出版	年代	备注
232	颂主诗歌	华北公理会·白汉理（H.Blodget）、富善（Ch.Googrich）合编，富善、都春圃等修订	日本横滨福音印刷合资会社铅板，横滨制纸分社印	1915	没有标明页码，诗 408 首，歌咏文 14 段，三一颂 12 颂，无谱，有总题目录及首句目录及诗译者名单。
233	养心神诗琴谱		闽南圣教书局	1915	
234	幼稚园与初等小学诗歌	斯悌里（Stelle, Elizabeth Sheffield）编	上海美华书馆	1915	排印本。
235	颂主圣诗	圣公会译		1916	
236	颂主诗歌	华北公理会·白汉理（Henry Blodget）、富善（Chauncey Goodrich）、Elwood Gardner Tweksbury		1916	
237	颂主诗歌简本	华北公理会·白汉理（H.Blodget）、富善（Ch.Googrich）合编，富善、都春圃等修订	辰州	1916	
238	协和颂主圣诗			1916	
239	青年诗歌	来会理（Dr Willard Lyon）撰	上海中华基督教青年协会	1917	铅印本 1 册，47 首。
240	颂主圣歌（彝文）	内地会·张尔昌（Gladstone Charles Fletcher Porteous）等		1917	含有赞美诗 361 首，全部是单声部。
241	颂主圣诗	华西圣教书会	成都华英书局	1917	小 64 开袖珍本，常增补圣教类联。

序号	诗集名称	编者	出版地/出版社	出版年	备注
242	颂主诗歌	华北公理会·白汉理（H.Blodget）、富善（Ch.Googrich）合编，富善、都春圃等修订	日本横滨福音印刷合资会社铅板，横滨制纸分社印	1917	长 19 厘米，宽 12 厘米，内容同 1915 年版本。无谱。
243	颂主诗歌简本	华北公理会·白汉理（H.Blodget）、富善（Ch.Googrich）合编，富善、都春圃等修订	辰州	1917	
244	通用选补圣诗	英圣公会·德辅廊（Frank B.Turner）	天津圣道公会	1917	327 页，无谱。
245	重订赞神圣诗（曲谱）	华北长老会委办（The Synod of the Presbyterian Church of North China）	上海长老会印书馆	1917	五线谱本，每页的上半部为线谱，下半部分为文字，线谱与歌词分开印。全书有诗歌 390 首，分为 55 类，附有三一颂 8 颂，并有圣咏《主祷文》《诗篇》及《尊主颂》等，最后附有教会婚丧公礼。
246	福音诗（Hwa Miao Gospel Song,《花苗福音赞美诗》）	循道会·张道惠（Harry Parsons）牧师等		1918	英籍牧师张道惠、裴忠谦、苗族传道张夏禹，罗以理、杨马可等联合翻译。
247	公祷文附诗篇	圣公会		1918	
248	青年诗歌（The Association Hymnal）	谢洪赉主编	上海中华基督教青年协会	1918	第十版，79 页，诗歌 130 首，另有颂赞歌 7 首。系谢洪赉在来会理（Dr Willard Lyon）编《青年诗歌》（47 首）基础上，又自己创作数首，自英文翻译 20 余首，并从《颂主诗歌》《江南赞美诗》等选取 50 首，扩编而成。首次出版于 1908 年。

	诗集名	编译者	出版地/出版社	年份	备注
249	颂主圣诗	圣公会译		1918	163页，内含赞美诗345首，每首赞美诗都有标题，并且说明了诗句的调，还对诗歌分了类。
250	颂主诗歌	华北公理会·白汉理（H.Blodget），富善（Ch.Googrich）合编，富善、都春圃等修订	日本横滨福音印刷合资会社铅版，横滨制纸分社印	1918	内容同于1914、1915及1916年版本，只是字体更大字更粗，所以总页码比1916年版本多70页。
251	福音圣诗		广州	1919	歌词本，无谱。
252	颂主诗集（Hymns of Praise with Music）	山东英浸信会选辑	广州	1919	
253	中华基督教女青年会诗歌	中华基督教女青年会	上海中华基督教女青年会全国协会	1919	
254	重订赞神圣诗	美北长老会·倪维思（John L. Nevius）、狄考文（Calvin Wilson Mateer）撰，1915年华北大会重订	烟台晨星报馆	1919	再版，32开，线装，无谱。
255	福音圣诗		广州美华浸会印书局印行	1920	铅印，线装1册，后附有英文目录，洋装纸皮。
256	附谱青年诗歌	谢洪赉主编	上海中华基督教青年会书报部刊行	1920	第2版，156页，诗歌130首，另有颂赞歌7首。
257	美以美会禧年诗歌	美以美会	福州	1920	兴化美羹印书馆再版。
258	青年诗歌（第二版）		中华基督教青年协会部	1920	

259	圣诞歌	胡寄尘歌，周凤章曲	《美育》杂志	1920	1920 年第 1 期刊登。
260	圣清音集	杨多默	北京	1920	
261	颂主圣诗	中华信义会赞美诗委员部（湖北汉口）	湖北汉口	1920	543 首，集中德国、北欧、瑞典、丹麦、和芬兰五国的圣诗，多次再版，1924 年删为 450 首，1949 年前最终版本为 1947 年武昌信华印书馆印制。1975 年出新编版，1982 年再出新版。
262	赞美诗	Au Vung Nyok, Mary Minor Tarrant	上海 Phonetic Committee, Southern Methodist Mission1（南公理会语言委员会）	1921	
263	奋兴诗歌	广州大布道会续行部	广州	1921	
264	奉主诗歌（The Chinses Songs of Reverence）	汕头镇邦街荣华昌辑	汕头镇邦街荣华昌承印	1921	无谱，有总目，共 34 首。
265	福音圣诗		广州美华长会印书局	1921	无谱，210 首，有诗总目，后附英文索引，洋装纸皮。
266	江南赞美诗		上海美华书局	1921	425 首。
267	圣歌			1921	石印本。
268	颂主圣歌	中华内地会发行	上海	1921	370 首，扩充了 1895 年的最初版。初为文字版，翌年出五线谱本，1934 年上海出版带文字五线谱本。
269	福音圣诗		广州美华长会印书局	1922	为 1921 年版，1922 年重印。无谱，210 首，有诗总目，后附英文索引，唐装蓝布皮。

序号	书名	编著者	出版/发行者	出版地	年份	备注
270	救恩颂赞得胜歌	上海使徒信道会出版	上海使徒信道会发行坊		1922	灵恩派教会用，272 首，1949 年上海使徒信道会重版线谱本。
271	颂主歌集		中华内地会发行	上海	1922	
272	颂主圣歌			上海	1922	五线谱，有谱无文字，与 1895 年版文字相对应。
273	颂主圣诗：上海土白	美国圣公会译		上海	1922	
274	颂主圣诗歌	华北公理·白汉理（H. Blodget,1825-1908），富善（Ch.Googrich）合编，富善、都春圃等修订	公理会著作委办印刷		1922	铅印，长 13 厘米，宽 9 厘米，326 页。
275	颂主诗歌	华北公理会·白汉理（H. Blodget,1825-1908），富善（Ch.Googrich）合编，富善、都春圃等修订	上海美华书馆印		1922	504 页，452 首，有谱。有富善 1922 年 6 月 4 日写的英文 Introduction（1 页）其他内容均与 1915 年的版本一致。
276	颂主诗集（Hymns of Praise with Music）	山东英华浸礼会选辑	广州美华浸会印书局印刷并发行		1922	300 余首。
277	协和颂主圣诗	中国基督圣教书会编	台北中国基督圣教书会		1922	
278	协和颂主圣诗		汉口圣教书局		1922	560 首。
279	协和颂主圣诗琴谱（The R. T. S. Hymnal with Tunes）			上海	1922	五线谱本。
280	新增颂主诗歌	华北公理会·富善（Chauncey Goodrich）		上海	1922	

序号	书名	编者/作者	出版地	年份	备注
281	重订赞神圣诗	美北长老会·倪维思（John L. Nevius）、狄考文（Calvin Wilson Mateer）撰，1916 年华北大会重订	山东烟台仁德印书馆	1922	32 开，线装，无谱，带婚丧公礼。
282	布道诗	上海长老会教士 P.F.Price 编辑	上海	1923	74 首。
283	福音圣诗	王载编	福音印刷合资会社铅版	1923	32 开，260 页。
284	复兴布道诗			1923	主要为布道和兴备会题材。有一半是从挨拉·大卫·桑基的《圣歌与独唱》一书翻译过来。福州教会文字记录的最早由华人创作圣诗。
285	复兴诗歌	余慈度（YÜ DORA）编译	上海	1923	
286	江南赞美诗	苏州卫理公会	苏州	1923	专供江南地区教会，有英文首句索引。
287	江南赞美诗曲谱			1923	414 首，有谱，精装，道林纸。
288	赞美诗歌（Songs of Praise）	伦敦会·理一视（Jonathan Lees）	天津	1923	
289	福音圣诗		广州华美晨会印书局	1924	214 首，无谱，有英文索引，洋布面。
290	圣诗选录：榕腔注音字母		福州	1924	
291	颂主圣诗	中华信义会赞美诗委员部编，中华信义会书报部印发	汉口圣教书局代印	1924	平装，4 版，无谱，548 页，450 首。

序号	名称	编者	出版地	年份	备注
292	养心神诗		闽南圣教书局	1924	第 14 版改良，151 首，附祈祷文。
293	中华基督教女青年诗歌		上海	1924	
294	奋兴布道诗歌	孙喜圣编著	南京汉西门长老会堂发行	1925	
295	颂主诗编（琴谱）The Book of Praise	广东中华基督教教会大会（Kwongtung Divisional Council of the Church of Christ in China）	广州	1925	
296	颂主诗歌	华北公理会·白汉理（H. Blodget,1825-1909），富善（Ch.Googrich）合编，富善、都春圃等修订	上海美华书馆印鬻	1925	布面硬装，五线谱本，有英文索引。
297	颂主诗歌	华北公理会·白汉理（H. Blodget,1825-1910），富善（Ch.Googrich）合编，富善、都春圃等修订	上海美华书馆印	1925	1915 年版，1925 年再印，475 页。
298	颂主诗篇	Mrs.H.Davies 和 Rev.L.Cheung 合编	广州美华浸信会	1925	1 册。
299	天婴——圣诞诗歌集	刘廷芳	北京	1925	
300	增扩改订青年诗歌	来会理博士（Dr Willard Lyon）原创，谢乃壬增辑	上海青年协会书报部	1925	1925 年正月增订 12 版，32 开，164 页，线装。
301	复兴布道诗	王载编	福州福州阳岐救恩报社	1926	

序号	名称	编者	出版地	年份	页数	备注
302	公民诗歌	刘诗恩编	上海青年协会书局	1926	51 页。	
303	圣诞琴谱			1926		面向儿童，至 1950 年出四版。
304	圣诗	宋忠坚牧师等	台湾	1926	192 首，是罗马字与五线谱（琴谱）版，且注有 Tonic Sol-fa 之唱法，其中含有六首本地平埔原住民的曲调。	
305	颂主圣歌	中华内地会发行	上海	1926	32 开，硬精装，扉页有 "The C.I.M.Hymnary" 字样。	
306	青年诗歌	顾子仁增订	上海青年协会书局	1927	一册。	
307	通用选补圣诗	英圣公会·德辅廊（Frank B.Turner）	天津圣道公会	1927	300 首，无谱，为 1917 年版本的修订本。	
308	小群诗歌	福州基督徒聚会处倪柝声等	上海福音书房	1927	180 首，诗歌本出版时，封面上印有 "诗歌" 二字，下端有 "小群" 两个小字，所以有人把这本 "诗诗歌（暂编本）" 叫做 "小群诗歌"。	
309	咏唱诗文			1927	424 页。	
310	赞神圣诗	华北大会选辑	上海美印书馆	1927	312 页。	
311	新旧约圣诗集（第一卷）	陶述诗、集訳和编辑	奉天蕾和音乐团	1927.12		
312	赞美诗	内地会·和安邻集	厦门萃经堂	1928		
313	福幼唱歌	福幼报社编	上海广学会	1928	26 页。	
314	黑苗赞美诗	英籍牧师胡志中，苗族华语教员潘世英	中国内陆传教区贵州旁海	1928	苗语赞美诗，将英文译成苗语，又用旧式苗语音字母来记录苗语，128 页，长 20.5 厘米，宽 15.4 厘米，厚 1.6 厘米，竖体。	

315	颂主诗集（Hymns of Praise with Music）	山东英浸礼会选辑	上海	1928	
316	新公民诗歌（Good Citizenship Songs）	刘湛恩、顾子仁编；青年协会书报部校订	上海	1928	46首，五线谱，附有钢琴伴奏。
317	有谱青年诗歌	顾子仁、谢乃壬编	上海青年协会书报部	1928	1928年6月再版增订，32开，253页。
318	有谱青年诗歌节本	顾子仁、谢乃壬编	上海青年协会书报部	1928	加谱版。
319	最新青年诗歌	张之江	上海	1928	
320	颂主圣诗：注音字母译本	信义会	上海	1929	
321	颂主诗歌		上海美华书馆	1929	
322	颂主诗歌		天津华北公理会	1929	
323	新赞美诗	上海第一浸信会编辑和出版		1929	
324	重订赞神圣诗（曲谱）	华北大会选辑		1929	
325	伯特利诗歌	上海伯特利会堂	上海伯特利利出版社	1930	1930年圣诞节在上海初版，到1940年春出至第7版，线谱本洋装精钉。内容有崇拜、邀请、救恩等9类，计诗229首；其中有短歌52首。
326	福音圣诗		上海中华浸信会	1930	2册。
327	福音诗歌	龚奖译述	福音书局	1930	

328	灵交诗歌	贾玉铭	上海民生印刷所	1930	234 首。
329	青年诗歌（Hymns for Chinese youth）	监理公会·威女士（Miss Claise Claire Chapman）	上海广学会	1930	136 页，诗 125 首，五线谱。
330	养心神诗	大会诗歌委辨修正	闽南圣教书局	1930	
331	哀歌（The Lamentations）	李荣芳译诗；赵紫宸修辞	北京	1931	
332	得胜诗歌	河南循理会	烟台仁德书馆	1931	1939 年第 3 版。
333	国韵经歌（第二卷）	内地会·胡秉道（Emily K. Hooper）纂辑	上海中国基督圣教书会	1931	简谱与字母谱对照。
334	惠中诗歌	上海私立惠中中学刊印	上海私立惠中中学	1931	
335	民众圣歌集	赵紫宸词，范天祥（Bliss Wiant, M. A.）配曲	基督教团契	1931	54 首，面向民众，尤其是农村民众。
336	圣诗集	公理会编制	天津河北公理会	1931	116 页。
337	书报员诗歌		时兆报馆	1931	
338	颂主圣诗	圣公会编		1931	367 首诗，60 开线装书。
339	颂主诗歌选集（Selected Hymns for Rural Evangelism）	上海广学会	上海	1931	
340	颂主诗集	中华基督教圣公会	江苏无锡协成印刷公司	1931	诗 466 首，未附《十诫》和《主祷文》。
341	团契圣歌集	赵紫宸译诗辑文、范天祥（Bliss Wiant, M. A.）择谱校乐	燕大基督教团契出版	1931	124 首，面向青年学生。

编号	书名	编者	出版地/发行	年份	备注
342	小群诗歌（Hymns for the Little Flock）	基督徒聚会处	上海	1931	
343	重订赞神圣诗	华北大会重订	烟台仁德印书馆总发行	1931	无谱，文字本、线装铅印，全 450 页，另附婚丧公礼。长 18.8 厘米，宽 13.1 厘米，高 2.3 厘米。
344	培灵诗歌	伦敦会·和安邻姑娘汇编	厦门基督教闽南大会合印	1932	106 首赞美诗。
345	普天同唱集	李抱忱	乐友社。	1932	
346	颂赞诗歌	安息日会/时兆报馆编译部编	上海时兆报馆	1932	初为文字本，多次再版，1938 年线谱本，1947 年 12 月版 288 首。
347	颂主圣歌	中华内地会发行	上海商务印书馆代印	1932	文字版，无谱，367 页，后附主祷文。
348	颂主诗歌	华北浸信会	山东黄县	1932	共 300 首，文字本。
349	颂主诗集	浸礼会		1932	文字本，无谱。
350	团契圣歌集	赵紫宸译辑文，范天祥（Bliss Wiant, M. A.）择谱校乐	北平	1932	
351	幼稚园圣诗及唱游歌谱	大英国圣公会编	厦门	1932	131 页。
352	赞美诗歌	时兆报馆编译部编	上海时兆报馆	1932	初版，此后多次再版。
353	二部合唱曲选（第一册）	公理会·和爱融、李淑贞合编	北京通县公理会	1933	1937 年再版，计圣诗 15 首，五线谱。
354	国语赞美诗	夏令会音乐委办选辑	上海	1933	
355	基督教新歌（第二册）	万山美贞、和爱融著	北平通县公理会	1933	

356	灵交诗歌（曲谱）	贾玉铭	南京灵光报社发行	1933	207 页。
357	圣恩诗歌	远东宣教会音乐委办会	远东宣教会（北平）	1933	初版 1 千本，诗 146 首，1937 年再版 1 千本，再版时附有王有王均所编的兴备短歌，1939 年三版 1000 本。
358	颂主圣歌	中华内地会发行	上海	1933	
359	颂主诗歌	（华北浸信会）华北议会选辑新诗委办	山东黄县	1933	系 1932 年版的五线谱本，石印印谱，铅印印字，套印。
360	颂主诗歌	华北公理会	天津工业印字馆印	1933	
361	颂主诗歌选集（Selected hymns for rural evangelism）：大号	上海广学会	上海广学会	1933	54 页，22×16cm。
362	颂主诗集	浸礼会	上海	1933	内容同 1932 年版，五线谱本，山东英国浸信差会编辑供中华基督教会用的诗集。
363	团契圣歌集	赵紫宸译诗辑文、范天祥（Bliss Wiant, M. A.）择谱校乐	燕大基督教团契出版	1933	155 首，增加荣耀颂，应祥歌等。
364	小本颂赞诗歌			1933	
365	新赞美诗歌（New Hymns Of Praise）		上海	1933	
366	信义宗颂主圣诗	中华信义会书报部编	汉口中华信义会书报部	1933	539 页。

367	养心神诗	由第三届中华基督教会全国总会大会诗歌委办修正	厦门	1933	最为规范的五线谱版本，圣诗歌词与五线谱分开记录，上面是四声部的五线谱，注明了曲调名称与韵律，下面是圣诗歌词。
368	养心神诗琴谱	闽南圣教书局		1933	
369	福音诗（Hwa Miao Gospel Song，《花苗福音赞美诗》）	循道会·张道惠（Harry Parsons）牧师等	长沙广发印书坊	1934	126 首，无谱，应为 1918 年版本的重印。
370	基督教诗歌（续编）			1934	布面线装。
371	浸会颂主诗歌			1934	无谱，278 页，32 开。
372	圣诗（附调）	（基督教）闽南大会诗歌委办修订	厦门闽南圣教书局出版发行，鼓浪屿启新印书局承印	1934	系《培灵诗歌》（1932）与《养心神诗》（1933）的综合，300 首，即《闽南圣诗》。
373	圣诞节祝歌	C.Dickens 原著，魏肇基注释	上海开明书店发行	1934	初版，1 册。
374	圣歌三百首	闽南大会诗歌委办	天津圣教会印行	1934	线装、数字简谱本，有音序目录.
375	圣诗	闽南大会诗歌委	厦门振华书局，鼓浪屿教书局	1934	四眼线装，32 开，412 页。
376	圣诗	中华基督教会闽南大会诗歌委	菲律宾	1934	附简谱，海外版。
377	颂主灵歌	驻美路德会编	汉口协同印书局	1934	552 页。
378	颂主圣歌	中华内地会发行	上海	1934	五线谱本，400 首。按总目分为 50 类，最后的 50 首多为杂咏经文短歌，集中再有国人创造的圣诗 28 首（其中有儿首为席胜魔作品），适合乡间或奋兴会上用的灵歌。

编号	书名	作者／编者	出版地	年份	备注
379	颂主圣诗琴谱（Revised Tune Book for the R. T. S. Hymnal）	圣教书会	上海	1934	
380	小群诗歌（Hymns for the Little Flock）	基督徒聚会处	上海	1934	
381	信家诗歌		烟台耶稣教查经处	1934	102 页。
382	重订赞神圣诗	华北大会重订	烟台仁德印书馆总发行	1934	五线谱本，有诗 600 余首。
383	晨星短歌	伍恩兰编，赵世光序	上海远东宣教会	1934	内收 400 首。书后有英、中文曲名索引。
384	奋兴布道诗歌	孙喜圣编著	南京汉西门长老会堂	1934	
385	圣教书会颂主圣诗		上海宗教单张社出版	1934	
386	真理灵学歌	杨保罗编	上海广学会	1934	82 页。
387	布道诗歌	卢信恩著	上海文字布道会	1935	37 页。
388	国韵诗篇百首百之单音简本	武百祥著	哈尔滨	1935	25 首，诗篇。
389	孩童赞美诗	浸会书局	上海中华浸会书局	1935	2 页。
390	闽南基督教圣诗（附调）	1934 年大会诗歌委办编修，闽南圣教书局出版发行	厦门鼓浪屿启新印书局承印	1935	1935 年 11 月再版，字母谱。
391	颂主诗歌		华北公理会	1935	363 页。

392	营会户外诗歌（Camp and Conference Songs）	中华基督教青年会全国协会少女部编著	上海	1935	
393	重订赞神圣诗	美北长老会·倪维思（John L. Nevius）、狄考文（Calvin Wilson Mateer）撰，1915 年华北大会重订	山东烟台仁德印书馆	1935	第十三版，32 开，470 页，线装一厚册，赞美诗部分 450 页，后有 20 余页为婚公礼。
394	三一颂赞诗		上海广学会	1935	乃选柴可夫斯基（Tchaikovsky）的作品
395	福音圣诗	福音圣诗编纂委员会	台北县新店市中华基督教行道会	1936	
396	基督徒新歌（四部合唱，第二册）	万山美贞、和爱融合编	河北省北通县公理会	1936	注明中学用，五线谱本，中英文对照目录。
397	经文诗歌	徐胖利，蔡荣光订	开封	1936	
398	救恩颂赞得胜歌	上海基督使徒信道会出版	上海基督教各大书坊发行	1936	布面线装，无谱。
399	诗歌	基督徒聚会处		1936	
400	诗歌播道二集	徐瀹风	广州	1936	
401	小群诗歌（Hymns for the Little Flock）	基督徒聚会处	上海	1936	
402	真理诗歌		镇江	1936	
403	中英圣诗（Gospel Hymnal in Chinese and English）	Rev. Philip Lee		1936	

编号	书名	编者/作者	出版地/出版者	年份	备注
404	重订赞神圣诗	华北大会重订		1936	第十四版，布面平装，无谱文字本，附婚丧公礼。
405	普天颂赞	六公会联合圣歌委员会编	烟台仁德印书馆总发行	1936	512 首，计有 3 种版本：五线谱音乐本、数字简谱本和五号字文字本。各种版本至 1949 年共出版 44.2 万本。
406	圣诗选集（文字本）	上海广学会	上海广学会	1936	32 开。
407	基督教与诗歌	党美端（Marie Adams）编，潘玉梅译	上海广学会	1936	32 页。
408	基督徒诗歌	王明道著	北平灵食季刊社	1936	初版 30 首，30 页，1939 年再版增至 60 首，基督徒诗歌。
409	国韵经歌（第四卷）	内地会·胡秉道（Emily K. Hooper）纂辑	汉口	1937	
410	浸会颂主诗歌（Baptist New Hymns）	华北议会选辑新诗委办选辑	烟台	1937	
411	救恩颂赞得胜歌	上海使徒信道会出版	上海基督教各大书坊发行	1937	248 页。
412	普天颂赞	六公会联合圣歌委员会编	上海广学会	1937	数字简谱本。
413	庆祝圣诞：故事表演诗歌（第一集）	女星报社	上海广学会	1937	包含有 3 首诗歌、6 个故事及 1 个表演节目。
414	颂主圣诗			1937	12 首，每页上半部分为简谱，下半部分为中文歌词，线装。
415	天人短歌	苏佐扬	山东	1937	经文短歌，简谱本，8 首。

序号	书名	编者	出版者	年份	附注	备注
416	耶稣圣诞歌曲	和爱融编	河北省北通县公理会	1937		
417	普天崇拜	中华基督教会编订	上海广学会	1937		375 页。
418	得胜诗歌	贾玉铭		1938		
419	浸会颂主诗歌（Baptist New Hymns）	华北议会选辑新诗委办	山东黄县	1938		
420	赞美诗歌（增订本）	时兆报馆编译部编	上海时兆报馆	1938		1932 年初版，此为第六版，大 32 开，272 页。
421	重订赞神圣诗（曲谱）	山东省长老会于志圣等编	上海广协书局	1938	曲谱版。	
422	重订赞神圣诗（曲谱）	美北长老会·倪维思（John L. Nevius）、狄考文（Calvin Wilson Mateer）撰，1917 年华北大会重订	上海广学书局（KWANG HSUEH PUBLISHING HOUSE）出版	1938	五线谱版。	6 版，五线谱本。
423	主日学颂赞诗歌	中华基督教主日学推行会编	上海中华基督教主日学推行会出版发行	1938		初版，至 1950 年共出 10 版。
424	信家诗歌		烟台	1938		
425	福音圣诗琴谱（Gospel Hymns, Words and Music）	中华浸信会	上海中华浸信会印书局	1939	内收 214 首，五线谱，附钢琴伴奏谱。	267 页，书末有英文索引。
426	复兴诗歌（Hymns of reviving）			1939		238 页。
427	监理公会丧葬礼文：附诗歌			1939		

	书名	编著者	出版地/出版社	年份	备注
428	教会周年颂神歌咏	葛星丽，费佩德（Robert Ferris Fitch）选编，杨荫浏译述	上海广学会出版发行	1939	初版 1500 本，141 页，1940 年再版。
429	救恩颂赞得胜歌	上海使徒信道会出版	中孚印书馆	1939	294 首。
430	灵歌集（Sing Unto the Lord）	信义神学广益会音乐部	上海	1939	
431	苗文赞美诗	刘谷森夫妇等	上海	1939	杨志成、王明伦、杨国光、朱德成、张永光、朱文正等选译翻译，诗歌 213 首。
432	普天颂赞（数字谱本纸面）	六公会联合圣歌委员会编	上海广学会	1939	第七版。
433	神召会诗歌		华北神召会书局印行	1939	第七版，正文 448 页，后附英文索引 18 页。
434	圣恩诗歌附圣恩短歌集	远东宣教会音乐委办会	远东宣教会出版部（北京）	1939	此为第三版，附有短歌，有句首目录，无谱。
435	颂主圣歌	中华内地会发行		1939	450 首，文字版，无谱。其中有来自《普天颂赞》。未有附编，多是经文启应。最后目有《使徒信经》。《总谢文》与《祝福文》《总认罪文》，为公众礼拜时应用。
436	赞美诗歌（增订本）	时兆报馆编译部编	上海时兆报馆	1939	
437	基督徒诗歌（The Christian hymnal）：大本带谱	王明道著	北京灵食季刊社	1939	60 首，乐谱增订 2 版，16 开，60 页。

编号	名称	编者	地点	年代	备注
438	赞美诗歌（Hymns of Praise）	时兆报馆编译部编集	上海	1939	
439	初中英文歌唱		和爱融 河北省北通县公理会	1930年代	中学圣乐团使用。
440	二部合唱曲选（第二册）	和爱融、李淑贞合编	和爱融 河北省北通县公理会	1930年代	
441	国韵复调诗篇			1930年代	用中国南方的"广东音乐"及一些"雅乐"为圣经诗篇谱曲，共153首，其中有"蕉石鸣琴""寒江月""汉宫秋月""小桃红""三潭印月"等中国南方曲调。
442	基督徒军歌		厦门	1930年代	闽南方言。
443	基督徒新歌（二部合唱）	万山美贞、和爱融合编	和爱融 河北省北通县公理会	1930年代	
444	基督徒新歌（四部合唱，第一册）	万山美贞、和爱融合编	和爱融 河北省北通县公理会	1930年代	共两册。
445	闽南圣诗		泉州	1930年代	300首，闽南话。
446	小学歌唱集		和爱融 河北省北通县公理会	1930年代	初级小学用。
447	协和颂主圣诗（全版）（R.T.S. Hymnal）	天津汉口基督圣教协和书局印行		1930年代	

附录 1：1949 年前编纂出版的中文新教赞美诗集及乐理著作

448	大时代青年歌集（Young People's Songs for the Times）	美以美会中华基督教社	成都	1940	
449	得胜诗歌	循理会编	开封	1940	
450	家庭诗歌集（A Book of Songs for Christian Homes）	中华全国基督教协进会基督化家庭委员会审定	上海	1940	
451	教会周年颂神歌咏	葛星丽，费佩德（Robert Ferris Fitch）选编，杨荫浏译述	上海	1940	再版 1000 本，黑皮，布面软精装。
452	圣会诗章	圣公会华北、山东教区	北京	1940	仅供圣公会华北、山东教区使用，198 首圣诗。
453	圣经中的圣歌（Hymn Singing in the Bible）	林保罗（Paul Linholm）	上海广学会	1940	30 页。
454	圣诗		济南	1940	
455	颂主圣歌	中华内地会发行	上海中华内地会	1940	1939 年增补本，有谱。
456	颂主圣诗	圣公会	济南齐鲁大学印刷馆	1940	
457	宣道诗	刘福群（William C. Newbern）编	广西	1940	五线谱，近 300 首。
458	燕京乐章集	范天祥（Bliss Wiant, M. A.）编	北平	1940	1965 年改名为《崇基乐章集》由香港基督教辅侨出版社出版，1988 年改名《颂赞诗集》由基督教文艺出版。

459	耶稣家庭诗歌			1940	
460	国韵诗篇百首	武百祥著	哈尔滨德生印书馆印制，北满基督教会发行	1940	用中国北方的曲调为诗篇谱曲，共 101 首。
461	少年诗集（Songs and Choruses for Young People）	基督教中华浸会少年团联会选辑	上海	1940	
462	赞美诗歌（增订本）	时报馆编译部编	上海时兆报馆	1940	大 32 开，卷首有例言，有目录，五线谱。
463	儿童诗歌数字谱本（Childrens HymnBook）		上海广学会	1941	76 页，大 32 开。
464	救恩颂赞得胜诗歌	上海使徒信道会出版	上海基督教各大书坊发行	1941	文字版，无谱。
465	救恩新歌	李广业编辑	宁波伯特利嵌声社	1941	32 页。
466	灵交得胜诗歌	贾玉铭	重庆	1941	
467	普天颂赞	六公会联合圣歌委员会编	上海	1941	
468	普天颂赞（总谱）	六公会联合圣歌委员会编	上海广学会	1941	五版，布面精装。
469	普天颂赞：数字谱本	六公会联合圣歌委员会编	上海广学会	1941	
470	山花诗：民歌圣歌集之一	冯玉祥作词，郝路义（Louise Strong Hammond），杨荫浏作曲	成都华英书局	1941	12 页，内收《山花歌》《欢迎歌》《博爱歌》《荆冠歌》《小兄弟歌》等 5 首。
471	圣诞曲	赵紫宸词，张肖虎曲		1941	八个段落，神曲大合唱。
472	颂赞诗歌	王宣忱		1941	

编号	书名	编者	出版地	年份	备注
473	颂主圣歌（The Chinese Hymnary）	中华内地会发行	上海	1941	五线谱本，中英文对照目录，句首目录。
474	颂主圣歌-发音集	上海中华内地会	上海中华内地会	1941	数字简谱本，平装。
475	新颂主诗集（New Hymns of Praise: Music Edition）	华北浸信议会，万应远夫人（Mrs. R. T. Bryan）补编	上海	1941	初版，1932 年浸礼会《颂主诗集》增补本，五线谱本。
476	主日学赞颂诗歌	中华基督教主日学推行会编	上海	1941	
477	灵粮诗歌	赵世光编	上海灵粮堂	1942	初版，五线谱本。
478	诗篇	圣经公会编		1942	
479	主日学赞颂诗歌	中华基督教主日学推行会编	上海	1942	
480	灵歌新集（Spiritual Songs and Choruses）	中国基督教圣教书会灵歌新集编辑委员会	成都	1943	
481	普天颂赞：数字谱节本	六公会联合圣歌委员会编	基督教联合出版社	1943	数字简谱，148 页。
482	圣诞乐颂	教会人士俱乐部（Churchmen's Club）	重庆	1943	正、续刊两册，英语五线谱本。
483	圣徒心声	贾玉铭	重庆	1943	530 首。
484	诗歌（暂编本）	赵静怀	烟台教会售书部发行，北洋印刷局印刷	1943	五线谱版，1943 年初版。

编号	书名	编者/作者	出版地	年份	说明
485	灵歌新集	中国基督圣教书会灵歌新集编辑委员会，中国基督圣教书会临时委员会	成都华英书局印刷	1943	全 1 册，92 页。
486	青年诗歌（Youth Song Book）	四川美道文字部	成都	1944	
487	圣乐团四十周年纪念圣乐颂赞会	中华圣公会上海救主堂，赵主教路本堂	上海	1944	
488	普天颂赞：数字谱节本	六公会联合圣歌委员会编	成都	1945	
489	儿童崇拜		上海	1946	
490	普天颂赞（文字本）	六公会联合圣歌委员会编	上海广学会	1946	15 版。
491	普天颂赞：数字谱节本	六公会联合圣歌委员会编	上海广学会	1946	
492	普天颂赞：线谱本	六公会联合圣歌委员会编	上海广学会	1946	
493	颂主圣歌	中华内地会发行	上海	1946	歌词本，无谱，前有主祷文，后附启应经文，布面硬装。
494	颂主圣歌（数字简谱）	中华内地会发行	上海	1946	数字简谱本，有英文目录。
495	伯特利利新诗歌	桑安柱、计马可	上海伯利特神学院	1946	第三版，共 158 页。
496	救恩新歌	李广业编辑	宁波伯特利圣经学院	1946	
497	复兴圣歌		北平协和印书局	1946	初版，32 开，95 页。
498	奋兴布道诗：附祷文	石文达编订	上海	1947	
499	复兴布道诗	王载编	上海晋道书局发行	1947	第二十二版，120 首诗，附录 2 篇，后有英文索引。

500	基督教圣诗	基督教圣诗编审委员会；基督教圣诗编印委员会编辑	沈阳	1947	
501	教会周年颂神歌咏	葛星丽、费佩德（Robert Ferris Fitch）选编，杨荫浏译述	上海	1947	
502	经文歌选（Scripture Verses to Chinese Tunes）	石峻柱编；吉培德（Fr Robert W. Greene）、范天祥（Bliss Wiant, M. A.）校正	上海广学会	1947	
503	旷野人声	林献羔	大新协英书局	1947	
504	灵音诗歌（第四册，301-400首）			1947	
505	灵音诗歌（第五册，401-500首）			1947	
506	闽南基督教圣诗（附调）	1934年大会诗歌委办编修，闽南圣教书局发行	厦门鼓浪屿启新印书局承印	1947	第七版，有乐谱。
507	培灵诗歌：布道奋兴	张德兴编	上海	1947	
508	普天颂赞：文字版	六公会联合圣歌委员会编	上海	1947	
509	颂赞诗歌	时兆报馆编译部编集	上海时兆报馆	1947	32开精装本，288页。
510	一九四七年学生夏令会资料之二：歌集	中华基督教青年会全国协会校会组；中华基督教女青年会全国协会学生部编印	上海	1947	
511	普天颂赞（文字本）	六公会联合圣歌委员会编	上海广学会	1947	32开，精装。

编号	书名	编著者	出版者	年份	备注
512	新颂主诗集（New hymns of praise music edition）：琴谱	华北浸信议会，万应远夫人（Mrs. R. T. Bryan）补编	上海中华浸会书局	1947	298 页，长 23 厘米，宽 16 厘米，第 2 版，内收 300 首，五线谱，附钢琴伴奏谱。
513	赞美诗歌（增订本）	时兆报馆编译部编	上海时兆报馆	1947	大 32 开，288 首。
514	灵粮诗歌	赵世光编	上海灵粮堂	1947	再版，大 32 开，215 页（有谱本与字本两种）。
515	基督徒诗歌（The Christian hymnal）	王明道著	北京灵食季刊社	1947	101 页：乐谱，增订 3 版。
516	新颂主诗集	华北浸信议会，万应远夫人（Mrs. R. T. Bryan）补编	上海中华浸会书局	1947	1941 年初版，1947 年再版，32 开，318 页，五线谱版。
517	伯特利新声诗歌	桑安柱、计马可	上海伯利特神学院	1948	
518	布道诗歌	时兆报馆编译部编；席尔发行	上海时兆报馆	1948	71 页。
519	儿童诗歌	杭州儿童礼拜事务所编	上海	1948	
520	福音短歌	李秀兰	上海中华浸会女传道会联会	1948	45 页。
521	福音诗歌（暂编本简谱版）	上海福音书房编，倪柝声	上海福音书房	1948	169 页，100 首选诗，100 首短歌。
522	歌中的雅歌	刘奥声撰	香港灵恩书房	1948	32 页。
523	救恩颂赞得胜歌	上海基督信徒信道会出版	上海基督教教各书坊发行	1948	272 首。

附录 1：1949 年前编纂出版的中文新教赞美诗集及乐理著作

序号	名称	编者	出版地	年份	说明
524	灵歌新集（Spiritual Songs and Choruses）	华英书局	成都	1948	
525	闽南基督教会圣诗（线谱）	1934 年闽南大会诗歌委办编修	厦门	1948	闽南方言，1948 年 12 月第三版改用西式。
526	普世诗歌	贝格篇（Bergrud Bayless）编选	上海广学会	1948	16 开，38 页。译自各国有名诗歌，中等学校及唱诗班适用：内收《万有归主》《主是我的光》《天使护我》等 8 首，五线谱，附钢琴伴奏谱。
527	普天颂赞数字谱本	六公会联合圣歌委员会编	上海广学会	1948	第廿版。
528	圣经中的圣歌（Hymn Singing in the Bible）	林保罗（Paul Linholm）	上海广学会	1948	
529	圣徒心声	贾玉铭	上海灵修学院出版发行，中华印书馆印刷	1948	大 32 开，556 页，五线谱本。
530	识字进阶简易诗歌（The Graded Hymn Book）	甘爱维（Ivy Greaves）	上海	1948	
531	颂主圣歌（附简谱）	中华内地会发行	上海	1948	数字简谱本，英文目录，线装
532	颂主圣歌（苗文）	罗伟德等	基督教昆明内地会	1948	根据 1939 年版苗文《赞美诗》，又新译增补 62 首，增加四声部合唱，大 32 开，初版，苗汉两文封面。
533	信家复兴诗歌		烟台	1948	
534	短歌集	邓余鸿	青岛青年归主运动委员会	1948	38 页。

535	布道新诗	计志文编	上海基督教会中国布道会	1948	150 页。
536	救恩颂赞得胜歌	上海使徒信道会出版	上海基督教各书坊发行	1949	同前版本。
537	神召会救恩诗歌	顾培德、李广业主编	汉口	1949	先初版选集，正式五线谱本于香港出版。
538	诗歌		上海福音书房	1949	
539	颂主圣歌（苗文）	CHINA INLAND MISSION KUNMING（昆明内地会）	云南省昆明市内地会印刷厂	1949	大 32 开，苗文封面。
540	福音诗歌	李常受	上海福音书房	1949	100 首，附短歌 100 首。
541	大学唱	浸会书局音乐委员会选编	上海中华浸会书局	1949	再版，32 开，平装。
542	圣歌选	沈斌仁编	编者自刊	1949	43 页。
543	颂主圣诗	鲁东信义会编	山东	1949	每页上半部分为简谱，下半部分为中文歌词。
544	基督新歌	上海基督教堂编	上海	1900 年以后	
545	国韵馥香诗篇百首选	武百祥著	上海广学会	1940 年代	4 册，每册 25 首。
546	颂主歌曲集（傈僳文）（Allyn and Elizabeth B.Cooke）	杨思慧夫妇	云南泸水	1940 年代	319 首。
547	圣诗	中华基督教会闽南大会	厦门	民国初	厦门版，32 开，413 页，平装。
548	Procressive Sunday School Songs《主日学校歌本》	北闸长老会会堂		民国	英文五线谱本，封面题"北闸长老会会堂唱班诗备用"。

549	布道诗歌	山东黄县浸信会布道团	民国	
550	布道诗歌一百首	姜芳楠	南京府东街勤益代印	民国	100 首，32 开，线装。
551	大家唱			民国	
552	短歌集	浸会书局选编	中国各大学基督徒学生联合会	民国	
553	短诗圣诗			民国	短圣合本，手抄，276 首圣诗歌，40 开，100 页，线装本。
554	儿童诗歌			民国	
555	福音圣诗			民国	195 首诗歌，无谱，线装。
556	福音圣诗琴谱（Gospel Hymns, Words and Music）	中华浸信会		民国	布面硬装小 16 开，五线谱本，264 页，210 首圣诗，仅有诗歌，无目录。
557	公祷文暨普天颂赞简本	江苏教区办公处编	江苏教区办公处	民国	204 页。
558	国语赞美诗-琴谱	万应远师母（Mrs. R. T. Bryan）	美华书馆印刷，上海中华浸会书局发行	民国	简谱，89 首，有英文索引，精装。
559	基督福音诗歌		福建	民国	闽南方言。
560	基督教赞美歌集			民国	
561	基督徒诗歌			民国	

序号	名称	编者	地点	备注	年代
562	江门中华圣公会歌诗班圣歌集	江门中华圣公会歌诗班	江门中华圣公会歌诗班	数字简谱版。	民国
563	拉祜文赞美诗				民国
564	灵粮诗歌（新订本）	赵世光编	上海灵粮堂		民国
565	闽南基督教会圣诗（300首）		厦门	白话。	民国
566	闽南基督教圣诗	闽南基督教会	闽南基督教会	线装。	民国
567	圣诞歌集（Christmas carols）	中华浸会女传道联合会	上海美华浸会书局	40页，带乐谱。	民国
568	圣会诗章	圣公会华北，山东教区	济南齐鲁大学印刷馆代印	仅供圣公会华北，山东教区使用。	民国
569	圣诗			油印线装本，有目录，无曲谱。	民国
570	圣诗汇集			387页。	民国
571	圣诗谱	中华内地会		字母谱。	民国
572	诗章颂词灵歌集	上海福音书房	上海	由《信徒圣诗》扩编，诗467首，调480阙。	民国
573	颂赞诗歌		泉州	300首，附经文歌20首，简谱，普通话。	民国
574	颂主圣歌（小花苗）				民国
575	颂主圣诗之琴谱（Music for the Little Honan Hymn-Book）		上海	金陵大学藏书，全一册，无歌词，全部为五线谱。	民国
576	佤文赞美诗				民国

577	协和颂主圣诗		汉口基督圣教协和书局	民国	98 页。
578	心灵之庆	萧乐子翻译	台湾好消息出版社	民国	
579	信徒圣诗	上海福音书房	上海	民国	
580	信义宗颂主诗词	中华信义会书报部编	汉口中华信义会书报部	民国	651 页。
581	雅歌	福州花巷教堂青年团契编印	福州	民国	共 2 集。
582	幼稚园圣诗和唱游歌谱		福建	民国	闽南方言。
584	正乐曲选	王吉元编	上海广学书局	民国	
585	圣经诗篇			民国	
586	协和颂主圣诗	中国圣教书会	汉口	民国	
587	赞美诗		杭州	民国	
588	自己的歌：高歌诗集	燕大高唱队编	北京	民国	

附录 2：1949 年前编纂出版的中文天主教赞美诗（集）

序号	名 称	作者/编者	出版者/地点	出版年代	备 注
1	西琴曲意	利玛窦（P. Matthoeus Ricci）	北京	1601	八首赞美诗
2	圣梦歌	艾儒略（Jules Aleni）	福建晋江景教堂	1637（崇祯十年）	中译第一首圣诗，选自英国宗教诗歌《圣伯尔纳的异相》（Visio Sancti Bernardi），原文为拉丁文。
3	圣梦歌	艾儒略（Jules Aleni）	绛州景教堂	1639（崇祯十二年）	中译第一首圣诗，选自英国宗教诗歌《圣伯尔纳的异相》（Visio Sancti Bernardi），原文为拉丁文。
4	通俗圣歌集	鲁日满	北京	1660	
5	圣梦歌	艾儒略（Jules Aleni）	三山钦一堂	1684	中译第一首圣诗，选自英国宗教诗歌《圣伯尔纳的异相》（Visio Sancti Bernardi），原文为拉丁文。康熙甲子年孟春三山钦一堂重梓。

6	天乐正音谱	吴渔山		17世纪末至18世纪初	南北曲九套，拟古乐歌二十章，是目前所知中国人创作的最早的一部大型的具有中国传统音乐风格的弥撒和赞美诗歌。
7	达味圣咏	Louis de Poirot		18世纪	达味即大卫，即圣经《诗篇》。
8	吟咏圣诗三百首			18世纪	
9	圣乐经谱	钱德明（Joseph-Marie Amiot）		1770年代	13首天主教祈祷乐曲，工尺谱记谱。
10	西音唱经（附传扬圣教付洗小儿会规例）			1855	
11	圣事歌经简要	华美书坊	上海：华美书坊	1861	四线谱为主。赞美诗23首（天主教弥撒套曲），附经文6段，并带有工尺谱。
12	唱经本	不详	直隶正定府	1886	
13	圣教歌选			1886	
14	圣教歌选			1890	
15	唱经本			1891	
16	Chants Religieux Thibétains（藏文圣歌集）		法国 oberthur-renners 出版社	1894	64开本，22首，封皮封里为法文，圣歌标题为拉丁文和法文两种，乐谱为四线纽姆谱，歌词同为拼音式藏文，歌曲多数为传统的格列高利圣咏。
17	方言避静歌十二则			1902	
18	方言避静歌十二则			1907	
19	咏唱经文撮要			1907	

序号	书名	编者／作者	出版者	出版年	说明
20	风琴小谱（三册）	日主母会·卞依纳爵	上海土山湾印书馆	1908（光绪三十四年）	是为初学者所编的乐理书籍，包括三册：第一册辨声，讲五线谱乐理知识；第二册练手，讲风琴演奏；第三册唱诵，86 页。附有大量五线谱圣乐谱例，硬纸精装，石印。
21	风琴小谱（三册）	日主母会·卞依纳爵	上海土山湾印书馆	1911（宣统三年）	版本同上。
22	圣歌宝集	北京救市堂（北堂）	北京救市堂（北堂）	1911	四线谱，五线谱及四线谱与工尺谱结合三种谱式。
23	徐汇公学唱歌集	徐汇公学	上海土山湾印书馆	1912	五线谱版本，内容主要包括乐理讲解，三十二名人乐歌以及二十二英法国军令调。
24	音译圣歌			1912	五线谱本，罗马字母注释中文。
25	咏唱经文（第一版）	耶稣会司铎罗光朗，舒德惠	上海土山湾印书馆	1912	将拉丁原文，标以中国字音而成，五线谱。全册四百三十三页。长二十三寸，宽十五寸法尺。
26	佘山圣母歌	渔人编	上海土山湾印书馆	1913	
27	圣歌五卷			1913	
28	方言避静歌十二则	江南主教姚 准	上海土山湾印书馆	1917	第五次印，有五线谱。
29	圣歌 Cantiques		上海土山湾印书馆	1921	
30	方言避静歌十二则		上海土山湾印书馆	1921	
31	圣教歌选			1921	
32	要理歌			1921	
33	方言避静歌十二则		上海土山湾印书馆	1922	64 开，平装。

序号	名称	作者/核准	出版地	年份	说明
34	咏唱经文（第二版）	耶稣会司铎翟光朝、舒德惠	上海土山湾印书馆	1927	436页，15×22cm，华装、洋装两种。
35	咏唱经文华音之补遗		上海土山湾印书馆	1927	中文注音拉丁文。
36	风琴小谱（三册）	日主母会·卞依纳爵	上海土山湾印书馆	1927	硬纸精装，第二版，32开。
37	咏唱经文（拉丁洋装）		上海土山湾印书馆	1928	
38	咏唱经文撮要	耶稣会司铎翟光朝、舒德惠	上海土山湾印书馆	1928	由拉丁文翻译成华文，196页。长十三寸，宽九寸法尺。内分弥撒经、追思弥撒经、圣体经等，共有113节礼经。五线谱。
39	圣母小日课圣咏续解	山东主教韩准	交州府天主堂活版	1929	第4次出版，小引：康熙十五年丙辰耶稣会士利类思识。
40	圣教歌选	献县天主堂	献县天主堂	1930	第五次排印，石印，133首，有应答经文。
41	大弥撒及圣体降福经歌摘要	河间府天主堂	河北	1931	刊有拉丁文与中文对照"额我略调注解摘要"。
42	圣教歌选		山东兖州天主堂	1932	134页。
43	方言避静歌十二则		上海土山湾印书馆	1933	
44	奉献全家学校子圣心歌颂		上海土山湾印书馆	1933	
45	圣歌 Cantiques（七版）	南京主教惠准	上海土山湾印书馆	1933	32开，150页。
46	圣歌石印附调		上海土山湾印书馆	1933	
47	咏唱经文和音（合订洋装）		上海土山湾印书馆	1933	
48	圣歌 Cantiques（八版）	南京主教惠准	上海土山湾印书馆	1934	共计107首中文圣乐，五线谱排版，乐曲大部份只有旋律部份，没有和声伴奏，其中仅有几首一声部、四声部作品。乐曲均没有标出词曲作者。

49	圣歌汇集		山东兖州府天主堂印书馆	1934	第一版，古经字拼音（拉丁字母注汉字），部分圣歌来自《圣教歌选》（献县天主堂）及《请众颂主》（青岛教区）《圣歌摘要》（济南教区），五线谱。
50	圣教圣歌		杭州存我出版社	1935	943首圣歌，简谱。
51	圣歌汇集		山东兖州府天主堂印书馆	1935	第二版，裁去古经字拼音，价格比原来降三分之一，其余内容与第一版同。
52	咏唱经文（第三版）	耶稣会司铎翟光朝，舒德惠	上海土山湾印书馆	1935	419页，精装本（硬皮），五线谱本。
53	各式圣歌		上海土山湾印书馆	1937	
54	请众颂主	徐允希编译	济南华洋印书局出版	1937	五线谱本，按天主教节日分成十集，最后有大弥撒的应答。初版，374页，平装。
55	圣母小日课圣咏疏解	主日学推行会	上海土山湾印书馆	1937	圣咏译文以1880土山湾《圣母小日课》为据。
56	主日学赞颂诗歌			1938	
57	圣歌汇集风琴琴谱	/	山东兖州天主堂	1939	一册。
58	中华圣教歌曲	/	山东兖州天主堂	1939	
59	中华圣教经歌	/	山东兖州天主堂	1939	
60	日课唱本	雷鸣远		1930年代	
61	中华圣母瞻礼	上海惠主教	上海	1941.5	
62	圣歌粹集	/	山西大同天主堂	1942	1册。
63	圣女小德肋撒十日敬礼（附圣女小德肋撒圣爱歌）	海门主教朱希圣编译	江苏海门主教公署出版发行	1942	
64	圣歌		上海土山湾印书馆	1943	

65	圣歌选集	山西汀州教区主教雷新基编	太原	1945	简谱。
66	圣教歌曲		太原市天主堂印书馆出版	1945	数字简谱本，32 开，70 页。
67	圣咏译义初稿	吴经熊译	上海：商务印书馆	1946	121 页。
68	圣咏集（诗篇）	方济堂圣经学会编译	北平	1946.9	天主教方济各会，514 页。
69	圣歌集		西安天主堂教友生活社印	1947	初版，五线谱本。
70	圣咏作曲集（第一卷）	江文也	北平方济堂（方济会）思高圣经学会出版	1947.11	天主教方济各会。
71	圣咏集	北平方济堂圣经学会编译	北平方济堂	1948	
72	第一弥撒曲	江文也	北平方济堂（方济会）思高圣经学会出版	1948.6	天主教方济各会。
73	儿童圣咏歌集（第一卷）	江文也	北平方济堂（方济会）思高圣经学会出版	1948.7	天主教方济各会。
74	圣咏作曲集（第二卷）	江文也	北平方济堂（方济会）思高圣经学会出版	1948.12	天主教方济各会。

序号	名称	编辑	地点	年代	备注
75	大众唱	贾乐山编辑	上海	1940 年代	
76	各式圣歌	不详	不详	不详	
77	景教徊蒙歌	不详	不详	不详	
78	圣咏	黄伯禄抄	不详	不详	
79	咏圣诗三百首	不详	不详	不详	
80	中华唱经	不详	不详	民国	
81	EPITOME E GRADUALI S.E.DE TEMPORE ET DESANCTIS	中国天主教教务委员会	不详	民国	纽姆谱。
82	大弥撒	不详	不详	民国	五线谱本，拉丁文与中文对照。
83	弥撒降福歌经	/	青岛天主堂印书局	民国	32 页。
84	弥撒圣歌集	天主教太原教区	太原	民国	简谱。
85	琴曲集成		上海土山湾印书馆	民国	
86	曲谱		上海土山湾印书馆	民国	
87	圣教歌选	河间府胜世堂	河间府胜世堂	民国	
88	圣日学堂赞美歌	不详	不详	民国	铅印本。
89	经课·诗歌	不详	不详	民国	
90	圣若瑟及追思弥撒咏唱序文	不详	不详	民国	
91	北平辅仁大学—圣体降福经文	北平辅仁大学	北平辅仁大学	民国	简谱，内容分为圣体降福经文和圣歌两部分。

92	圣歌摘要	青岛天主教印书局	青岛天主教印书局	民国	121 页。
93	光启圣歌合唱集	台湾耶稣会	台湾	民国	
94	赞主曲	中华省慈幼会		民国	

人名对照

（按在文中出现的先后顺序排列）

绪 论

奥古斯丁	S.A.Augustinus
埃德蒙·基思	Edmond D.Keith
亚历山大的克雷芒	Clement of Alexandria
叙利亚的以法联	Ephraim of Syria
昔兰的辛尼修	Synesius of Cyrene
克里特大主教安德烈	Andrew of Crete
大马士革的约翰	John of Damascus
坡拉帖主教希拉里	Hilarious of Poitiers
安布罗斯	Ambrose of Milan
格列高利一世	Gregory I the Great
圭多·达雷佐	Guido d' Arezzo
约翰十九世	John X IX
雷翁南	Leoninus
帕勒斯特里那	Giovanni Pierluigi da Palestrina
加尔文	John Calvin
以撒华兹	Isaac Watts
巴赫	Johann Sebastian Bach

亨德尔	George Friedrich Handel
海顿	F.J.Haydn
莫扎特	Wolfgang Amadeus Mozart
贝多芬	Ludwig van Beethoven
约翰·卫斯理	John Wesley
查理·卫斯理	Charles Wesley
乔治·怀特腓	George Whitefield
托马斯·奥利弗	Thomas Olivers
皮罗尼	Edward Perronet
约翰·牛顿	John Newton
威廉·柯珀	William Cowper
福斯特	John Fawcett
詹姆斯·蒙哥马利	James Montgomery
希伯	Reginald Heber
托马斯·凯利	Thomas Kelly
罗西尼	Gioacchino Rossini
舒伯特	Franz Schubert
柏辽兹	Hector Louis Berlioz
门德尔松	Jakob Ludwig Felix Mendelssohn Bartholdy
弗朗克	Cesar Franck
李斯特	Franz Liszt
威尔第	Giuseppe Verdi
布鲁克纳	Anton Bruckner
勃拉姆斯	Johannes Brahms
斯坦福	Sir Charles Villiers Stanford
斯特拉文斯基	Igor Fedorovitch Stravinsky
迈克尔·蒂皮特	M.Tippett
梅西安	Olivier Messiaen
布里顿	Benjamin Britten
加德纳	John Eliot Gardiner
哈密尔顿	Iain Hamilton

豪厄尔斯	Herbert Howells
欣德米特	Paul Hindemith
科达伊	Kodaly Zoltan
戴维斯	Peter Maxwell Davies
H.帕里	Hubert Parry
普朗克	Francis Poulenc
沃恩·威廉斯	Ralph Vaughan Williams
塔文纳	John Tavener
沃尔顿	Sir William Turner Walton
伯恩斯坦	Leonard Bernstein
庇护五世	Pope St. Pius V
弗雷	Gabriel Faure
约翰·瓦尔特	Johann Walter
安多万·德·朗吉瓦尔	Antoine de longueval
斯坎代罗	Antonio Scandello
托马斯·塞勒	Thomas Selle
罗西	Salamone Rossi
卡里希米	Giacomo Carissimi
蒙泰威尔第	Claudio Giovanni Antonio Monteverdi
布克斯特胡德	Dietrich Buxtehude
巴托克	Bartok
韦伯恩	Anton Webern
布里顿	E. B. Britten
菲利浦·内里	Philip Neri
奥涅格	Arthur Honegger
马肖	Guillaume de Machaut
纪尧姆·迪费	Guillaume Dufay
奥克冈	Johannes Ockeghem
若斯坎	osquin des Prez
维多利亚	Tomas Luis De Victoria
塔弗纳	John Taverner

伯德	William Byrd
泰利斯	Thomas Tallis
乔万尼·加布里埃利	Giovanni Gabrieli
阿莱格里	Gregorio Allegri
吕利	Jean-Baptiste Lully
本尼狄克（圣本笃）	Saint Benedict of Nursia
托马斯·多尔西	Thomas A.Dorsey

第一章

阳玛诺	Emmanuel Diaz
聂斯托里	Nestorius
芝诺	Flavius Zeno
利玛窦	P.Matthoeus Ricci
曾德昭	Alvaro Semedo
金尼阁	Nicolas Trigault
伯希和	Pual Pelliot
阿·克·穆尔	Arther Cristopher Moule
爱德华·赛乔博士	Edward Sachau
英诺森四世	Innocent IV
约翰·柏朗嘉宾	Gio-vanni de Prano Carpini
马可·波罗	Marco Polo
约翰·蒙特高维诺	Joan du Montecorvino
威廉·鲁布鲁克	William of Rubruk
鄂多立克	Odoricu
马黎诺里	Giovanni de' Marignoli

第二章

伊纳爵·罗耀拉	Igntius Loyala
沙勿略	Francisco Xavier
罗明坚	Michele Ruggleri
孟三德	Duarte de Sande S.J.

郭居静	Lazare Cattaneo
罗如望	Jean de Rocha
熊三拔	Sabbation de Ursis
汤若望	Johann Adam Schall von Bell
龙华民	Nicolas Longobardi
罗雅谷	Giacomo Rho
邓玉函	Johann Schreck
庞迪我	Diego de Pantoja
柏应理	Philippe Couplet
裴化行	Henri Bernard
李玛诺	Emmanuel Diaz Senicr
艾儒略	Jules Aleni
马塞利	P.Ludovico MaseIIi S.I.A Roma
鄂本笃	Bento Goes
保禄（保罗）五世	Paul V
弗朗索瓦·皮卡尔	François Picard
钱德明	Joseph-Marie Amiot
让·克里斯托弗·弗里希	Jean-Christophe Frisch
伯尔纳	Bernard of Clairvaux
南怀仁	Ferdinand Verbiest
张诚	Gerbillon Jean Franois
徐日升	Thomas Pereira
白晋	Joachim Bouvet
巴多明	Dominique Parrenin
冯秉正	Joseph-Francois-Marie-Anne de Moyriac de Mailla
雷孝思	Jean Baptiste Regis
乌尔班八世	Urban VIII
黎玉范	Juan Bautista de Morales
英诺森十世	Innocent X
卫匡国	Martino Martini
亚历山大七世	Alexander Ⅶ

阎当（严裆或颜珰）	Charles Maigrot
克雷芒十一世	Clement XI
多罗	Carlo Tommaso Maillard de Tournon
本笃十四世	Benoit XIV
克莱芒十四世	Clement XIV
德理格	Pedrini Theoricus
闵明我	Philippus Maria Grimaldi
费赖之	Louis Pfister
鲁日满	S.J.Franoisde Rotagemont
毕天祥	Ludovicus Antonius Appiani
马国贤	Matteo Ripa
聂云龙	Giovanni Gherardini
南光国	Ludovicus Pernon
石可圣	Leopoldus Liebstein
严嘉乐	Charles Slawiczek
马玛诺	Manuc Rodrigues
鲁仲贤	Jean Walter
魏继晋	FlorianJoseph Bahr
那永福	Wolfganag de la Nativile
格拉蒙特	P.de Grammont
比尼翁	Bignon
马约瑟	Joseph de Premare
杜德美	Petrus Jartoux
晁俊秀	P.Francois Bourgeois
蒋友仁	Michel Benoist
方守义	Dolli è res Jacques
韩国英	Pierre-Martial Cibot

第三章

干治士	Georgius Candidius
罗伯特·马礼逊	Robert Morrison

米怜	Willian Milne
裨治文	F. C.Bridgnman
卫三畏	Samuel Wells Williams
伯驾	Peter Parker
罗孝全	J. J. Robert
郭实腊	Karl Friedrich August Gutzlaff
韩里塔·夏克夫人	Mrs.Henrietta Shuck
马赖	Auguste Chapdelaine
马儒翰	John Robert Morrison
麦都思	Walter Henry Medhurst
吕本	John Rippon
怜为仁	William Dean
理雅各	James Legge
湛约翰	John Chalmers
丁韪良	William Alexander Parsons Martin
苏威廉	William Edward Soothill
宾为霖（宾惠廉）	Willian.C.Burns
伟烈亚力	Alexander Wylie
默多克博士	Murdoch
美魏茶	William Charles Milne
麦嘉缔	McCartee, Divie Bethune
孟丁元	Samuel N.D.Martin
罗德（罗尔悌）	Edward Clemens Lord
应思理	Elias B.Inslee
蓝享利（亨利·兰金、兰显理）	Henry van Vleck Rankin
雷音百	J.A.Leyenberger
布尔特	J.Bulter
雒魏林	William Lockhart
高第丕	Tarleton P.Cramford
慕维廉	William Muirhead
凯勃尼斯（郏爱比）	A.B.Cabaniss

蓝惠廉	James William Lambuth
梅理士	Charles Rogers Mills
范约翰	John Marshall Willoughby Farnham
李佳白	Gilbert Reid
雅裨理	David Abeel
罗啻	Elihu Doty
打马字	Rev.John Van Nest Talmage
波罗满	W.J.Pohlman
杨威廉（养威廉、叶韪良）	William Young
施敦力·亚历山大	Alexander Stronach
杜嘉德	Rev.Christairs Douglas
麦利和	Rev.Robert Samuel Maclay
夏查理	Charles Hartwell
武林吉	Franklin Ohlinger
唐意雅	Miss Ella.J.Newton

第四章

乔治·俾士	Rev.George Piercy
丕思业	Charles Finney Preston
哈巴安德	Andrew Patton Happer
黎力基	Rudolph Lechler
倪维思	John Livingstone Nevius
傅兰雅	John Fryer
狄就烈	Julia Brown Mateer
郝理美	Benjamin Helm
欧灵格	Franklin Ohlinger
理一视	Jonathan Lees
李提摩太	Timothy Richard
司米德	Stanley P.Smith
白汉理	H.Blodget
富善	Ch.Googrich

都春圃	Elwood Gardner Tewksbury
伍德儒夫	A.Woodruff
卢壹	John Lloyd
狄考文	Calvin Wilson Mateer
玛丽·马丁	Mary Martin

第五章

花之安	Ernst Faber
苏路熙	Lucy Soothill
杨格非	Griffith John
甘为霖	Rev. William Campbell
裨治文	Elijah Coleman Bridgman
包尔腾（包约翰）	John S.Burdon
艾约瑟	Joseph Edkins
施约瑟	Samuel J.I.Schereschewsky
狄文爱德	ada Haven Mateer
柯	A.M.Cunningham
戴德生	James Hudson Taylor
潘雅德	Arthur Bonsey
郭理顺	Wilson H. Geller
罗修忠夫人	Mrs.T.E.North
路信之夫人	Mrs.J.D. Ross
穆秉谦	Miss M.E.Moore
爱德华·胡美	Edward H.Hume
柯理培	C.L.Culpepper
湛罗弼	Robert E.Chamer
万应远	Robert Thomas Bryan
李修善	David Hill
德治安	Joshua John Turner
戴作士	Charles Taylor
吟唎	Augustus Frederick Lindley

第六章

本笃十五世	Benedict XV
刚恒毅	Celso Benigno Luigi Cardinal Costantini
庇护十一世	Pope PiusXI
穆德	John R.Mott
来会理	D.Willard Lyon
赫士	Watson Mcmillen Hayes
艾拉·桑基	Ira David Sankey
郝路义	Louise Strong Hammond
葛星丽	Stella Marie Graves
费佩德	Robert Ferris Fitch
范天祥	Bliss Wiant
阿尔枝	Mildred Kathryn Artz
倪玛义	Miss M.B.Macgregor
清洁·打马字	Katherine · Talmage
戴荪	Joseph W.Dyson
章文新	Franc i s P.Jones
梅赞文	S.J.Mills
范敏德	Mildred Anty Wiant
苏路得教士	Ms. Ruth L.Stahl
萨拉·哈特	Sarah Hart
威廉.B.布拉德布里	William .B.Bradbury
纬哲理	R.Q.Way
江沙维	Joaquim A.Goncalves
史密斯	George Smith
约翰·蒙德	John Henry Maunder
福路	Albert Faurot
威尔逊夫人	Mrs.E.O.Wilson
威廉·穆瑞	W.H. Murray
艾拉·大卫·桑基	lra D.Sankev
党居仁	James R. Adam

伯格里   Samuel Pollard

张道惠   Harry Parsons

富能仁   James Outram Fraser

杨思慧夫妇   Allyn and Elizabeth B.Cooke

杨志英夫妇   John and Isobel Kuhn

库森   Cushong

欧·汉逊   O.Hanson

永伟理   William Marcus Young

张尔昌   Gladstone Charles Fletcher Porteous

第七章

彭松寿   Van Dost

富格辣   Francescus Fogolla

蓝廷玉   Ravary Francois

樊国梁   Pierre Marie Al phonse Favier

山田耕作   Kosaku Yamada

德彪西   C.Debussy

巴尔托克   B.Bart k

拉威尔   M. Ravel

雷永明   Gabriel Maria Allegra

参考文献

古籍

1. （宋）王溥：《唐会要》，四库全书史部政书类，景印本。

2. （明）宋濂：《元史》，中华书局1973年版。

3. （明）冯时可：《蓬窗续录》，载（明）陶宗仪等编：《说郛三种》之《说郛续》卷十七，上海古籍出版社1986年版。

4. （明）王临亨：《粤剑编》，中华书局1987年版。

5. （明）李之藻编，黄曙辉校：《天学初函》，上海交通大学出版社2013年版。

6. （明）王圻撰：《续文献通考》十通本，浙江古籍出版社1998年版。

7. （清）吴兴祚：《留村诗钞》，康熙年间刻本。

8. （清）吴历：《三巴集》，海虞顾氏小石山房道光17年（1837）初刻本。

9. （清）杜臻撰：《粤闽巡视纪略》，中国第一历史档案馆。

10. （清）吴历著，方豪、郑骞校订：《天乐正音谱》，台湾1950年版。

11. （清）谈迁：《北游录》，载《清代史料笔记丛刊》，中华书局1960年版（1981年重印）。

12. （清）赵翼：《檐曝杂记》，中华书局1982年版。

13. （清）王士祯撰：《池北偶谈》，中华书局1982年版。

14. （清）屈大均：《广东新语》，《清代史料笔记丛刊》，中华书局1985年版。

15. （清）梁迪撰：《岭海名胜记》，中国第一历史档案馆、暨南大学古籍所编《明清时期澳门问题档案文献汇编》，人民出版社1992年版。

16. （清）赵翼：《瓯北集》，上海古籍出版社 1997 年版。

17. （清）祝庆祺等编：《刑案汇览（三编 4）》，北京古籍出版社 2004 年版。

18. （清）吴历撰，章文钦笺注：《吴渔山集笺注》，中华书局 2007 年版。

19. 《吕祖全书》，上海大成书局印行，民国九年版。

20. 《太平天国丛刊》，上海神州国光社 1952 年版。

21. 《清实录》，中华书局 1986 年影印本。

22. 《康熙与罗马使节关系文书》（影印本），北平故宫博物院 1932 年（中华民国二十一年）版。

经文及诗谱：

1. 《圣经》，简体和合本修订版。

2. 〔英〕宾为霖编：《神诗合选》，厦门寮仔后花旗馆 1854 年版。

3. 〔英〕麦都斯编：《宗主诗篇》，上海墨海书馆 1856 年版。

4. 〔美〕应思理编：《圣山谐歌》，宁波华花圣经书房 1858 年版。

5. 〔英〕宾为霖编：《潮腔神诗》，1861 年版。

6. 〔美〕麦利和编：《榕腔神诗》，福州华美书局 1865 年活版。

7. 〔英〕杜嘉德编著：《乐理颇晰》，厦门新街拜堂 1870 年版。

8. 〔英〕理一视选撰：《圣教诗歌》，天津福音堂 1891 年版。

9. 〔美〕富善、白汉理选编：《颂主诗歌》，京都（北京）灯市口美华书院 1895 年版。

10. 《养心神诗》，鼓浪屿萃经堂 1895 年版。

11. 〔英〕李提摩太夫人：《小诗谱》，上海广学会 1901 年版。

12. 福州兴奋会编：《福州奋兴会诗歌》，福州罗马字书局 1906 年版。

13. 《赞主圣诗》，福州罗马字书局活板，1906 年版。

14. 〔美〕狄就烈：《圣诗谱（内附乐法启蒙）》，上海美华书馆 1907 年版，中国艺术研究院图书馆藏。

15. 卞依纳爵：《风琴小谱》，光绪三十四年（1908）版。

16. 谢洪赉：《青年诗歌》，中华基督教青年协会书报部刊行 1918 年版。

17. 王载编：《复兴布道诗》，福州福州阳岐救恩报社 1926 年版。

18. 刘湛恩编：《公民诗歌》，上海青年协会书局 1926 年版。

19. 顾子仁增订：《青年诗歌》，上海青年协会书局 1927 年版。

20. 《小群诗歌》，上海福音书房 1927 年版。

21. 顾子仁、谢乃壬编：《有谱青年诗歌》，上海青年协会书报部 1928 年版。

22. 贾玉铭：《灵交诗歌》，上海民生印刷所 1930 年版。

23. 中华基督教圣公会：《颂主诗集》，江苏无锡协成印刷公司 1931 年版。

24. 《重订赞神圣诗》，烟台仁德印书馆 1931 年版。

25. 中华内地会：《颂主圣歌》，上海商务印书馆 1932 年版。

26. 华北浸信会：《颂主诗歌》，山东黄县 1932 年版。

27. 中华信义会书报部编：《颂主圣诗》，汉口中华信义会书报部 1933 年版。

28. 闽南大会诗歌委办修订：《圣诗（附调）》，厦门闽南圣教书局 1934 年版。

29. 《普天颂赞》数字谱本（简谱）序，上海广学会 1936 年版。

30. 《普天颂赞》文字本，上海广学会 1936 年版。

31. 王明道：《基督徒诗歌》，北平灵食季刊社 1936 年版。

32. 贾玉铭：《圣徒心声》，南京灵修学院 1948 年版。

33. 赵紫宸：《赵紫宸圣乐专集》，商务印书馆 2013 年版。

外国作者著作：

1. 〔葡〕阳玛诺：《唐景教碑正诠》，上海慈母堂刻本 1878 年版。

2. 〔德〕花之安：《自西徂东》，香港中华印务总局 1884 年承刊。

3. 〔德〕古爱华著、邓肇明译：《赵紫宸的神学思想》，香港基督教文艺出版社，1998 年版。

4. 〔不详〕萧若瑟：《天主教传行中国考》，河北献县天主堂 1937 年排印本。

5. 〔古罗马〕圣奥古斯丁著，周士良译：《忏悔录》，商务印书馆 1996 年版。

6. 〔朝〕朴趾源著，朱瑞平点校：《热河日记》，上海书店出版社 1997 年版。

7. 〔比利时〕柏应理著，许采白译：《许太夫人传略》，上海徐汇益闻馆铅印 1882 年版。

8. 〔比利时〕钟鸣旦、杜鼎克编：《耶稣会罗马档案馆明清天主教文献》，（台）利氏学社 2002 年版。

9. 〔法〕樊国梁：《燕京开教略》，北京救世堂 1905 年版。

10. 〔法〕裴化行著，萧浚华译：《天主教十六世纪在华传教志》，商务印书馆 1936 年版。

11. 〔法〕古洛东：《圣教入川记》，四川人民出版社 1981 年版。

12. 〔法〕史式微著，天主教上海教区史料译写组译：《江南传教史》（二卷），上海译文出版社 1983 年版。

13. 〔法〕谢和耐著，耿昇译：《中国与基督教》，上海古籍出版社 1991 年版。

14. 〔法〕费赖之著，冯承钧译：《明清间在华耶稣会士列传及书目》，中华书局 1995 年版。

15. 〔法〕陈艳霞著，耿昇译：《华乐西传法兰西》，商务印书馆 1998 年版。

16. 〔法〕沙百里著，耿昇译：《中国基督徒史》，中国社会科学出版社 1998 年版。

17. 〔法〕杜赫德编，吕一民、沈坚、郑德弟等译：《耶稣会士中国书简集》，大象出版社 2001 年版。

18. 〔法〕弗朗索瓦·皮卡尔著，贾抒冰译：《明清时期中西音乐文化交流概况》，《中央音乐学院学报》2007 年第 2 期。

19. 〔法〕谢和耐、戴密微等著，耿昇译：《明清间耶稣会士入华与中西汇通》，东方出版社 2012 年版。

20. 〔美〕褒敦博士：《基督教学校在中国教育系统中所占地位》，《新教育》卷四，1922 年第 3 期。

21. 〔美〕凯瑟琳·F·布鲁纳等编，傅曾仁等译：《赫德日记：步入中国清廷仕途（1835-1911）》，中国海关出版社 2003 年版。

22. 〔美〕丁韪良著，沈弘等译：《花甲记忆》，广西师范大学出版社 2004 年版。

23. 〔美〕何凯立著，陈建明、王再兴译：《基督教在华出版事业（1912-1949）》，四川大学出版社 2004 年版。

24. 〔美〕费丹尼著，郭大松、崔华杰译：《一位在中国山东传教 45 年的传教士——狄考文》，中国文史出版社 2009 年版。

25. 〔美〕赖德烈著，雷立柏、瞿旭彤、静也、成静译：《基督教在华传教史》，香港道风书社 2009 年版。

26. 〔美〕范燕生著，李骏康译：《颖调致中华：范天祥传：一个美国传教士与中国的生命交流》，香港基督教文艺出版社 2010 年版。

27. 〔美〕唐纳德·杰·格劳特、克劳德·帕利斯卡著，余志刚译：《西方音乐史》（第六版），人民音乐出版社 2010 年版。

28. 〔美〕司徒雷登著，常江译：《在华五十年》，海南出版社 2010 年版。

29. 〔美〕布鲁斯·L·雪莱著，刘平译：《基督教会史》（第三版），上海人民出版社 2012 年版。

30. 〔美〕贝奈特著，金莹译:《传教士新闻工作者在中国：林乐知和他的杂志（1860-1883）》，广西师范大学出版社 2014 年版。

31. 〔美〕简·亨特著，李娟译:《优雅的福音：20 世纪初的在华美国女传教士》，北京三联书店 2014 年版。

32. 〔美〕胡斯托·L.冈萨雷斯著，赵城艺译:《基督教史》，上海三联书店 2016 年版。

33. 〔意〕鄂多立克等著，何高济译:《海屯行纪 鄂多立克东游录 沙哈鲁遣使中国记》，中华书局 1981 年版。

34. 〔意〕利玛窦、金尼阁著，何高济、王遵仲、李申译:《利玛窦中国札记》，中华书局 1983 年版。

35. 〔意〕约翰·柏朗嘉宾等著，耿昇、何高济译:《柏朗嘉宾蒙古行纪·布鲁布克东行记》，中华书局 1985 年版。

36. 〔意〕马国贤著，李天纲译:《清宫十三年——马国贤神甫回忆录》，上海古籍出版社 2005 年版。

37. 〔英〕戴存义夫人著:《席胜魔传》，香港证道出版社 1957 年版。

38. 〔英〕阿·克·穆尔著，郝镇华译:《一五五○年前的中国基督教史》，中华书局 1984 年版。

39. 〔英〕呤唎著，王维周译:《太平天国革命亲历记（上、下）》，上海古籍出版社 1985 年版。

40. 〔英〕C.R.博克舍编注，何高济译:《十六世纪中国南部行纪》，中华书局 1991 年版。

41. 〔英〕克里斯托福·道森编，吕浦译:《出使蒙古记》中国社会科学出版社 1991 年版。

42. 〔英〕克丽斯曼·霭琳著，冉超智译:《山雨——富能仁新传》，宣道出版社 1997 年版。

43. 〔英〕柏格理等著，东人达译:《在未知的中国》，云南民族出版社 2002 年版。

44. 〔英〕约翰·拜利著，黄跃华译:《音乐的历史》，希望出版社 2004 年版。

45. 〔英〕李提摩太著，李宪堂、侯林莉译:《亲历晚清四十五年——李提摩太在华回忆录》，天津人民出版社 2008 年版。

46. 〔英〕米怜:《新教在华传教前十年回顾》，大象出版社 2008 年版。

47. 〔英〕伟烈亚力著，倪文君译:《1867 年以前来华基督教传教士列传及著作目录》，广西师范大学出版社 2011 年版。

48. 〔英〕约翰·麦嘉湖著，龙金顺、许玉军译：《西方传教士眼中的厦门》，当代中国出版社2015年版。

49. 〔加〕区应毓、文庸：《西方音乐名家与基督教》，九州出版社2012年版。

50. David Abeel, *Journal of Residence in China and the Neighboring Countries from 1830-1833*. New York,1834

51. Jacob Speicher, *The conquest of the cross in China*. New York, Chicago [etc.] Fleming H. Revell company,1907

52. Helen B. Montgomery, *Western Women in Eastern Lands: An Outline Study of 50 Years of Women' s Work in Foreign Missions*. Macmillan,1910

53. Marshall Broomhall, *Robert Morrison, A Master Builder*. London, Student Christian Movement ,1924

54. Arnold H.Rowbotham, *Missionary and Mandarin: Jesuits at the Court of China*. Berkeley and Los Angeles: University of California Press,1942.

55. Frank W. Price,*The rural church in Chin: a survey*. Agricultural Missions.1948

56. Eugene Boardman, *Christian Influence upon theIdeology of Taiping Rebellion,1851-1864*. University of Wisconsin Press,1952

57. Matteo Ricci, Nicolas Trigault, *China in the Sixteenth Century: The Journals of Matthew Ricci, 1583-1670*. New York, Random House,1953

58. David Sheng, *A study of the Indigenous Elements in Chinese Christian Hymnody*, University of Southern California,1964

59. Jessie Gregory Lutz, *China and the ChristianCollege, 1850-1950*. Bulletin of the School of Oriental and African Studies, University of London,1973

60. Suzanne W. Barnett, *Silent Evangelism:Presbyteriansand the Mission Press in China, 1807-1860*.1971

61. Murray A. Rubinstein, *The Origins of the Anglo-AmericanMissionary Enterprise inChina, 1807-1940*. Lanham, MD, United States,1996

62. Hsieh Fang-Lan , *A History of Chinese Christian Hymnody: From Its Missionary Origins to Contemporary Indigenous Productions*. Lewiston, New York, Edwin Mellen Press, 2009

中国现当代著作：

1. 《基督教全国大会报告书》，中华全国基督教协进会1923年版。

2. 周之德编，贺仲禹校：《闽南伦敦会基督教史》，闽南大会中华民国廿三年（1934）出版。

3. 徐允希：一位中国奉教太太——许母徐太夫人事略》，土山湾印书馆1938年版。

4. 张星烺编：《中西交通史料汇编》，中华书局 1977 年版。

5. 朱维之：《基督教与文学》（修订版），香港基督教文艺出版社 1981 年版。

6. 顾长声：《传教士与近代中国》，上海人民出版社 1981 年版。

7. 陈垣：《陈垣史学论著选》，上海人民出版社 1981 年版。

8. 陈垣：《陈垣学术论文集》，中华书局 1982 年版。

9. 江文汉：《中国古代基督教及开封犹太人》，知识出版社 1982 年版

10. 查时杰：《中国基督教人物小传》，（台北）中华福音神学院出版社 1983 年版。

11. 方豪：《中国交通史》，岳麓书社 1987 年版。

12. 方豪：《中国天主教史人物传》，中华书局影印本 1988 年版。

13. 吴利明：《基督教与中国社会变迁》，香港基督教文艺出版社 1990 年版。

14. 罗竹风主编：《宗教学概论》，华东师范大学出版社 1991 年版。

15. 倪柝声著，江守道编：《倪柝声著述全集》，香港天粮出版社 1991 年版。

16. 《中国音乐学一代宗师——杨荫浏（纪念集）》，（台北）社团法人中国民族音乐学会 1992 年版。

17. 暨南大学古籍所编：《明清时期澳门问题档案文献汇编》，人民出版社 1992 年版。

18. 张坦：《"窄门"前的石门坎——基督教文化与川滇黔边苗族社会》，云南教育出版社 1992 年版。

19. 于可主编：《当代基督新教》，东方出版社 1993 年版。

20. 《宗教百科全书》，中国大百科全书出版社 1993 年版。

21. 王神荫编著：《赞美诗（新编）史话》，中国基督教协会，1993 年版。

22. 雷雨田：《上帝与美国人——基督教与美国社会》，上海人民出版社 1994 年版。

23. 陶亚兵：《中西音乐交流史稿》，中国大百科全书出版社 1994 年版。

24. 中国第一历史档案馆、福建师范大学历史系合编：《清末教案》（1-5），中华书局 1996 至 2000 年出版。

25. 中国第一历史档案馆编：《康熙朝满文朱批奏折全译》，中国社会科学出版社 1996 年版。

26. 田青主编：《中国宗教音乐》，宗教文化出版社 1997 年版。

27. 王立新：《美国传教士与晚清中国现代化》，天津人民出版社 1997 年版。

28. 任继愈主编：《宗教大辞典》，上海辞书出版社 1998 年版。

29. 冯文慈主编：《中外音乐交流史》，湖南教育出版社 1998 年版。

30. 林治平编著：《基督教在中国本色化（论文集）》，今日中国出版社 1998 年版。

31. 张静蔚编选、校点：《中国近代音乐史料汇编（1840-1919）》，人民音乐出版社 1998 年版。

32. 张西平、卓新平编：《本色之探——20 世纪中国基督教文化学术论集》，中国广播电视出版社 1998 年版。

33. 中国第一历史档案馆等编：《明清时期澳门问题档案文献汇编》，人民出版社 1999 年版。

34. 谢路军主编：《宗教词典》，学苑出版社 1999 年版。

35. 顾卫民：《中国与罗马教廷关系史略》，东方出版社 2000 年版。

36. 韩学军：《基督教与云南少数民族》，云南人民和出版社 2000 年版。

37. 姚民权、罗伟虹：《中国基督教简史》，宗教文化出版社 2000 年版。

38. 杨周怀：《基督教音乐》，宗教文化出版社 2001 年版。

39. 赵树好：《教案与晚清社会》，中国文联出版社 2001 年版。

40. 陶亚兵：《明清间的中西音乐交流》，东方出版社 2001 年版。

41. 钱仁康：《学堂乐歌考源》，上海音乐出版社 2001 年版。

42. 宴可佳：《中国天主教简史》，宗教文化出版社 2001 年版。

43. 何光沪主编：《宗教学小辞典》，上海辞书出版社 2002 年版。

44. 顾伟民：《中国天主教编年史》，上海书店出版社 2003 年版。

45. 敦煌研究院编：《2000 年敦煌学国际学术讨论会文集——纪念敦煌藏经洞发现暨敦煌学百年》，甘肃民族出版社 2003 年版。

46. 宴可佳：《中国天主教》，五洲传播出版社 2004 年版。

47. 王雪辛：《中国赞美诗旋律民族化探索》，中国基督教两会 2004 年出版。

48. 孙尚扬、[比利时]钟鸣旦著：《一八四零年前的中国基督教》，学苑出版社 2004 年版。

49. 段琪：《奋进的历程——中国基督教的本色化》，商务印书馆 2004 年版。

50. 赵紫宸：《赵紫宸文集》，商务印书馆 2004 年版。

51. 天津中华基督教青年会编：《天津中华基督教青年会与近代天津文明》，天津人民出版社 2005 年版。

52. 李玫：《音乐之河：图说中外音乐史》，广西师范大学出版社 2005 年版。

53. 陈小鲁：《基督宗教音乐史》，宗教文化出版社 2006 年版。

54. 《宁波与海上丝绸之路》，科学出版社 2006 年出版。

55. 史富相：《史富相文集》（内部资料），怒新出（2006）准印字 16 号，2006 年版。

56. 夏春涛：《天国的陨落——太平天国宗教再研究》，中国人民大学出版社 2006 年版。

57. 余三乐：《中西文化交流的历史见证》，广东人民出版社 2006 年版。

58. 张国刚、杨莉苇：《中西文化关系史》，高等教育出版社 2006 年版。

59. 王治心：《中国基督教史纲》，上海古籍出版社 2007 年版。

60. 卓新平：《当代亚非拉美神学》，上海三联书店 2007 年版。

61. 朱维铮主编：《利玛窦中文著译集》，复旦大学出版社 2007 年版。

62. 朱发德主编：《滇西基督教史》，云南民族出版社 2008 年版。

63. 张新民、李红毅主编：《中华传统文化与贵州地域文化研究论丛（二）》，巴蜀书社 2008 年版。

64. 乐峰：《东方基督教探索》，宗教文化出版社 2008 年版。

65. 葛承雍主编：《景教遗珍——洛阳新出唐代景教经幢研究》，文物出版社 2009 年版。

66. 郭廷以：《近代中国史纲（第三版）》，格致出版社&上海人民出版社 2009 年版。

67. 任继愈主编：《宗教词典（修订本）》，上海辞书出版社 2009 年版

68. 杨荫浏：《杨荫浏全集》，江苏文艺出版社 2009 年版。

69. 龚缨宴：《浙江早期基督教史》，杭州出版社 2010 年。

70. 陈晶：《上海基督教学校女子音乐教育研究》，上海音乐学院出版社 2010 年版。

71. 《利玛窦与中西文化交流国际学术论坛论文集》，广东肇庆学院 2010 年版。

72. 孙晨荟：《雪域圣咏——滇藏川交界地区天主教礼仪音乐研究》，香港中文大学天主教研究中心 2010 年版。

73. 徐宗泽：《明清间耶稣会士译著提要》，上海书店出版社 2010 年版。

74. 盛宣恩：《中国基督教圣诗史》，香港浸信会出版社 2010 年版。

75. 熊月之：《西学东渐与晚清社会》，中国人民大学 2011 年版。

76. 王美秀：《中国基督教史话》，社会科学文献出版社 2011 年版。

77. 杨洪冰：《中国钢琴音乐艺术》，清华大学出版社 2012 年版。

78. 张宏杰：《饥饿的盛世》，湖南人民出版社 2012 年版。

79. 孙晨荟：《天音北韵—华北地区天主教音乐研究》，宗教文化出版社 2012 年版。

80. 胡国祥：《近代传教士出版研究》，华中师范大学出版社 2013 年版。

81. 陈丰盛：《诗化人生：刘廷芳博士生平轶事》，中国基督教两会 2013 年版。

82. 姚伟均、胡俊修主编：《基督教与 20 世纪中国社会》，广西师范大学出版社 2014 年版。

83. 南鸿雁：《沪宁杭地区天主教圣乐本土化叙事》，中国社会科学出版社 2018 年版。

杂志及论文：

1. 《圣教杂志》，天主教上海教区土山湾印书馆。

2. 《真理与生命》（第七卷）1933 年第 2 期。

3. 《生命月刊》（1-6 卷），生命出版社 1920-1926 年出版。

4. 《紫晶》，1930-1936 年。

5. 刘廷芳：《圣经—诗》，《生命》第一卷第 8 期，1921 年。

6. 刘廷芳：《中国信徒与圣歌》，《真理与生命》第一七卷第 2 期，1932 年 11 月。

7. 杨荫浏：《圣歌的翻译》，《圣歌与圣乐》，1934 年第 5-6 期。

8. 杨荫浏：《圣歌探讨之初步》，《圣歌与圣乐》1934 年第 1 期。

9. 刘廷芳：《过来人言》，《圣歌与圣乐》，1934 年第 1 期。

10. 费佩德、杨荫浏：《中国信徒对于配合圣歌音乐上的主张》，《圣歌与圣乐》，1934 年第 1 期。

11. 费佩德、杨荫浏：《中国信徒对于选译圣歌的文字观》，《圣歌与圣乐》，1934 年第 1 期。

12. 刘廷芳、杨荫浏：《中国信徒对于圣歌选择的意见》，《圣歌与圣乐》，1934 年第 3 期。

13. 《中文创作诗歌》，《真理与生命》1936 年第 5 期。

14. 吴相湘：《明清之际西洋音乐传入中国纪略》，《大公报（史地周刊）》1937年2月19日。

15. 天主教上海教区：《佘山圣母加冕大典志盛》，《圣心报》1947年6月。

16. 崔宪详：《悼刘廷芳先生》，《天风》第83期，1947年8月16日。

17. 朱维之：《中国基督教文化界一大损失——悼刘廷芳博士》，《天风》第83期，1947年8月16日。

18. 赵紫宸：《吊故友刘先生廷芳》，《天风》第86期，1947年9月6日。

19. 王神荫：《中国赞美诗发展概述》，《基督教丛刊》1950年第26-27期。

20. 盛宣恩：《中国基督教圣诗史论述（1—8）》，《香港浸会圣乐季刊》1979-1983年连载。

21. 杨沐：《关于〈利玛窦与欧洲教会音乐的东传〉的通信》，《音乐研究》1982年第4期。

22. 阴法鲁：《利玛窦与欧洲教会音乐的东传》，《音乐研究》1982年第2期。

23. 陈慎庆：《介绍一份珍贵的早期基督教音乐资料》，《音乐与艺术》1985年第1期。

24. 田青：《佛教音乐的华化》，《世界宗教研究》1985年第3期。

25. 田青：《中国音乐的线性思维》，《中国音乐学》1986年第4期。

26. 林刘奇：《中国古代传入的基督教会音乐探寻》，《音乐艺术》1987年第1期。

27. 若埃尔·加良：《徐日升神父——十七世纪在中国皇宫的葡萄牙乐师》，《文化杂志》1988年第4期。

28. 刘奇：《李提摩太夫妇与〈小诗谱〉》，《音乐研究》1988年第1期。

29. 杨民康：《云南怒江傈僳族地区的基督教音乐文化》，《中央音乐学院学报》1991年第4期。

30. 张怀智整理：《北京天主教神哲学院王基志院长——谈北京管风琴小史》，《中国天主教》1991年第4期。

31. 悟殊、荣新江：《所谓李氏旧藏敦煌景教文献二种辨伪》，《九州学刊》（香港）4：4敦煌学专号，1992年版。

32. 林金水：《艾儒略与明末福州社会》，载《海交史研究》1992年第2期。

33. 毛宪民：《明清皇宫的西洋乐器》，《文史知识》1993年第10期。

34. 赵小楠：《民族音乐中的天主教音乐——贾后疃村天主教音乐会调查》，《中国音乐》，1994年第3期。

35. 周光亚、舒兴：《具有百年历史的圣教书局》，《武汉文史资料》1994 年第 2 期。

36. 朱小田：《太平天国音乐文化论述》，《中国音乐学》1995 年第 3 期。

37. 苏明村：《中国管风琴史料初探（早期至清初）》，《神思》第廿九期，1996 年 5 月。

38. 钱宁：《近代基督教的传播与云南少数民族社会的短缺》，《思想战线》1997 年第 1 期。

39. 荣新江：《李盛铎藏卷的真与伪》，《敦煌学辑刊》1997 年第 2 期。

40. 佟洵：《试论东正教在北京的传播》，《北京联合大学学报》1999 年第 6 期。

41. 杨周怀：《杨荫浏先生在中国基督教赞美诗的翻译、编曲、作曲及作词方面所作的贡献》，《中国音乐学》1999 年第 4 期。

42. 田青：《杨荫浏与中国宗教音乐》，《音乐研究》2000 年第 1 期。

43. 段晴：《敦煌新出土的叙利亚文书解读报告（续）》，《敦煌研究》2000 年第 4 期。

44. 李伟明：《敦煌莫高窟北区石窟揭密中国基督教史又获珍贵文献》，《中国天主教》2000 年第 6 期。

45. 南鸿雁：《内蒙古中、西部天主教音乐的历史和现状》，《天津音乐学院学报》，2001 年第 4 期。

46. 李向玉：《中国历史上的第一所西式大学——澳门圣保禄学院》，《中国大学教育》2002 年第 7-8 期。

47. 黄增章：《广州美华浸会印书局与〈真光杂志〉》，《广东史志》2002 年第 2 期。

48. 陈伟：《基督教圣乐发展概况》，《中央音乐学院学报》2003 年第 3 期。

49. 汤开建：《明清之际西洋音乐在中国内地传播考略》，《故宫博物院院刊》2003 年第 2 期。

50. 吴少静、黄少枚：《近代福建基督教学校音乐教育简况及启示》，《星海音乐学院学报》2004 年第 2 期。

51. 吴义雄：《自立与本色化——19 世纪末 20 世纪初基督教对华传教战略之转变》，《中山大学学报（社会科学版）》2004 年第 6 期。

52. 王秀缎：《福州基督徒聚会处的诗歌初探》，《萍乡高等专科学校学报》2005 年第 2 期。

53. 杨民康：《云南少数民族基督教赞美诗的文字记谱法研究》，《音乐研究》
2005 年第 3 期。

54. 陈小鲁：《内地的新教赞美诗史略》，《天风》2005 年第 7 期。

55. 江玉玲：《从杜嘉德 1868 年〈养心诗调〉中的汉文乐谱唱流传百年的〈养
心神诗〉》，《台湾音乐研究》第 3 期，中华民国民族音乐学会 2006 年版。

56. 何明、吴晓：《基督教音乐活动与艺术人类学阐释——以云南芭蕉箐苗族
为个案》，《云南师范大学学报（哲学社会科学版）》2006 年第 3 期。

57. 刘丽霞：《中国基督教文学中的圣歌》，《平原大学学报》2006 年第 2 期。

58. 刘再生：《我国近代早期的"学堂"与"乐歌"——登州〈文会馆志〉和
"文会馆唱歌选抄"之史料初探》，《音乐研究》2006 年第 9 期。

59. 施咏、刘绵绵：《〈圣诗谱·附乐法启蒙〉探源、释义与评价》，《天津音
乐学院学报》2006 年第 1 期。

60. 汤开建、田渝：《明清之际澳门天主教的传入与发展》，《暨南学报（哲学
社会科学版）》2006 年第 2 期。

61. 杨民康：《云南少数民族基督教赞美诗的五线谱和简谱记谱法研究》，《中
国音乐》2006 年第 1 期。

62. 王旋：《基督教赞美诗在近代中国的传播及其影响》，《黄钟（武汉音乐学
院学报）》2006 年增刊。

63. 张娟：《13 世纪中叶至 20 世纪初管风琴在中国传播考略》，《中国音乐学》
2006 年第 1 期。

64. 杨民康：《〈圣经·旧约〉中的犹太教圣殿祭祀音乐解析——兼涉与云南
少数民族基督教仪式音乐的几点比较》《黄钟（中国·武汉音乐学院学
报）》2007 年第 1 期。

65. 林健：《近代福州管风琴》，《福州晚报》2007 年 1 月 22 日。

66. 林健：《近代福州基督教圣乐事工概况及影响— —纪念基督福音传入福
州 160 周年（1847-2007 年）》，《金陵神学志》2007 年第 2 期。

67. 林健：《近代福州合唱艺术史略》，《福州晚报》2007 年 7 月 23 日。

68. 卓新平：《基督教音乐在中国的传播》，《中国宗教》2007 年第 8 期。

69. 南鸿雁：《沪宁杭地区的天主教音乐——民国时期相关仪式音乐与音乐文
本的个案研究》，《南京艺术学院学报（音乐与表演版）》，2007 年第 4
期。

70. 陆芸：《西来孔子—艾儒略其人其文》，《广西社会科学》2007 年第 9 期。

71. 宫宏宇：《基督教传教士与中国学校音乐教育之开创（上）》,《音乐研究》2007 年第 1 期。

72. 冯其庸：《〈大秦景教宣元本经〉全经的现世及其他》,《中国宗教》2007 年第 6 期。

73. 黄婉娴：《基督教圣诗简史》,《圣乐良友》特刊，哈利路亚圣乐社 2008 年版。

74. 宫宏宇：《传教士与中国音乐：以苏维廉为例》,《黄钟（武汉音乐学院学报）》2008 年第 1 期。

75. 宫宏宇：《狄就烈、〈西国乐法启蒙〉、〈圣诗谱〉》,《中国音乐》2008 年第 4 期。

76. 陆芸：《艾儒略与张赓——明末清初天主教在福建的传教策略》,《福建论坛·人文社会科学版》2008 年第 3 期。

77. 梅晓娟、孙来法：《耶稣会士钱德明与〈中国古今音乐考〉》,《人民音乐》2008 年第 9 期。

78. 李奭学：《中译第一首"英"诗〈圣梦歌〉》,《读书》2008 年第 3 期。

79. 李志农：《云南迪庆藏区宗教关系探索》,《西南边疆民族研究》，云南大学出版社 2008 年版。

80. 林苗：《重识杨荫浏的基督教音乐实践观——对〈圣歌与圣乐〉中杨荫浏 16 篇文论的择评》,《艺术探索》2008 年第 6 期。

81. 周萍萍：《明清之际天主教三位女信徒》,《世界宗教文化》2008 年第 3 期。张先清：《多明我会士黎玉范与中国礼仪之争》,《世界宗教研究》2008 年第 3 期。

82. 陈丰盛：《温州基督教圣诗发展历程》,《金陵神学志》2009 年第 1 期。

83. 翁翠琴：《宇宙基督的赞歌——从圣乐与中国文化的对话看圣乐是如何促进福音文化与本土文化的融入》,《金陵神学志》2009 年第 2 期。

84. 翟风俭：《杨荫浏：中国宗教音乐研究的拓荒者》,《中国宗教》2009 年第 2 期。

85. 林精华：《东正教之于中国：一种声音微弱的正面诉求》,《东方丛刊》2009 年第 2 期。

86. 刘巍：《太平天国音乐典官制度解析》,《交响—西安音乐学院学报（季刊）》2009 年第 3 期。

87. 刘巍：《太平天国宗教音乐的异化研究》,《音乐研究》2009 年第 4 期。

88. 宫宏宇：《杜嘉德的乐理书系列与西洋乐理之东传》，《音乐研究》2009年第 1 期。

89. 陈伟：《中国近、现代音乐家与赞美诗（一）》，《天风》2009 年第 11 期。

90. 陈伟：《中国近、现代音乐家与赞美诗（二）》，《天风》2009 年第 12 期。

91. 楚卓、谭景团：《广西天主教弥撒仪式及其音乐研究》，《艺术探索》2009年第 6 期。

92. 汉芮编写：《中国基督教纪事（近、现代部分）》一、二，[美]《生命季刊》总第 11 期，2009 年 9 月。

93. 蔡良玉：《评赵紫宸、张肖虎的清唱剧〈圣诞曲〉》，《中国音乐学》2010 年第 3 期。

94. 刘巍：《太平天国宗教音乐伴奏乐器史实解析》，《星海音乐学院学报》2010年第 3 期。

95. 岳军：《早期基督教音乐的功利性抉择与格里高利圣咏》，《广西师范大学学报：哲学社会科学版》2010 年第 3 期。

96. 石衡潭：《赵紫宸论基督教与中国文化之会通及其实践》，《世界宗教文化》2010 年第 3 期。

97. 王法艳：《基督教堂庆百岁生日 价值 500 万元管风琴现身》，《半岛都市报》2010 年 10 月 24 日。

98. 龙伟：《基督教方言赞美诗集出版（1818-1911）评述》，《广州社会主义学院学报》2010 年第 4 期。

99. 杨和平、王志芳：《基督教音乐在中国的传播》，《音乐探索》2016 年第 4 期。

100. 龙伟：《基督教与中国西南边疆研究的近代转型》，《中国史研究》（第 71 辑），2011 年第 4 期。

101. 娄雪玢：《燕京大学的音乐教育及其启示（下）》，《艺术评论》2011 年第 2 期。

102. 刘靖之：《江文也的生平、创作、贡献——纪念江文也诞生 100 周年》，《音乐教育》2011 年第 2 期。

103. 刘巍：《从"典乐衙"看天平天国的典乐制度》，《人民音乐》2011 年第 2 期。

104. 刘巍：《太平天国宗教赞美诗表现形式的史料甄别》，《交响—西安音乐学院学报（季刊）》2011 年第 2 期。

105. 曹国梁：《江文也与厦门》，《星海音乐学院学报》2011 年第 4 期。

106. 宫宏宇：《美国哈佛－燕京图书馆中文基督教新教赞美诗集缩微胶卷资料初探》，《黄钟》2011 年第 4 期。

107. 宫宏宇：《杨荫浏的传教士老师——郝路义其人、其事考》，《中国音乐学》2011 年第 1 期。

108. 吴志福：《〈闽南圣诗〉史话》，《葡萄园》2011 年第 8 期。

109. 杨民康：《云南少数民族基督教仪式音乐的新变异》，《世界宗教文化》2011 年第 5 期。

110. 徐凤林：《东正教音乐浅释》，《世界宗教文化》2011 年第 3 期。

111. 赵庆文：《圣诗的传唱：〈普天颂赞〉出版述论》，《宗教学研究》2011 年第 1 期。

112. 张西平：《从梵二会议看中国天主教的本地化传统》，《世界宗教研究》2012 年第 6 期。

113. 赵庆文：《清代新教赞美诗集的编译（1818-1911）》，《宗教学研究》2012 年第 4 期。

114. 宫宏宇：《基督教传教士与晚清中国的盲人音乐教育——以安格妮丝·郭士立、穆瑞为例》，《中央音乐学院学报》2012 年第 1 期。

115. 宫宏宇：《基督教传教士与西国乐法东渐——从傅兰雅的教学实践看"主音嗖乏"教学法在晚清的传播》，《音乐与表演（南京艺术学院学报）》2012 年第 3 期。

116. 陈伟：《范天祥与中国圣诗》，《天风》2012 年第 6 期。

117. 林玉解：《席胜魔牧师对圣诗中国化的探索与贡献》，《华东神苑》2012 年第 1 期。

118. 田炜帅：《"梵二"会议与中国教会：中国教会对梵二大公会议的接纳》，《信德报》2012 年 3 月 29 日。

119. 孙悦湄：《中国近代基督教传教士声乐教育活动探微》，《艺术百家》2012 年第 4 期。

120. 卢超：《基督教音乐在 19 世纪到 20 世纪初对中国音乐教育的影响》，《大众文艺》2013 年第 1 期。

121. 刘素清、张剑、张勇斌：《基督教在山西的传播及其本土化》，《兰台世界》2013 年第 3 期。

122. 袁昱：《近代教会大学音乐教育管窥——以燕京大学音乐系为例》，《星海音乐学院学报》2013 年第 4 期。

123. 陈伟：《中国基督教音乐先河》，《中国宗教》2013 年第 8 期。

124. 张骏逸、刘少君：《莲花台上的耶稣——茨中藏族天主教信仰的本土化》，《民族学界》第 34 期，台湾国立政治大学民族学系 2014 年 10 月版。

125. 鲁倩倩：《基督教音乐在安徽省沿江城市群的受容与变异》，《黄河之声》2014 年第 1 期。

126. 韩树廷：《基督教音乐对中国音乐发展的影响》，《艺术教育》2014 年第 10 期。

127. 孙晨荟：《傈僳族与大花苗四声部合唱音乐的比较研究》，《黄河之声》2014 年第 21 期。

128. 孙晨荟：《明清时期北京地区的天主教音乐》，《黄河之声》2014 年第 24 期。

129. 李建武、篱志强、苏人登：《厦门早期基督教音乐的源流与特色——以〈养心神诗〉音乐为例》，《集美大学学报（哲社版）》2015 年第 4 期。

130. 邵红缨：《试论〈闽南圣诗〉的音乐元素》，《集美大学学报（哲社版）》2015 年第 4 期。

131. 唐建荣、潘朝霖：《苏慧廉、柏格理与中西文化交流》，《贵州民族大学学报（哲学社会科学版）》2015 年第 2 期。

132. 杨奎松：《一位美国传教士在燕京大学的"解放"岁月——围绕范天祥教授的日记和书信而展开》，《华东师范大学学报（哲学社会科学版）》2015 年第 5 期。

133. 张雪松：《刍议现存敦煌唐代景教文献的真伪问题》，《上饶师范学院学报》2016 年第 1 期。

134. 王德龙：《贾玉铭生平考释》，《世界宗教文化》2016 年第 1 期。

135. 陈蓓：《苗族"灵歌"简析——黔西北大花苗基督教会音乐文化研究之一》，《中国音乐学》2016 年第 1 期。

136. 宫宏宇：《基督教传教士与宁波早期音乐教育》，《星海音乐学院学报》2016 年第 1 期。

137. 孙基亮：《王宣忱的音乐世家（上）》，《青岛早报》2016 年 9 月 26 日。

138. 于涛：《中国基督教音乐的民族元素》，《中国宗教》2016 年第 11 期。

139. 刘筱：《融合之美中国化的基督教赞美诗》，《中国宗教》2016 年第 11 期。

140. 王洁：《漫谈天主教音乐中国化的历程》，《中国宗教》2016 年第 12 期。

141. 宫宏宇：《杨荫浏及其中外师友》，《云南艺术学院学报》2017 年第 2 期。

142. 许苑：《民国前基督教音乐"华化"路径初探》,《艺术研究》2017 年第 2 期。

143. 曹圣洁、陈丰盛：《孙中山丧礼家祷式礼仪追溯》,《世纪》2017 年第 4 期。

144. 崔小莉：《贾玉铭神学思想的本色化、处境化与中国化辨析》,《齐鲁师范学院学报》2017 年第 1 期。

145. 欧阳宜文：《〈民众圣歌集〉基督教音乐中国化的早期探索》,《中国宗教》2018 年第 3 期。

146. 学位论文：

147. 王鑫：《基督教（新教）圣诗音乐中国本色化探研》, 硕士学位论文, 南京艺术学院, 2006 年。

148. 张娟：《明清时期西方键盘乐器在中国传播管窥》, 硕士学位论文, 陕西师范大学, 2006 年。

149. 王秀缎：《福州基督教会音乐与诗歌研究——以基督徒聚会处诗歌为个案》, 硕士学位论文, 福建师范大学, 2006 年。

150. 张雯霞：《基督教音乐在当代中国城市文化环境中的发展与演变——以兰州市山字石礼拜堂为例》, 硕士学位论文, 西北师范大学音乐学院, 2008 年。

151. 朱燕：《试论〈圣梦歌〉在中国的接受困境》, 硕士学位论文, 上海师范大学, 2008 年。

152. 林苗：《中国新教赞美诗集〈普天颂赞〉之研究》, 硕士学位论文, 中国艺术研究院, 2009 年。

153. 肖承福：《清前期西洋音乐在华传播研究》, 硕士学位论文, 暨南大学, 2010 年。

154. 闫翠翠：《狄邦就烈在登州活动研究》, 硕士学位论文, 山东师范大学, 2010 年。

155. 王海岑：《嬗变与坚守：信义宗合——运动研究（1913—1949）》, 硕士学位论文, 山东大学, 2012 年。

156. 李珊娜：《20 世纪沪水傈僳族基督教音乐舞蹈及其功能变迁研究》, 硕士学位论文, 云南大学, 2013 年。

157. 许高勇：《刘廷芳中国教会本色化思想及实践研究》, 硕士学位论文, 暨南大学, 2014 年。

158. 马成城：《从殖民文化到文化认同—上海基督教音乐的传播与变迁》, 硕士学位论文, 上海音乐学院, 2014 年。

159. 陈蓓：《黔西北大花苗基督教会音乐文化研究——以葛布教会为例》，博士学位论文，中国艺术研究院，2015年。

160. 周攀清：《德钦县茨中村藏族天主教信仰的本土化研究》，硕士学位论文，云南民族大学，2015年。

161. 韩露健：《中国大陆基督教音乐现状研究》，硕士学位论文，华中师范大学，2016年。

162. 车学文：《基督教音乐在中国的历史研究》，硕士学位论文，西北民族大学，2016年。

163. 倪斯文：《哈佛-燕京图书馆藏汉语基督教赞美诗集研究》，硕士学位论文，上海师范大学，2016年。

164. 李松：《武百祥〈国韵诗篇百首〉研究》，硕士学位论文，哈尔滨师范大学，2016年。

网络资料：

1. "上海市地方志办公室"网站：《上海文化艺术志·音乐、舞蹈、歌剧》，http://www.shtong.gov.cn/node2/node2245/node72149/node72157/node72191/node72220/userobject1ai78294.html。

2. 《〈闽南圣诗〉小史》http://blog.sina.com.cn/s/blog_4eccea590102dsv2.html

3. 《天主教教理》，http://www.chinacatholic.org/ebook/jiaoli/8237.html

4. 《苗语版基督教〈赞美诗〉》，http://www.gzfolk.cn/html/50/n-5150.html

5. 黄永熙：《燕京大学与〈普天颂赞〉——范天祥与范天祥夫人》，http://www.cclc.org.hk/article_music_details.php?id=29

6. 黄绍坚：《杜嘉德（Carstairs Douglas）杰出的牧师、学者和音乐家》，http://blog.sina.com.cn/s/blog_4b531f640102vgra.html

7. 贾文亮：《教会礼仪圣乐中应有的梵二精神》，http://www.chinacatholic.cn/html/ccic/report/14060592-1.htm

8. 赖永祥：《教会史话》，http://www.laijohn.com/BOOK1/026.htm

9. 李路加神父：《中国教会音乐本位化之探讨》，http://1907578.anyp.cn/。

10. 林玉解：《基督教圣诗发展概论（一）》，http://blog.sina.com.cn/s/articlelist_2693371031_0_1.html

11. 林玉解：《刘廷芳博士与〈普天颂赞〉》，http://blog.sina.com.cn/s/blog_a089949701016cm4.html

12. 刘有恒：《清初吴历〈天乐正音谱〉校正补》，https：//site.douban.com/
    161686/widget/notes/8572636/note/523597255/。

13. 沙东：《关于宗教音乐会的畅想》，https：//www.douban.com/group/
    topic/4296156/

14. 天津文化艺术志，http：//www.tjwh.gov.cn/whysz/0704yinyue/
    yinyue-0202.html

15. 孙基亮：《王宣忱的文学修养》，孙基亮的博客 http：//blog.sina.com.cn/
    s/blog_7578bbd10102xlyk.html

16. 王光祥主编：《基督教葛布教会百年史（1904-2004）》，http：//www.
    shimenkan.org/info/gb/

17. 卫燕军：《关于圣诗的一点思考》，http：//blog.sina.com.cn/s/blog_
    86deb1c50100xc1p.html

18. 张光尧：《太原天主教会民乐的历史》，http：//www.xiaozhushou.org/
    index.php?a=show&c=index&catid=6&id=1880&m=content。

《基督教文化研究丛书》

主编：何光沪、高师宁

（1-5 编书目）

初 编 （2015 年 3 月出版）

ISBN：978-986-404-209-8　　　　　　　定价（台币）$28,000 元

册 次	作 者	书 名	学科别（／表示跨学科）
第 1 册	刘 平	灵殇：基督教与中国现代性危机	社会学／神学
第 2 册	刘 平	道在瓦器：裸露的公共广场上的呼告——书评自选集	综合
第 3 册	吕绍勋	查尔斯 泰勒与世俗化理论	历史／宗教学
第 4 册	陈 果	黑格尔"辩证法"的真正起点和秘密——青年时期黑格尔哲学思想的发展（1785 年至 1800 年）	哲学
第 5 册	冷 欣	启示与历史——潘能伯格系统神学的哲理根基	哲学／神学
第 6 册	徐 凯	信仰下的生活与认知——伊洛地区农村基督教信徒的文化社会心理研究（上）	社会学
第 7 册	徐 凯	信仰下的生活与认知——伊洛地区农村基督教信徒的文化社会心理研究（下）	社会学
第 8 册	孙晨荟	谷中百合——傈僳族与大花苗基督教音乐文化研究（上）	基督教音乐
第 9 册	孙晨荟	谷中百合——傈僳族与大花苗基督教音乐文化研究（下）	基督教音乐
第 10 册	王 媛	附魔、驱魔与皈信——乡村天主教与民间信仰关系研究	社会学
	蔡圣晗	神谕的再造，一个城市天主教群体中的个体信仰和实践	社会学
	孙晓舒 王修晓	基督徒的内群分化：分类主客体的互动	社会学
第 11 册	秦和平	20 世纪 50－90 年代川滇黔民族地区基督教调适与发展研究（上）	历史
第 12 册	秦和平	20 世纪 50－90 年代川滇黔民族地区基督教调适与发展研究（下）	历史
第 13 册	侯朝阳	论陀思妥耶夫斯基小说的罪与救赎思想	基督教文学
第 14 册	余 亮	《传道书》的时间观研究	圣经研究
第 15 册	汪正飞	圣约传统与美国宪政的宗教起源	历史／法学

二　编 （2016 年 3 月出版）

ISBN：978-986-404-521-1　　　　定价（台币）$20,000 元

册　次	作　者	书　名	学科别（／表示跨学科）
第 1 册	方　耀	灵魂与自然——汤玛斯·阿奎那自然法思想新探	神学／法学
第 2 册	刘光顺	趋向至善——汤玛斯·阿奎那的伦理思想初探	神学／伦理学
第 3 册	潘明德	索洛维约夫宗教哲学思想研究	宗教哲学
第 4 册	孙　毅	转向：走在成圣的路上——加尔文《基督教要义》解读	神学
第 5 册	柏斯丁	追随论证：有神信念的知识辩护	宗教哲学
第 6 册	张文举	基督教文化论略	综合
第 7 册	李向平	宗教交往与公共秩序——中国当代耶佛交往关系的社会学研究	社会学
第 8 册	赵文娟	侯活士品格伦理与赵紫宸人格伦理的批判性比较	神学伦理学
第 9 册	孙晨荟	雪域圣咏——滇藏川交界地区天主教仪式与音乐研究（增订版）（上）	基督教音乐
第 10 册	孙晨荟	雪域圣咏——滇藏川交界地区天主教仪式与音乐研究（增订版）（下）	
第 11 册	张　欣	天地之间一出戏——20 世纪英国天主教小说	基督教文学

三 编 （2017 年 9 月出版）

ISBN：978-986-485-132-4　　　　　　　定价（台币）$11,000 元

册 次	作 者	书 名	学科别（／表示跨学科）
第 1 册	赵 琦	回归本真的交往方式——托马斯·阿奎那论友谊	神学／哲学
第 2 册	周兰兰	论维护人性尊严——教宗若望保禄二世的神学人类学研究	神学人类学
第 3 册	熊径知	黑格尔神学思想研究	神学／哲学
第 4 册	邢 梅	《圣经》官话和合本句法研究	圣经研究
第 5 册	肖 超	早期基督教史学探析（西元 1~4 世纪初期）	史学史
第 6 册	段知壮	宗教自由的界定性研究	宗教学／法学

四 编 （2018 年 9 月出版）

ISBN：978-986-485-490-5　　　　　　　定价（台币）$18,000 元

册 次	作 者	书 名	学科别（／表示跨学科）
第 1 册	陈卫真　高 山	基督、圣灵、人——加尔文神学中的思辨与修辞	神学
第 2 册	林庆华	当代西方天主教相称主义伦理学研究	神学／伦理学
第 3 册	田燕妮	同为异国传教人：近代在华新教传教士与天主教传教士关系研究（1807~1941）	历史
第 4 册	张德明	基督教与华北社会研究（1927~1937）（上）	社会学
第 5 册	张德明	基督教与华北社会研究（1927~1937）（下）	社会学
第 6 册	孙晨荟	天音北韵——华北地区天主教音乐研究（上）	基督教音乐
第 7 册	孙晨荟	天音北韵——华北地区天主教音乐研究（下）	基督教音乐
第 8 册	董丽慧	西洋图像的中式转译：十六十七世纪中国基督教图像研究	基督教艺术
第 9 册	张 欣	耶稣作为明镜——20 世纪欧美耶稣小说	基督教文学

五　编 （2019 年 9 月出版）

ISBN：978-986-485-809-5　　　　　　定价（台币）$20,000 元

册　次	作　者	书　名	学科别（／表示跨学科）
第 1 册	王玉鹏	纽曼的启示理解（上）	神学
第 2 册	王玉鹏	纽曼的启示理解（下）	
第 3 册	原海成	历史、理性与信仰——克尔凯郭尔的绝对悖论思想研究	哲学
第 4 册	郭世聪	儒耶价值教育比较研究——以香港为语境	宗教比较
第 5 册	刘念业	近代在华新教传教士早期的圣经汉译活动研究（1807～1862）	历史
第 6 册	鲁静如　王宜强　编著	溺女、育婴与晚清教案研究资料汇编（上）	资料汇编
第 7 册	鲁静如　王宜强　编著	溺女、育婴与晚清教案研究资料汇编（下）	
第 8 册	翟风俭	中国基督宗教音乐史（1949 年前）（上）	基督教音乐
第 9 册	翟风俭	中国基督宗教音乐史（1949 年前）（下）	